地域社会学会年報第 27 集

東日本大震災：復興のビジョンと現実

Annals of Regional and Community Studies Vol.27

地域社会学会編

2015
ハーベスト社

表紙デザイン：遊歩工房

東日本大震災：復興のビジョンと現実

地域社会学会年報第27集(2015.5)

◆特集　東日本大震災：復興のビジョンと現実

「ポスト3.11の地域社会」の成果と課題 ……………………………黒田由彦　5

東日本大震災・福島第一原発事故の復興政策と住民 ………………山下祐介　13
　　　　──コミュニティ災害からの回復と政策──

3.11・1F(イチエフ)災害後に原発防災レジリエンス醸成の道筋を考える ……大矢根淳　27
　　　　──マルチステークホルダー参画型・原発地区防災計画づくりに向けて──

東日本大震災が突きつける問いを受けて ……………………………浅野慎一　45
　　　　──国土のグランドデザインと「生活圏としての地域社会」──

◆論文

真野地区の討議における連帯の生成に関する研究 ………島田昭仁・小泉秀樹　61
　　　　──「真野地区まちづくり推進会」の前段組織における会議の会話群に着目して──

大気汚染公害訴訟における「地域再生」の視点の意義と現状 ………江頭説子　77
　　　　──倉敷公害訴訟と水島地域を事例として──

グリアの "Urbanism Reconsidered" 再考 ……………………………野邊政雄　93
　　　　──メルボルン郊外に住む女性のパーソナル・ネットワークと集団加入──

被災外国人支援におけるカトリック教会の役割と意義 ………………徳田　剛　113
　　　　──東日本大震災時の組織的対応とフィリピン系被災者への支援活動の事例より──

◆自著紹介

岩崎信彦・鯵坂学・上田唯一・高木正朗・広原盛明・吉原直樹編
　　　『増補版　町内会の研究』(御茶の水書房) ………………………岩崎信彦　127

山下祐介・市村高志・佐藤彰彦『人間なき復興──
　　　原発避難と国民の「不理解」をめぐって』(明石書店) …………佐藤彰彦　129

髙橋誠・田中重好・木股文昭編『スマトラ地震による津波災害と復興』
　　　(古今書院) ……………………………………………………………髙橋　誠　131

◆書評……………………………………………………………………………………… 133
内藤潔著『建築する人々のエスノグラフィー――ある高齢者施設の建築における共同と葛藤の記録』ハーベスト社（丸山真央）／ 吉原直樹編『シリーズ防災を考える1 防災の社会学〔第二版〕』東信堂・吉原直樹著『原発さまのまちからの脱却――大熊町から考えるコミュニティの未来』岩波書店（定池祐季）／ 五十嵐泰正・「安全・安心の柏産柏消」円卓会議編『みんなで決めた「安心」のかたち：ポスト3.11の「地産地消」をさがした柏の一年』亜紀書房（舩戸修一）／ 碓井崧・松宮朝編『食と農のコミュニティ論――地域活性化の戦略』創元社（荒樋豊）／ 山崎仁朗編著『日本コミュニティ政策の検証――自治体内分権と地域自治へ向けて』東信堂（木田勇輔）／ 今井照『自治体再建――原発避難と「移動する村」』筑摩書房（島田昭仁）／ 林真人『ホームレスと都市空間―収奪と異化、社会運動、資本-国家―』明石書店（山本崇記）／ 新原道信編『"境界領域"のフィールドワーク～"惑星社会の諸問題"に対応するために～』中央大学出版部（広田康生）／ 武田尚子著『20世紀イギリスの都市労働者と生活――ロウントリーの貧困研究と調査の軌跡』ミネルヴァ書房（三本松政之）／ 竹元秀樹著『祭りと地方都市――都市コミュニティ論の再興』新曜社（小松秀雄）

第8回(2014年度)地域社会学会賞の受賞結果 ……………………………………… 153
地域社会学会活動の記録(2014年度)………………………………………………… 158
投稿規定………………………………………………………………………………… 162
執筆要領………………………………………………………………………………… 163
著作権規定……………………………………………………………………………… 164
編集後記………………………………………………………………………………… 165

目　次

Annals of Regional and Community Studies Vol.27 (May 2015)

Contents

Featured Article: The Great Eastern Japan Earthquake: Vision and Reality of "Revitalization"

Communities in Post-3.11 Japan: **Yoshihiko KURODA**
    Outcomes and Unsolved Problems from Two-year Discussion

The Restoration Policy and Residents of Great Eastern Japan Earthquake and the Fukushima Daiichi Nuclear
    Accident: **Yusuke YAMASHITA**
    Recovery and Policy for a Community Disaster

The Way for the Resilience for Nuclear Disaster Prevention after 3.11・1F disaster   **Jun OYANE**

Tackling the challenge that Great Eastern Japan Earthquake Has Left: **Shin'ichi ASANO**
    "Grand Design 2050" and Living-spheres of Local Residents

Articles

The Research on Generation of the Solidarity in Debate of the Mano Area:
    Akihito SHIMADA and Hideki KOIZUMI
    Focusing on the Conversation Groups in the Meeting in the Preceding Organizations of the
    Mano Area City Planning Promotion Committee

An Analysis of the Significance of "Local Revival" in an Air Pollution Lawsuit: **Setsuko ETO**
    A Case Study of the Kurashiki Pollution Lawsuit and Mizushima Area

A Second Thought about S. Greer's "Urbanism Reconsidered":   **Masao NOBE**
    A Study on Personal Networks and Group Participation of Women in the Suburbs of Melbourne

The Role of the Catholic Church in the Support Activity for the Foreigner Residents in Disaster Area **Tsuyoshi TOKUDA**
    the Case Study of its Systematic Reaction and the Support Activity for Filipinos Immigrants
    after the East Japan Great Earthquake

Book Review

Result of the 8th Award of Japan Association of Regional and Community Studies

Annals Activities of Japan Association of Regional and Community Studies

◆特集　東日本大震災：復興のビジョンと現実

「ポスト3.11の地域社会」の成果と課題

黒田　由彦

1　はじめに

　前期研究委員会2012年6月から2014年5月までの2年間、「ポスト3.11の地域社会」を共通テーマとして研究例会と大会シンポジウムを企画実施してきた。この小稿の目的は、その成果と課題を整理することである。

　最初に、何度も書いていることなので恐縮であるが、「ポスト3.11の地域社会」というテーマ設定の意図を説明しておきたい。

　テーマを「ポスト3.11の地域社会」としたのは、東日本大震災は被災地域だけの問題ではないという発想に基づく。東日本大震災は、日本の地域社会全体に様々な課題を突きつけた。地域社会学が蓄積してきたこれまでの研究成果の上にたって、地震・津波、そして原発事故が、地域研究者にどのような問題を提起しているかを考えるべきなのではないか。地震・津波と原発事故が地域社会のどのような脆弱性を露呈させたのかを地域研究者は明らかにすることが求められていると考えた。

　特に、「ポスト3.11」という言葉を使ったのは、津波・地震と原発事故を切り離して捉えないという視点をもつべきではないか、と考えたからである。自然外力による災害である地震・津波と人災の部分を含む原発災害は災害としては異なる性質をもつ。したがって、津波・地震と原発事故を切り離して捉えないためには、地震・津波による被災と原発事故による被災の間にある共通点は何かを抽出する理論枠組みを構想しなければならない（黒田由彦2012）。

　当初研究委員会では、「ポスト3.11の地域社会」というテーマにアプローチするに当たって、①被災地論、②「当事者-支援」論、③避難・復興論、以上3つのサブ・テーマを設定して研究例会とシンポジウムを企画実施していく方針を立てた。①の被災地論とは、被災地の現状はどうなっているかに関する研究である。②の「当事者-支援」論とは、被災当事者に対する支援に焦点を当てた研究である。③避難・復興論とは、避難生活から復興プロセスまでを射程にいれた研究である。途中から4つ目のサブ・テーマとして、④地域社会学に何ができるかという問題が付け加わった。

　以上4つのサブ・テーマについて、地震・津波による被災と原発事故による被災の双方に目配りしながら、議論を深めるよう研究例会と大会シンポジウムを企画・実施したが、

4つのサブ・テーマが満遍なく取りあげられたわけではない。震災から日が浅い段階では①と③は重なる部分は小さいが、時間が経つにつれて重なる部分が大きくなっていく。そのため①と③については、比較的厚く取りあげることができたと思う。他方、④は取りあげたが未消化気味であり、②は明らかに不充分、というような印象をわたし個人としてはもっている。

2. なにが成果として得られたか

　この2年間の研究活動で得られた刻々と変わる被災地の状況にかんする知見の蓄積は、地域社会学会としての成果の最も重要な部分である。丹念なフィールドワークに基づいた知見は、社会学界だけではなく、広くアカデミックな世界のなかでも誇るべき成果である。発災から4年過ぎて被災地に対する社会の関心が後退しつつあるように思われるが、むしろ復興はこれから重要な時期を迎える。インフラの整備と住宅再建が進むにつれ、街やコミュニティをどう再建していくかという問題に現実に直面するからである。その意味で、地域社会学会の多くの会員が被災地のそれぞれのフィールドで現場に向き合い続けているのはけだし当然であろう。今後も積み重ねられることが予想される成果を含めて、それらをどう生かすかは学会としての課題だろうと思われる[1]。

　ここでは、主として大会シンポジウムを念頭におきながら、なにが成果として得られたかについて私見を述べたい。

　1年目の大会シンポジウムで一つの焦点となったのは、被災者間の分断化の問題であった。原発事故被災地において区域再編が進み、そのなかで住民の様々な分断が生じていること、また分断化は原発事故による強制避難地域だけで起こっているのではなく、復興をめぐっても同様であることが議論された。なぜ分断化が生じるのかについては、既に昨年の年報で論じたので、ここでは繰り返さない（黒田 2014a）。

　ここで追加的に指摘しておきたいのは、発災から復興までを射程に入れた災害対策の制度的枠組みが欠如しているという限界が、復興行政を基本的に制約しているということである。東日本大震災の復興行政は、国の復興体制構築の遅延、コミュニティの総合的復興という視点の欠如と硬直的復興行政、復興事業の著しい地域的跛行性という3つによって特徴づけられると思われるが、そもそも災害に関する制度設計に大きな限界があった。災害対策基本法は災害が起こるまでを想定した法律である。実際に災害が起こると災害救助法に沿って避難所が設置され、住宅を失った被災者のために仮設住宅が建設される。住宅再建の支援は被災者生活再建支援法に沿ってなされる。復興庁はできたものの、復興行政は、インフラについては国土交通省、商工業は経済産業省、農林漁業は農林水産省と縦割りになっており、そこにはコミュニティとそこで生活する人々の生活を総合的な視点から復興するという視点が欠如している。つまり、災害対策基本法は存在しても、発災後の地

域の復興を総合的・体系的にコントロールする復興に関する基本法がなかったことが、復興行政を限界づけた。2013年6月に総合的な復興を企図する復興基本法こそできたが、当然のことながら東日本大震災は適用外である[2]。

　2年目の大会シンポジウムは、分断化の実態とそれを生み出すメカニズムという1年目のシンポジウムの成果をもう一歩進める内容になったと思われる。わたしなりに3者の主張をまとめると以下のようになる。会報に書いたものと重複するが（黒田 2014b）、お許し願いたいと思う。

　山下氏によれば、復興政策を進めるほど地域社会が破壊され、暮らしの復興が阻まれる。地震・津波による被災からの復興に関しては、復興政策・事業が単純化され、その政策に「のる」か、「のらない」かの二者択一となっており、復興に伴う受益者が限定されてしまっている。結果として人口減少がさらに進みかねない。原発事故に関しても、復興政策としての帰還政策に大きな欠陥がある。除染とインフラ整備だけで、コミュニティの再生に関して無策である。その結果、「被曝を覚悟で帰還する」、もしくは「自力で移住する」かの二者択一しかない。帰還しない人々が復興政策から排除され、社会的弱者だけが被災自治体に残るという結果をもたらしている。

　巨大防潮堤問題においても、硬直的な復興政策の問題性が露わとなっている。海岸堤の高さが復興政策のすべての前提であり、具体的にはL1津波への防潮堤による対応が金科玉条となっている。そのなかで地域社会は、様々な現実的制約条件の存在、政策内不整合の存在、防災政策としての矛盾といった様々な問題に直面している。

　地震・津波であれ、原発事故であれ、復興に関する以上のような問題の根底には、復興パターナリズムと防災パターナリズムがある。いま必要なのは、①縦割り行政から総合行政への転換、②国、自治体、住民の適正な関係の構築、つまり自治、③科学の政策への適切な応用である。

　原発防災にインサイダーとして長く関わってきた大矢根氏によれば、原発防災体制は3.11以前に既に構造的欠陥があったが、3.11後の見直しのなかにおいても、再び実現が不可能な住民避難計画がつくられようとしている。つまり、原発事故という大きな代償を払ってもなお変わらない構造がある。

　東海村JCO臨界事故を機に制定された原子力災害対策特別措置法に基づき、原発立地自治体では毎年避難訓練が行われてきた。しかしそれは構造的欠陥を含んでいた。①原発立地周辺集落で避難誘導の主力となるべき消防団、民生委員、保健師らが除外されていた。②地域集落に無知の担当者が避難想定を行っていた。③避難行動が避難生活に接続・移行するという認識が欠如していた。当然のことながら、福島における現実の原発事故において事前に繰りかえされていた避難訓練は役に立たなかった。

　3.11後はどうなっただろうか。住民避難の範囲が、EPZ・8-10km圏からUPZ・30km圏へ拡大された。それに伴い避難する住民の数は飛躍的に増える（たとえば女川原発では1万8

◆特集　東日本大震災：復興のビジョンと現実

千人から21万人へ)。原発事故の際、被曝の危険と闘いながら、高齢者、病人、乳幼児などを含むそれだけの人数を安全な地域へ短時間で移動させることが現実的に可能か。実質的に住民避難不能事態に陥ることが予想されるにも関わらず、原発再稼働に向けてのレトリックが編み出されていく。

大矢根氏によれば、フクシマの教訓を生かすためには、原発防災ガバナンスを減災サイクル論へ昇華させることが必要である。消防団のような重要なステークホルダーを「地区防災計画→地域防災計画」に位置づけ、非居住者・出向職員による机上の空論ではなく、生活者自らが原発避難体制の構想に参画することが不可欠である。

非会員の金菱清氏の報告は、地域社会学に対する批判がモチーフであった。金菱氏によれば、地域社会学は生者の生活圏だけを対象としてきた。死者は射程に入れているが、「死者」は視野の外に置いている。そのために、地域社会で起こっている重要な現象を捉えられなくなっている。では、その重要な現象とは何か。

『3.11慟哭の記録』の編集の過程で、氏は被災者にとっての根源的な問いに気づく。それは、わたしの愛する人は本当に逝ってしまったのか、という問いである。多くの遺族はカウンセリングを受けない。そこにあるのは、死を受け入れられない遺族と宙ぶらりんになった彷徨える魂である。遺族にとって失った家族は死者ではなく、「死者」なのである。そこから金菱氏は、遺族の心の痛みは消し去るべきものではなく、むしろ抱き続けるべき大切な感情だという考えに行き当たる。百日供養を行う気仙沼唐桑では、「死者」は地域社会の一員である。伝統行事を持たない名取市の新興住宅地では、被災地ツアー、自治会主催の慰霊祭、自治会居酒屋を通じて、過剰なコミュニティが形成されている。そこでは「死者」が地域の一員として迎えられている。

以上、3者の報告内容を振り返ってきた。誤解を恐れず言えば、山下氏と大矢根氏に共通しているのは、「抑圧を生み出す構造は変わらずそこにある」という主張だと思われる。地震・津波の被災地に関しては、中長期的に見て地域社会の持続可能性を破壊する「復興」が進んでいるという現実、原発事故の被災地に関しては、分断化を越えて「棄民」を生み出す方向へと進んでいるという現実、原発防災体制の不備が事故後も再生産されようとしている現実、こうした現実が確かに存在していることを、山下氏と大矢根氏は事実に基づき明快に示した、とわたしは理解した。

変わらぬ構造とは別に、ローカルなレベルで住民が主体の生活再建、コミュニティ再建を模索する集合的な営為もまた厳然と存在していることを示したのが、金菱氏である。実は、この2年間の研究例会や大会の場で繰り返し報告されたのは、地域の現場において住民の様々な実践活動に裏打ちされた〈復興〉が進んでいるという事実である。分断化メカニズムが作動しているはずのローカルな場において、それに対抗する住民主体の集団的営為が同時に生成・発展している。学会会員が自らの調査に基づいてその事実を明らかにしてきたことも、この2年間の成果であると考える。

要言しよう。抑圧的に働くマクロな構造がある。他方、マクロな構造に回収されない多様な主体的実践がローカルなレベルで繰り広げられている。それぞれ正反対の方向性をもつマクロな構造とミクロな過程が共存していることを実証に基づき認識したこと、それがこの2年間の最も大きな成果だと思われる。

3. 残された課題

　残された課題について、理論的課題と実践的課題の二つに分けて論じたい。
　残された理論的課題は、いま上に述べた2年間の最も大きな成果に関わる。抑圧的なマクロな構造とミクロ・レベルで息づく主体的実践が同時に存在していることを、どう理論的に捉えるかという問題である。
　「ポスト3.11の地域社会」というテーマを設定した際、津波・地震と原発事故を切り離して捉えないためには、地震・津波による被災と原発事故による被災の間にある共通点は何かを抽出する理論枠組みを構想しなければならないと問題提起し、仮説的に戦後日本における国土開発・地域開発の矛盾が東日本大震災・原発事故によって集中的に露呈したのではないかという視点を提出した。
　戦後日本の国土開発においては、ガバメント型リスク管理が本来的に有する制度的欠陥が内包されていた。換言すれば、戦後の国土開発の過程で地域社会に脆弱性が埋め込まれてきたのであり、3.11は「想定外」の災害に脆弱であるという地域社会の体質が露呈したのではないかという仮説である(黒田 2012)。2年目のシンポジウムを踏まえて言えば、いま進んでいる復興、あるいはそのなかで進められている防災対策・減災対策は、脆弱性を再生産しているのではないか。
　しかし、問題はここから先にある。なぜ抑圧的なマクロな構造が続くのか。なぜ地域社会に脆弱性を埋め込むような制度的欠陥が再生産されるのか。ミクロ・レベルで息づく主体的実践は、マクロな構造にどのようなインパクトを与えうるのか。
　この問いは、もう一つ抽象度を上げた理論的課題として解く必要があるだろう。しかし、この理論的課題は潜在的な問題提起に留まって、2年目のシンポジウムでも議論されず、今後に向けた課題として残されている。
　私見によれば、3.11をどう理論的に把握するかに関して、地域社会学会では2つの考え方が既に提出されているように思う。一つは山下氏の「広域システム」論(山下祐介2013)であり[3]、いま一つは「資本主義のネオリベラル再編」論である。後者は、代表的には浅野氏の主張であるが(浅野 2014)、災害資本主義論に立脚する広原氏の「災害カタストロフィー」論(広原 2014)もこれに含めていいだろう。
　マクロな抑圧構造とミクロな実践過程に引き裂かれた現実をどのような概念で整序するかは、構造を変える変革点をどこに見出すかに関わる問題であり、コミュニティ・レベル

の集合行為を含む地域社会の主体性をどう評価するかに関わる問題である。様々な現実的困難に抗してそこに住むことを選択する住民がいる。彼らに寄り添うかたちで研究課題を設定する地域社会学者の姿勢は、理論的にどう位置づけられるのだろうか。今後の議論の深まりに期待したい。

次に、実践的課題である。冒頭で、被災地を前に地域社会学は何ができるかという問題を第4のサブ・テーマとして設定したことを述べた。その前提には、従来の地域社会学が既に終わった社会事象について後追い的に説明する傾向があったことへの反省がある。

地域社会学に何ができるかという問題に関しては、研究例会や大会の自由報告において示されたように、多くの会員による現場での真摯な試みがある。この問いをめぐってこれからも試行錯誤が続くだろう。ここでは、一つの問題提起として、2013年度第2回研究例会において、質疑応答の際に舩橋晴敏氏から地域社会学に投げかけられた言葉を紹介したい。

非会員であった舩橋氏に研究例会の報告を依頼したのは、氏が中心となり、日本学術会議社会学委員会「東日本大震災の被害構造と日本社会の再建の道を探る分科会」が『原発災害からの回復と復興のために必要な課題と取り組み態勢についての提言』(以下、『提言』と省略)をとりまとめ、2013年6月に政府に提出したからである。社会学の立場から政府に対して社会的発言を行った舩橋氏の行動と主張は、地域社会学に何ができるかを考えるために参考になると考えた。

研究例会における舩橋氏の発言を、わたしなりに翻訳しながらまとめると、次のようになる。コミュニティ・レベルでの生活再建に向けた住民の集合的営為を取りあげることに学問的な意味はある。しかし、原発被災地の生活再建に必要なのは、国家レベルで四種の取り組みの場を設定し、生活再建につながる総合的政策パッケージをつくるという決定をさせることである(舩橋晴敏 2013)。社会学者に求められているのは、そこへの貢献である。上記の『提言』はまさにその一つの試みである。

地域における無数の主体的な営為は、それだけでは自動的に国家レベルの制度改革につながらない。地域の現場の住民に寄り添うこと以外に、フィールドワークの成果が政府の政策決定に対する入力源となるように行動することも、「地域社会学としてできること」なのではないか。

この問題提起に対して、地域社会学はどのように答えるか。あるいは答えるべきか。研究例会の場では、時間の関係もあって、議論を深めることはできなかった。その後、舩橋氏は急逝された。氏から宿題をもらったと個人的には感じている。次の大規模災害の発生が遠くない将来に予想される現在、地域社会学に何ができるかという問いは、継続的に議論していかなければならない問題だと思われる。

注
(1) たとえば、震災から10年を迎える2021年を目途に、「講座ポスト3.11の地域社会学」を編集・出版し、地域社会学会が蓄積した成果を世に問うことを考えてもいいのではないか。次の大規模災害に備えるという意味でも、地域社会学会固有の社会的貢献になると思われる。
(2) 「大規模災害からの復興に関する法律」(2013年6月21日公布)。なお、この法律を起草したのは、1年目の大会シンポジウムにおいて報告者の一人であった佐々木昌二氏である。
(3) 山下氏の「広域システム」論には、システム概念の二項的使用に対する鋭い指摘がある(仁平典宏2014)。

文献
浅野慎一, 2014「国土のグランドデザインと『生活圏としての地域社会』」『地域社会学会会報』187号.
広原盛明, 2014「『災害カタストロフィー』としての東日本大震災」『地域社会学会会報』186号.
舩橋晴俊, 2013「原発被災地の生活再建のために、政策内容と取り組み態勢に、何が必要か」『地域社会学会会報』181号.
黒田由彦, 2012「『ポスト3.11の地域社会』を問うことの意味」『地域社会学会会報』175号.
黒田由彦, 2014a「解題 東日本大震災:復興の課題と地域社会学」『地域社会学会年報』第26集.
黒田由彦, 2014b「災害復興のビジョンと現実——ポスト3.11の地域社会学を考える」『地域社会学会会報』186号.
仁平典宏, 2014「書評 山下祐介著『東北発の震災論:周辺から広域システムを考える』(筑摩書房2013年)」『地域社会学会年報』第26集.
山下祐介, 2013『東北発の震災論——周辺から広域システムを考える』筑摩書房.

Communities in Post-3.11 Japan:
Outcomes and Unsolved Problems from Two-year Discussion

Yoshihiko KURODA

The purpose of this paper is to review the two-year discussions about "Communities in Post-3.11 Japan" and to clarify outcomes and unsolved problems.

In the symposium of 2013 annual meeting, we discussed various divides that appear among local residents as a recovery proceeds. In the symposium of 2014 annual meeting, we discussed continuity of the center-periphery structure that has been built through a modernization process in Japan. On the other hand, we can observe lots of grass-roots activities by local residents for their own recovery, cooperating with local government, NPOs and supporters from other local communities.

It may be said that the most important finding from the two-year discussions and case studies is that we identify a coexistence of two opposite facts. One is that there exists the center-periphery structure at macro level, and the other is that there also exists a grass-root activity at micro level. The former can work against a local community, whereas the latter can be a site for resistance.

However, a problem is left behind us; how do we explain the coexistence of two opposite facts theoretically? Facts themselves do not tell anything about it.

Besides discussions above, we have been facing other problem for the past two years. As scholars who engage in regional and community studies, how can we support damaged communities and people? I think that we have to continue to ask the question in our own way.

◆特集　東日本大震災:復興のビジョンと現実

東日本大震災・福島第一原発事故の復興政策と住民
——コミュニティ災害からの回復と政策——[1]

山下　祐介

1. 東日本大震災・福島第一原発事故の復興政策に関する問題について

(1)本災害・原発事故に対する復興政策をめぐる問題

　2011年3月11日に発生した東日本大震災および福島第一原発事故から3年を経過した。しかしながら、その復興について十分な見通しは立っていない。それどころか現行の復興政策が実現不能なままに事業化され、かえって正常な被災地の回復を阻害している現実がある。復興政策の早急な立て直しが必要である。
　東日本大震災・福島第一原発事故については、様々な論者がこれを未曾有の災害・事故として取り扱ってきた。今回の津波そのものが千年に一度とされており、戦後この国が経験した最大の災害である。また福島第一原発事故は、先進国における原子力災害として例のないものであり、今回の震災・事故がもつ新規性・初発性は万人が認めるところである。しかしながら、その被害の実態については、3年を経た今でも十分に明らかとはいえず、死者・行方不明者18,517人（2014年3月11日現在）という形で犠牲者の数値は数えられているが、人々がどこでどのように亡くなったのかさえ十分に明らかではない[2]。さらに原発事故は継続しており、関連死もつづいており、被害は拡大過程の中にある。事故の検証も十分ではなく、津波防災機構についても何が機能し、どう失敗だったのか、そうした解明も浅い。こうして被害の実態解明や原発事故、防災対策の検証作業が不十分であるにもかかわらず、すでに復興政策の骨格が決定され、揺るがしがたいものとなっている。

(2)五重の生活環境被害

　それでもこの3年間、学術領域では震災・事故の検証は進められ、多種多様な調査研究が積み上げられてもきた。社会学の領域では、他分野と比べても、とくに震災フィールドワークが盛んに実施されてきた経緯があり、被災地・被災者によりそう知見が蓄積されている[3][4]。その中で明らかとなってきているのは、まず第一に本災害・原発事故の被害の大きさ、深さである[5]。
　福島第一原発事故では、警戒区域を設定した4町で当自治体に居住する住民・法人のす

べてが長期強制避難を余儀なくされた。さらには計画的避難区域、緊急時避難準備区域に指定された市町村も実質的に全自治体ないしは全コミュニティ避難を経験している。これらにおいては「自然環境」「インフラ環境」「経済環境」「社会環境」「文化環境」の五重の生活環境被害が生じているという指摘もある[6]。放射性物質による汚染のみならず、そのことによる長期広域避難によって、各コミュニティは、自らを成り立たせるために必要なもののすべてを一度失ってしまっており、本事故からの生活再建・地域再生はこの被害の重さを認識し、これらを回復するものとして出発しなければならない。

津波被災地でも同様に五重の生活環境被害が発生している。住宅被害は広域にわたり、避難はしばしば地域コミュニティ成員の全員に及ぶ。自治体が庁舎ごと流され、職員のみならず、首長がなくなった事例もある(岩手県大槌町)。産業基盤のすべてが失われ、一部事業者が再開を決意しても、関連事業者や消費者の再建がなければ復興できないという事態も生じている。土地の地盤沈下も生じ、海岸線そのものの位置さえ変わってしまった。

(3)コミュニティ災害・ソサエティ災害の復興課題

以上をふまえれば、社会学的には、次のように本震災による被害を表現することが許されるだろう。

本災害・原発事故では、社会の一部が壊れたというのにとどまらず、コミュニティそのものが、あるいはソサエティそのものが壊滅的な打撃を被った、そういった被害が生じているということである。このことを本稿ではコミュニティ災害、ないしはソサエティ災害という言葉で表現してみたい[7]。そして本災害のそうした特徴を押さえることから、その対応としての復興政策が構築されるべきであると主張したい。

ここでいう「コミュニティ災害」とは、コミュニティの存続を揺るがすようなレベルでの大規模災害を指す[8]。

災害・事故による被害は、被害総額のような数値のみで測られるべきではなく、その質的な意味が問われる必要がある。被害は人数や建物数であるだけではない。残された人々の心的衝撃の深さはもちろん、多数の成員や生活基盤を失ったコミュニティへの社会的影響にも配慮していく必要がある。そして今回の震災は、社会学の側から見れば、地域に展開するコミュニティや、自治体や産業社会が構成するソサエティまでもが強い衝撃を受けた点にその大きな特徴がある。

今回の地震により、最大で約40mの遡上高の津波が発生し、沿岸にある集落では、その大半の家屋が流されるといった事態が多数発生した[9]。それどころか、岩手県大槌町や陸前高田市、宮城県南三陸町などでは、市街地のほとんどが流され、自治体を流失し、基礎的な生活インフラを失ってもいる。産業基盤もすべて喪失し、ソサエティとしての存立基礎までもが奪われてしまった。

戦後日本の災害では、95年の阪神・淡路大震災が約6千人の死者を出した最大規模で

あり、しかもこの場合、都市直下の断層によるものであったため、都心の壊滅という事態さえ生じた。しかし、それでも地震はすべて何もかもを壊滅させたわけではなかった[10]。避難もまた、被災地周辺で行われた。これに対し、平成の大津波災害は、都市基盤を根こそぎ奪っただけでなく、本来避難先となるべき施設までをも破壊し、津波を逃れた人々もその後、長期の広域避難を余儀なくされた。避難は被災地からできるだけ近くに、かつコミュニティごとにまとまることが理想だが、今回は市町村の域外にまで各自バラバラに避難する地域もあった。

　福島第一原発事故でも事態は深刻である。福島県浜通り地域では、津波被害を受けた東京電力福島第一原子力発電所から30km圏の広域に避難指示がなされた。そして実際に第一原発からは放射能漏れが生じ、1号機、3号機、4号機では水素爆発が発生、また2号機からは特に大量の放射性物質が放出された。そしてその後、放射性物質による汚染とともに、長期に手つかずであったため雨漏りや老朽化が進み、家屋や事業所に多くの被害が生じた。だが、ここでも物理的被害だけに議論を終わらせてはならない。被災地では、自治体全域にわたる長期広域避難が行われたため、その生活基盤、産業基盤が広く壊滅した。既に避難から3年近くが経過し、避難先で生活再建を始めた被災者・被災事業者も現れており、再び同じ形で地域社会が再建されることはあり得ない。

　それ故、現在は、原発避難者特例法によって形としてはそのまま残っている避難自治体も、時間の経過とともにもとの成員を失っていく可能性が高まっている。また福島県大熊町、双葉町では元の居住域のほぼすべてが帰還困難区域となり、原発災害はこうして、各コミュニティレベルでの被害をさらに越えて、地域の生活基盤・産業基盤をマネジメントするべき地方自治体までもが重大な打撃を受けた、社会の被害（ソサエティ災害）にまで発展する可能性がある。

　こうした被害の実態をふまえれば、今回の震災・事故では、復興にこれまでになく長い時間がかかるのは当然でもある。また時間がかかる事によって現地再建できる被災者も限られ、人口のすべてがそのまま被災地に戻る事が難しくなる。利用できる土地も大きく変わった。こうした地域社会の存続を揺るがす重大な事態に即して、これまでにない新たな手法で復興政策が組み上げられる必要があるが、そうした政策形成のために十分な取り組み態勢が確立されていない。それどころか不十分な態勢のままに、被災地の将来にとって重要な復興政策が早々に決定されてしまっている。

⑷回復論と支援論、そして復興論

　第二に、災害・事故には被害があるとともに、そこからの回復過程が重要である。今回の震災でも人間の／社会の「回復力・復元力(resilience)」が確認された。さらにそれを支える支援の自生的な働きも様々に観察され[11][12][13]、そこには民間による市民活動のみならず、新しい自治体間支援の動きなども報告されている[14][15]。

そして第三に、復興政策の実施について、被災地・被災者の側から見える様々な矛盾が指摘されている[16][17]。復興政策は本来、被害、回復、支援の現実に関わって、公的な対応として必要なものが必要な形で検討され、実施されるべきものである。しかしながら現状では、こうした被害や回復に関わる被災地の現状把握が不十分なままに政策形成が急がれ、予算が計上され、その実施が進められており、そのため、被害の実態にそぐわない偏った復興政策が実行され、場合によっては回復過程や支援過程に支障をもたらす可能性さえ危惧されている。

(5)ターゲットの不明確さ、復興事業による地域破壊の可能性

　現行では、原発事故においては住民の早期帰還政策が進められ、また津波災害においては大規模防災施設建設事業が進んでいる。これまでの調査研究の結果を総合すれば、これらの各政策は被災地・被災者の現状に沿ったものとはいいがたい。それどころか、各政策の目的に見合う事業に限定されて復興過程が形成されていることで(原発災害では除染とインフラ整備、津波災害では防潮堤建設と高台移転など)、被災者の選択肢は事実上せばめられ、被災地再生にとっての大きな足かせとなっている。

　さらには政策・事業がきわめて単純化され、しかもいったん決定されるとその政策変更が難しいことから、被災者・被害者たちには、その政策に「のる」か、「のらない」かの二者択一が迫られており、政策は事実上そのうち「のる」被災者だけのためのものとなってしまっている。政策の示す選択肢はあまりに偏りが大きく、受益者はきわめて限定的になる可能性が高いため、現行の復興政策は実態にそぐわないどころか、政策のターゲットにも問題があり、それゆえ何のための、誰のための復興なのかがわからないものとなりつつある。そして、ただでさえ今後の人口減少が予想されている被災地で、復興政策の推進が人口減少にさらに拍車をかけることになり、復興政策に「のった」受益者にとってさえ、今後計画通りに復興事業が進行するかどうかきわめて疑わしい状況にある。復興事業の推進が現場の回復過程を阻害し、また場合によっては破壊し、実際の復興をはばむ可能性が大きい。

　残念ながら、現在進められている復興政策には、ここで指摘したような被害把握の十分な認識がなく、また回復に向かう地域社会に関する現状認識も欠如した中で、現実の事業内容が選択されてしまっている。さらに問題なのは、そうした政策が、被災地の復興をさらに実現不可能なものにしつつある点である。本稿ではこの点について、福島第一原発事故に関しては帰還政策に、また大津波被災地域に関しては大規模防潮堤建設問題に特に焦点を当てて、概観してみたい。

2. 福島第一原発事故の復興政策[18]

(1)総論

　福島第一原発事故被災地の実態と住民の避難は、2013年3月11日、原発から3km圏への政府の避難指示から始まる。翌12日には避難指示は20km圏まで広げられ、さらに15日には20から30km圏に屋内待避指示が出た。これらが同心円に設定されたのは、放射性物質の漏出のみならず、原子炉の爆発の危険性があったためと考えられている。4月22日には20km圏が警戒区域に指定され、屋内待避指示の区域は緊急時避難準備区域に再編、さらに西北50kmの方向(飯舘村、葛尾村など)に計画的避難区域が設定された。このうち警戒区域は災害対策基本法に準じるもので、許可なく立ち入りは許されない、文字通りの強制避難地域となる。

　この避難政策から帰還政策への転換は、当時の菅直人政権から野田佳彦政権へと移行する中で始まっている。2011年9月には緊急時避難準備区域が解除、12月16日にはいわゆる事故収束宣言が出されている。この収束宣言を受けて、帰還政策が本格的にスタートし(原子力災害対策本部「ステップ2の完了を受けた警戒区域及び避難指示区域の見直しに関する基本的考え方及び今後の検討課題について」)、2012年3月末には警戒区域解除がもくろまれていた。しかし、避難自治体の反発などにあい、実際の警戒区域の解除は2013年3月末までずれ込んでいる(双葉町のみさらに遅れて5月28日解除)。今後は順に避難指示そのものの解除が行われていくことになる。

　だが実際の帰還はきわめて難しいことが予想されている。既に指示解除がなされた緊急時避難準備区域においても、その後2年以上が経過しながら、実際には2割から3割しか戻っていないとされる。そもそも帰還の基準とされている年間放射線量20ミリシーベルトについては、低線量被曝がもたらす影響が専門家でも意見が分かれ、特に子どもの被曝については避けるべきだという意見があり、子どもを持つ者の帰還はきわめて少なくなる事が常識的にも予想される。そして、子どもやその親が帰還できなければ高齢者も難しく、全体として実際の帰還者はかなり限定されると考えられる。さらにすべてが避難した上での帰還なので、たとえ上下水道などのインフラが復旧したとしても、店や病院などの生活サービスが元通りに戻る保障はなく、自分は帰りたいと考えても、周りの家々が帰らなければコミュニティが成り立たないという事態にもなっている。コミュニティ災害からの回復は、コミュニティが一体となって戻っていくことではじめて実現するが、現在の政策は除染とインフラ整備(加えて新産業による雇用の創出)を進めて帰還を促すだけで、コミュニティの再生は無策のままにある。

　事実上避難者たちには、「被曝を覚悟で帰還するか」「自力で移住するか」の二者択一しかなく、このままで行けば、自力で生活できない人々だけが帰還を選択し、多くの人々は本

来「償い」であるはずの賠償を手がかりに、避難先で自らの生活再建を試みるしかなくなっていく。この政策はこうして、帰還する者のみを選別して事業の対象としながら、帰還できない者を復興政策から排除することによって、被災者支援策としての意味をなさない政策になっているが[19]、問題はそこにとどまらない。もしこのままこのプロセスが進行すれば、被災自治体に残るのは社会的弱者だけということになり、自治体存続そのものが危うくなる可能性が高いからである。このことは生活を成り立たせているソサエティの崩壊をも意味し、帰還政策で帰還した人々さえ暮らしていけないという事態につながり得ることを示している[20]。

こうして、現実には容易に帰還できない放射能汚染地帯へ帰還を促していく政策は、復興を支えるべき被災自治体にも破壊的な作用を与え、場合によってはこれを解体させる可能性がある。被災地再生のためには、帰還政策とは別の何らかのやり方が必要である。

(2)早期帰還が難しい理由

原発事故被害地域では、2013年5月までに警戒区域が解除され、避難指示区域の再編が行われた。そのうち避難指示解除準備区域、居住制限区域では、帰還にむけた準備が政策的に進められている。しかし、これまですでに避難指示解除となった地域でも、実際には多くの住民が帰還できていない(緊急時避難準備区域の川内村、広野町、避難指示解除準備区域の田村市都路地区など)。帰還しない理由としては、一般に避難住民の低線量被曝に対する不安があるからとして理解されているが、その背後には多様な要因が絡んでおり、除染により線量が低下したからといって、それで復興が進むという単純なものではない。

まず第一原発の状況について、様々な事故調査が示すように、いまだに明確なことは判明しておらず、廃炉の工程もきちんと確立されたものではない。さらに被災地周辺には中間貯蔵施設及び管理型処分場の建設が計画されており、その収蔵過程では高レベルの放射性廃棄物を積んだ車輌が大量に地域を行き交うことが想定されている。

そもそも肝心の除染について、目標とされた年間空間放射線量1ミリシーベルトの到達は難しく、先行して避難指示が解かれた田村市都路地区などでは、空間線量が高いまま、基準を個人線量へと変更することで帰還を実現することとなった。しかしながら線量計を着けた日常生活は現実的ではなく、帰還しても線量を測る人はほとんどいないだろう。さらに除染は森林等には実施せず、農地の土壌入れ替えも不可能なため、現地での生活は内部被曝の危険性が伴うものになることが予想されている。加えて、安全を過度に強調した早期のリスク・コミュニケーション政策が仇となって、政府や専門家への強い不信感が存在し、マスメディアから情報隠しに関わる報道が相次いで流れること[21]がその不信に拍車をかけてしまっている。

こうして現場の状況を考えれば、少なくとも被災地に子どもたちを居住させるわけにはいかず、また子育てのためには仕事が必要だが、廃炉ビジネス以外に確実なものはなく、

子育て世代が帰還できなければ、たとえ「帰りたい」と考えている高齢者でも帰還が難しくなることは必然でもある。そして実際に帰ったとしても、5重の被害が生じているので、元通りに生活するのは容易ではない。実質的に、この早期帰還政策は、「被曝や孤立を覚悟で帰還するか」、「賠償や補償を失いながらも自力で移住を決意するか」の二者択一を被災者に強いるものとなっている。

(3)帰還政策の問題点

　帰還政策は、これが推進されることで、他に可能な様々な対策の実施が阻害されるようにも作動している。今回の原発事故では被災者支援の核となる法律として「原発事故被災者・子ども支援法」が制定されているが、避難者の早期帰還が政策の前提になっているために、その内容が明確化できずにいる。

　きちんとした対策なしに賠償や補償を打ち切れば「棄民」につながるとの指摘がある[22]。そして、賠償が終了しても政府が行う被害者の生活支援までは人道的に外す事ができないため、事故で生じた被害者の生活を公的扶助で担うことになる構造が生まれつつあり、賠償打ち切りは棄民どころか自立できない人々を要支援者として国や自治体が大量に抱え込む可能性が高い。

　また政策が早期帰還を前提としているために、早期帰還しない住民には自主再建の道しかなくなり、復興事業の受益者になれないことも大きな問題である。結果的に、汚染された自治体の人口減少・高齢化を決定づけ、将来的には限界自治体[23]を現出させることになるが、限界自治体は、財政的な安定を求めて最終処分場などの迷惑施設を積極的に誘致する自治体に転換する可能性も指摘されている[24]。

　このまま早期帰還政策を進めても復興政策としては破綻する。それどころかその失敗は将来の我が国に大きな負担をもたらす可能性が高い。

3. 巨大防潮堤問題

(1)総論

　岩手・宮城沿岸の津波被災地では、現在大規模な防潮堤の建設計画が進められている。今回津波被害を受けた被災地に50－150年に一度のレベルの津波に耐え得る防潮堤を建設するもので、この津波災害からの復興の中核をになう事業となっている。しかしながら、高さ5mから10数mの巨大構造物が予定されており、その大きさから問題性が広く識者の間で指摘されている。

　本震災からの復興における防災の考え方については、2011年6月25日に発表された東日本大震災復興構想会議「復興への提言～悲惨の中の希望～」が基本となってきた。そこに

は、「地域づくり(まちづくり、むらづくり)の考え方」として「「減災」という考え方」が取り入れられている。

この議論に対し、同年5月に始まる中央防災会議「東北地方太平洋沖地震を教訓とした地震・津波対策に関する専門調査委員会」では6月26日に中間とりまとめを行い、ここで「最大クラスの津波高への対策の考え方」(L2津波への対応)と、「頻度の高い津波に対する海岸保全施設等による津波対策」(L1津波への対応)とを区別する指針が示された。そして、L2津波に対しては「減災」で進めるが、L1津波については堤防などの「海岸保全施設等」による対策を引き続き行うことが示されている[25]。

問題は、こうして示された海岸堤の高さが、現地で行う復興対策のすべての前提となってしまったことである。それ故、2012年度から行われた住民向けの復興計画の説明会では、「「減災」を基調とした地域づくり」は事実上「防災を前提とした地域づくり」に路線変更されてしまっており、L1津波への防潮堤による対応が金科玉条とされて、東日本大震災前まで完成していなかった明治三陸地震レベルの津波に対応できる構造物の完成がもくろまれることとなった。加えてL1津波に対応する堤防と、L2津波の浸水地(東日本大震災での浸水地)の間の空間が、盛り土かさ上げなどの対応がない場合、災害危険区域(建築基準法)として指定され、住居の建築を制限することとなった[26]。重ねて今回の復興事業は2015年度中の完成が前提となっており、土地がなく、住宅密集地をかかえる被災地(都市部)にとってはきわめて実現の厳しいものとなっている。

こうした巨大防潮堤を前提にした地域づくりには、次のような問題を指摘できる[27]。

(2)巨大防潮堤建設をめぐる様々な現実的制約の存在

まずこうした大規模土木事業の達成には様々な制約があり、終了するまでに相当な年月がかかることが指摘されている。第一に、防潮堤の建設には、地権者の合意、土地の確保が前提だが、地権者が広域に避難し、土地所有の関係にも複雑な地域が多いため(特に浜の入会共有地など)、その整理に数年がかかると見込まれている[28]。さらにこれだけの事業を各地で短期間にとなると、建設のための資材の確保、人材の確保が難しいだろうと考えられている。そしてその間に復興財源が使い切られてしまえば、事業が進行途中で中断となる危険性もある。

第二に、これだけ防災施設の建設に時間がかかれば、それを前提にしたまちづくりはさらに遅れるものとなる。産業復興は特に時間との勝負だから、防災の優先は産業再建にとっては強い足かせになってしまう。海岸防潮堤による防災を前提とした復興まちづくりは、肝心の町の復興を阻害し、場合によっては守るべき町そのものを破壊しかねないスケールを伴うものとなっている[29]。

(3)政策内不整合の存在

さらに巨大防潮堤による復興政策は、進行中の既存の政策とも不整合をきたしている。
　第一に、巨大な構築物そのものが被災地の復興の妨げになることが問題視されている。近年さかんに海岸や港を観光地として活用する事業も進められてきた。このことから、沿岸地域においては、暮らしの手段としての海が見えない景観となることを強く恐れている。
　そして第二に、巨大防潮堤の建設は景観のみならず、その巨大さ故に大規模な環境破壊につながる可能性が大きい。こうして、防災事業が環境を破壊し、そのことが生活再建・産業再建を阻害する可能性があり、しかもその事業が復興の前提となっているというきわめて矛盾した事態が生じている。防潮堤は防災を進めるための選択肢の一つだが、これをすべての前提にしたために、そもそもの復興政策として整合性を欠いているのは明らかである。
　第三に、こうした巨大公共事業を選択するにあたっては、各種現行法のどれもが住民の参加や合意の手続きを必要としているが（例えば、海岸法、河川法）、今回の震災復興にあたっては、既存の防潮堤を拡張する場合であっても「災害復旧」として扱い、住民合意やアセスメントは不要のものとして進められている点にも問題がある[30]。
　第四にコスト面の問題がある。現在計画されつつある防潮堤が、すべて事業完了まで財源が用意されているわけではない。復興財源については被災地以外での転用も目立ち、また事業が遅れれば、事業の年限となる平成27年度以降の配分はきわめて限られたものになる。そのため、着工してもどこかで予算がなくなり、中途半端な人工構造物や空き地が残るのではないかと危惧される。
　第五に、事業のターゲットに問題がある。そもそも住民参加や合意の手続きが不明瞭であり、また長期の時間がかかることから、防潮堤を建設してもその受益者がどれほどいるのかという問題が発生しつつある。このまま進めても受益者はほぼいないだろうという事業さえ現れ始めている。
　以上はおもに防潮堤の建設をめぐる問題点だが、この他に、土地かさ上げや、高台移転を含む防災集団移転事業などが、それぞれに不整合を抱えたまま計画・実施されている。巨大すぎる無理な防災公共事業が、被災地の回復過程に甚大な悪影響を及ぼす可能性が非常に高い。

(4) 防災政策としての矛盾
　そして何より巨大防潮堤の建設は、防災政策としても矛盾をきたしている。防潮堤だけで命が守れたのではなく、避難をうながす文化や行動があってはじめて、人の命は救われたのである。防災には、コミュニティや文化、教育が不可欠である。ハードな施設への過信が被害を拡大させた点も指摘されている[31]。
　今回の震災復興の総合的なビジョンは、東日本大震災復興構想会議「復興への提言〜悲惨のなかの希望〜」（平成23年6月25日）にまとめられており、ここでは今回の復興の中の

防災政策は「減災」の考え方を取り入れるとしていて、この事実と合致する。しかしながら、中央防災会議のL1・L2の議論を経て、現場では事実上、減災を行うためには、まず先に防災ハードの整備を完成させなければならないという事態となっており、政策の進め方として論理的に不整合がある。それどころか、大規模防潮堤事業の遂行は減災の基礎となるべきコミュニティまでをも破壊し、今後の被災地での減災の実現を根本から断ち切ることにつながるだろう。

防災を絶対視することで、津波被害で痛めつけられているコミュニティの再生を阻害して減災を担う主体そのものを破壊し、防災で守るべき社会（ソサエティ）さえ解体させてしまう、そんな矛盾さえ、巨大防潮堤の強要ははらんでいる。

こうして現行の復興政策は、巨大防潮堤という大規模土木事業をすべての前提にしてしまったため、公共事業としても、防災事業としても成立せず、それどころか復興政策を進めるほど地域社会は破壊され、人間の暮らしの復興を阻んでいくという悪循環のプロセスに陥りつつある。

4. 防災至上主義と復興至上主義の生成とその回避のための条件

以上、問題点を抽出すれば、次のように整理できる。復興をめぐって、ある方向性のみが過度に強調され、そのことを軸に政策が偏向して構築されることによって、現実の復興そのものに障害を来すようなプロセスが生まれている。ある側への政策偏向が、本来できるはずの別の政策形成を遮っており、コミュニティ災害による深い傷を復興事業そのものが押し広げ、コミュニティの存立条件をさえ破壊して、コミュニティの崩壊、さらにはこれらのコミュニティをもとに構成されていたソサエティの解体をも帰結する可能性がある。結果として復興事業が復興を妨げ、むしろ被災地を破壊しつつある。

問題は、こうした状態がなぜ起きたのかである。いずれの災害においても、多くの人が、「ボタンの掛け違い」と表現する。ではその掛け違いはどのように生じたのか。社会学的には、この震災を前にして生じたある種のパニックを読み解くことで理解可能なものと考える。

東日本大震災・福島第一原発事故は、その強い衝撃が日本人全体に心的パニックを引き起こした。それは国民のみならず、政府関係者や関係省庁においても同じであった。だが、その時期に今の復興政策の方向性は決められてしまった。

かたや何が何でも被災地に急いで帰って復興せよという「復興パターナリズム」が現れ、他方で何が何でも津波から命を守れという「防災パターナリズム」が生じて、復興の方向性を強く規定してしまった。このうち防災パターナリズムについては、その後、南海トラフ地震の予知などを通じて、太平洋に面する多くの自治体が戸惑いをもって直面しつつあるものでもある。

この状況を回避するために、いったい何をどのように考えていく必要があるのだろうか。
　第一に省庁間の関係を超えた総合政策の形成が可能になること。第二に、国、地方自治体、住民の関係が適正なものになること、要するに自治が形成されること。第三に、科学の政策への適切な応用である。紙幅の関係で詳しい説明は省くが[32]、ここでは、こうした分析をふまえて、震災復興が正常化していくための３つの条件を示しておきたい。
　第一に、今回の被災地において生じている二つのパターナリズムがもたらす罠を、多くの国民がこの事態を通じて十分に理解することである。そして第二に、そのためにも、適切で合理的な判断ができるよう、政策形成の場を、様々な人々の声に耳を傾け、また多様な科学領域と自由にコミュニケーションできるものにすることが必要である。第三に、住民の意向が政策形成にきちんと生かされる仕組みを再建しなければならない。
　しかしこれらの条件を整えるためには、一筋縄ではいかない複雑な困難性がある。それは、復興事業においては次のような論理が働いているからであり、このことがもしかすると克服しなければならない最大の課題であるかもしれないのである。すなわち、国の財政で行う復興なのだから、国民全体のためのものでなければならない、一部の住民のためだけの復興事業ではないという論理である。被災者のための復興事業であるはずのものが、国民のためでもあるという回路を通ることによって、被災者のためのものではないものに――さらには国民のためのものでさえないものに――切り替わってしまっている可能性がある。ここに二つのパターナリズムを固定化し、揺るぎないものにしてしまっている元凶があるかもしれない。
　そしてさらに、なぜこうした錯綜した事態が生じるのかを考えたとき、そこには現行の制度における、住民と土地、自治体の関係に何らかの根源的な欠陥があり、その欠陥が、こうしたコミュニティ災害が生じたことで、新しい状況がもたらす圧力に耐えきれず噴出してしまったのではないかと考察を進めることができそうである。
　そうした結果として何が起きているかを、地域社会学的には、次のように解釈できる。いまや国の進める復興政策は、その財政的根拠をもとに、人々の流動性の事実をふまえて、コミュニティの解放化を要請する、そんな事態が生まれ始めているかのようである。今のままの政策が展開すれば、この地のコミュニティは政策の介入によってその殻を壊され、そこに根ざす資源の全面解放化を余儀なくされるだろう。そして原発事故地は世界でも数少ない放射能汚染地域であり、また太平洋沿岸の被災地は有数の漁場と港を抱える地域であったから、その利権を、災害前にそこにいたからといって、その人々だけで占有しているのはおかしなことであり、広く国民全体にその利用は認められるべきだ、そんな議論さえ沸き起こるかもしれない。そして現にそうなりつつあるように見える。
　コミュニティの環境条件を整え、そこに暮らす住民を統治し、法人や組織の作動を実現し、社会参加や自治を促して、より広い社会に人々をつないできたのが自治体であった。地方自治体はだから、決して国家の行政末端機構ではなく、そこに暮らす人々から見れば

◆特集　東日本大震災：復興のビジョンと現実

最小限の基礎社会(ソサエティ)である。今回の復興政策はもしかすると、コミュニティを解体し、住民を解消させ、ソサエティの崩壊さえもたらす結果につながりつつあるといえるのかもしれない。

　土地、自治、住民に関わる制度的な関係が、国民・国家やグローバリズムの変化の中で実態に合わなくなり、矛盾を露呈し始めていること、そこに潜む何か十分に見えていない欠陥が表面化してきていること、東日本大震災・福島第一原発事故をめぐる復興の現実は、そうした事態を示しているのではないか。それ故、この災害・事故は、4年を超えてもいまだに状況が収まっているとは言い難く、むしろいまだに矛盾を広げ、新しい問題が展開を提起している段階にあるといわねばならない。社会学者の継続的探求が強く望まれる。

注
(1)　本稿は、第39回大会シンポジウム時に配付した資料から抜粋して作成した。省略部分を含めて、『シリーズ　被災地から未来を考える』(全3巻、有斐閣)に掲載予定である。また従って、事実関係は基本的に報告時(2014年5月)のものであることを了承されたい。なお、もとになった報告の内容は、日本学術会議社会学委員会・東日本大震災の被害構造と日本社会の再建の道を探る分科会(震災再建分科会)の提言「東日本大震災からの復興政策の改善についての提言」のうち、報告者が関わった部分を報告者の意見として抜粋したものと、拙稿「東日本大震災・福島第一原発事故における地域再生の課題と住民　コミュニティ災害への社会学的考察」(『被災自治体における住民の意思反映──東日本大震災の現地調査・多角的考察を通じて』日本都市センター、91—116頁)を組み合わせたものである。
(2)　麦倉哲,2013,「被災状況調査から見えてくる地域防災の問題点と今後の課題－岩手県大槌町を対象とした参与型調査から」地域社会学会研究例会報告、2013年1月14日、立命館大学．
(3)　日本社会学会『社会学評論』編集委員会,2013,「特集「東日本大震災・福島第一原発事故のフィールドを読み解く」によせて(解題／参考文献)」『社会学評論』第64巻第3号、330－341頁．
(4)　「研究成果一覧」『災後の社会学』vol.1(震災科研プロジェクト2012年度報告書)、科学研究費補助金(基盤研究A)「東日本大震災と日本社会の再建－地震、津波、原発震災の被害とその克服の道」．Vol.2、vol.3も参照。
(5)　山下祐介・三上真史,2013,「津波被災地の社会的被害の分析と課題──岩手県野田村の事例から」『地球環境』vol.18、75－84頁．
(6)　舩橋晴俊,2014,「「生活環境の破壊」としての原発震災と地域再生のための「第三の道」」『環境と公害』43(3)、岩波書店、62－67頁．
(7)　ここで、コミュニティとソサエティについては次のように使い分けをして議論を進める。コミュニティは、各地に展開する人々の、あるいは家々の織りなす関係性の総体であり、全体として一つの集団と見なせるものとする。日本社会の中では、ムラ(集落)やマチ(町内)を想定しておきたい。とくに地縁を契機とし、ある地域に地形的にまとまって成立している生活共同体としての社会関係の結合体である。これに対しソサエティは、そうしたコミュニティや、コミュニティと一部混在しながら作られる経済・産業関係、あるいはこれらを制度的・法的に司る地方自治体及び議会機構、またこうした公共団体に関係する各種の機関・機構・組合・集団(生活産業インフラや計画に基づくもの、医療・教育・交通・防災装置等)などを具体的には指しておく。また視点

をかえるなら、ソサエティはコミュニティの成員を国家や市場と結びつけるところに成立している地域的まとまりということにもなる。このあたりの用語法についてはまた別に議論を用意したい。

(8) 被害の範囲(衝撃の及ぼす範囲)による災害分類は、A.H. バートン以来のものである(バートン、『災害の行動科学』学陽書房、1969＝1974年)。なお筆者は長崎県雲仙普賢岳噴火災害や阪神・淡路大震災を研究した際に、これらの災害を「コミュニティ災害」という語で検討したが(山下祐介, 1995,「コミュニティ災害の社会学的意味」社会分析23号, 59－74頁)、本稿は東日本大震災の経験を踏まえて、この問題を改めて考察するものである。

(9) なお、昭和三陸津波など、過去の災害で高台に移転した地域は、津波災害を免れている例が多い。

(10) 例えば神戸市庁舎は旧館は壊れたが、本庁舎は無事だった。

(11) 菅磨志保, 2012,「災害ボランティアをめぐる課題」関西大学社会安全学部編『検証東日本大震災』ミネルヴァ書房、236－252頁.

(12) 関嘉寛, 2013,「東日本大震災における市民の力と復興――阪神・淡路大震災／新潟県中越地震後との比較」『東日本大震災と社会学』ミネルヴァ書房、71－103頁.

(13) 似田貝香門, 2012,「〈災害時経済〉とモラル・エコノミー試論」『福祉社会学研究』福祉社会学会、9号、11-25頁.

(14) 横田尚俊, 2012,「自治体間支援と地域社会――多様な経験とそこから見える可能性」地域社会学会研究例会報告、2012年10月6日、明治学院大学.

(15) 平井太郎, 2013,「広域災害における自治体間支援をめぐる社会学的課題－経験知と寄付金によって開かれた可能性」『日本都市学会年報』VOL.46:160－169頁, 日本都市学会.

(16) 佐藤彰彦, 2013,「原発避難者を取り巻く問題の構造――タウンミーティング事業の取り組み・支援活動からみえてきたこと」『社会学評論』第64巻第3号、439－458頁.

(17) 「避難から帰村／移住へ――原発事故と津波による被災からの復興の思想と現実」地域社会学会第38回大会シンポジウム(2013年5月12日)および、その内容をふまえた『地域社会学会年報　第26集』(2014年)「東日本大震災：復興の課題と地域社会学」を参照。

(18) 以下については、山下祐介・市村高志・佐藤彰彦『人間なき復興　原発避難と国民の「不理解」』明石書店、2013年も参照。

(19) 2013年12月20日に原子力災害対策本部が発表した「原子力災害からの福島復興の加速に向けて」では、「早期帰還支援と新生活支援の両面で福島を支える」ことが示され、ようやく帰還しない住民への支援も視野に入ってきたように見える。ただし帰還しない住民への支援は、特に帰還困難区域の住民に限られるような記述にも見え(とはいえ、「帰還困難区域等」と含みはもたせている)、なにより支援といっても結局は賠償の追加にすぎず、生活再建＝賠償の図式も崩されてはいない(賠償と生活再建の違いについては、前掲の山下他『人間なき復興』も参照のこと)。さらにはこの新たな政策が、さらなる避難者の分断につながるという声も現場では大きく、今後、実際に避難指示区域が解除されるならば、その前にこそ、原発事故子ども・被災者支援法の内容や、「避難する権利」の内実がしっかりと具体的に議論されていく必要があるだろう。

(20) この点についてはさらに、危険自治体の形成可能性が見逃せない。山下・市村・佐藤前掲書第4章を参照。

(21) 例えば2014年3月25日毎日新聞「原子力規制委員会で個人線量測定結果の未公表」など。

(22) 関西学院大学災害復興制度研究所, 2013,『震災難民－原発棄民　1923－2011』.

(23) 大野晃, 2005,『山村環境社会学序説』農文協.

(24) 注(18)参照。

⎛25⎞　ただしここには「海岸保全施設等の整備の対象とする津波高を大幅に高くすることは、施設整備に必要な費用、海岸の環境や利用に及ぼす影響などの観点から現実的ではない」ともあり、堤防の高さへの配慮が求められてもいる。

⎛26⎞　付け加えればさらに、防災集団移転事業の適用による高台移転が行われる際に、周囲に十分な土地がない場合には、海岸から遠く離れた山中への移転となる地域があるが、その際、あまりに海岸から遠く、また事業に時間もかかるため、既に実際に集団移転する戸数がきわめて限定されたものになることが予想されている（阿部晃成「復興計画がさえぎる故郷の未来　石巻市雄勝地区の高台移転問題」現代思想41巻3号（2013年）、86－96頁など）。またそれだけでなく、移転した跡地も災害危険区域に指定されることから、事実上、L1津波対応の堤防の内側には守るべきものが何もないような事例も生じている。今後、事業が進むにつれ、その意義が問い直されるものは少なくないだろう。

⎛27⎞　以下の論点は、筆者が調査及び聞き取りをした、岩手県野田村、陸前高田市、宮城県気仙沼市、南三陸町、石巻市の関係者からのものである。なお特に、宮城県気仙沼市ではこの問題は公開で広く議論された。「気仙沼防潮堤を勉強する会」（後述）のホームページも参照。

⎛28⎞　麦倉哲・吉野英峻「岩手県における防災と復興の課題」『社会学評論』64巻（2013年）、402-419頁。

⎛29⎞　それゆえ、防潮堤の建設を推進する側の住民の意見も、「安全な地域が欲しい」というよりも、しばしば「防潮堤を急いで早くまちづくりに入らなければ、復興ができなくなる」という形になっており、防潮堤の必要性を必ずしも主張するものではない。

⎛30⎞　谷下雅義「防潮堤と三陸海岸地域の再生」Web Planner 日本都市計画家協会ホームページ（2013年）

⎛31⎞　田中重好, 2013,「東日本大震災を踏まえた防災パラダイム転換」『社会学評論』64巻第3号、366－385頁.

⎛32⎞　注(1)に触れた『シリーズ　被災地から未来を考える』（全3巻、有斐閣）に詳しく述べる予定である。

The Restoration Policy and Residents of Great Eastern Japan Earthquake and the Fukushima Daiichi Nuclear Accident:

Recovery and Policy for a Community Disaster

Yusuke YAMASHITA

There is not a prospect for recovery from Great Eastern Japan Earthquake and the Fukushima Daiichi Nuclear Accident when we see the 4th year. On the contrary the restoration policy disturbs a recovery of disaster-stricken area. The government has to reconstruct the policy as quickly as possible. In this article we exhibit many contradictions of the restoration policy of the government for areas stricken by tsunami disaster and nuclear accident, and indicate the 3rd way as an improved policy. We discuss why these many contradictions occurs, and present a great earthquake panic and two paternalism of prevention and recovery of/from damage by disaster as the causes of policy contradiction.

◆特集　東日本大震災:復興のビジョンと現実

3.11・1F（イチエフ）災害後に原発防災レジリエンス醸成の道筋を考える
～マルチステークホルダー参画型・原発地区防災計画づくりに向けて～

大矢根　淳

はじめに

　災害時の現場での対応から復旧・復興、そしてその延長に位置づけられる防災対策までを、一つの円環の中で統合的に捉える「災害サイクル論」は、欧米に端を発しつつ、阪神・淡路大震災(1995年)を経て20世紀末に我が国に改めて紹介されることとなった。同時期、日本の災害対応、防災対策の現場、その特に市民参加の防災社会づくりの現場では、そこに主体的に参与するボランティアによって、「かけがえのない最後の一人にまで真摯に対峙する」というスローガンの下、ボランティアが主導する内発的な「もう一つの社会」構築の回路を構想するリベラルな防災社会構築論として「減災サイクル論」が定式化されてきた。本稿ではこうした経緯を踏まえたところで、原発防災について、3.11・1F（イチエフ）災害（東京電力福島第一原子力発電所事故）に学びつつ減災サイクルとして、特にマルチステークホルダー参画型の地区防災計画策定として、その認識枠組みと道筋を試案として提示してみたい。
　そこでまず、減災サイクル論におけるグラスルーツの防災活動の位相をレジリエンス概念との関連でとらえたところで(第1節)、こうしたローカルな防災社会構築の試みの一例を自然災害対応の現場から紹介し(第2節)、本稿最後にこれを3.11・1F災害後の原発防災システムに組み込む道筋について試案を提示してみたい[1]。

1. 減災サイクルとレジリエンス

1-1.復興都市計画事業から事前復興へ
　明治近代化の魁として欧米の不燃建築技術が導入されて、その後、大正の関東大震災(1923年)、昭和の空襲(1945年)を経て、不燃化事業は普及していくこととなる。この100年あまり被災地では、同様の外力で二度と被災しないようにと、「復興」を冠した公共事業が被せられてきた。例えば明治以降、北海道・函館では大火が相次いだことで、「市区改正順序」を定めて、延焼防止のために道路拡幅・沿道整備や石造・煉瓦造土蔵や社寺移転などの市街地の不燃化に取り組んできた。大正10(1921)年、四谷・浅草地区の大火復

興、そして関東大震災(1923年)の帝都復興に際しては、その直前に成立・施行されていた(旧)都市計画法(1919年)に基づき土地区画整理事業が行われ(「特別都市計画法」で「帝都復興」事業として主として土地区画整理事業を用いることとし)、以後、大規模な災害復興には都市基盤再興のために同法・同事業が被せられることが一般的となった。昭和に入って、第二次世界大戦で焼土と化した全国の諸都市には戦災復興都市計画が、酒田大火(1976年)に際しては土地区画整理事業、市街地再開発事業、商店街近代化事業等、諸事業が組み合わされて計画・施行されたが、これは後に「酒田方式」と呼ばれ、阪神・淡路大震災(1995年)の復興都市計画のモデルにもなった。我が国で「復興」と言えば、都市基盤再整備の公共事業が一義的に想起される歴史が重ねられてきた(大矢根,2011)。

ところで、この復興都市計画事業、中でも大規模被災地で都市基盤再整備として導入される土地区画整理事業には、その導入当初(1923年関東大震災復興)から被災現地では被災者の大きな反感が巻き起こった。土地区画整理事業では、道路、公園などの公共施設を整備するために必要な用地(公共用地)とその事業費を生み出すために、現地の地権者から土地の一部を提供させることが行われ(減歩)、地権者には面積を減じられた土地が割り当てられる(換地)こととなり、場合によっては事業前と後の地価に応じて金銭にて清算が行われる(清算金)が、地権者にはこれらの負担が不評で都市計画事業反対運動が勃興することとなる。

阪神・淡路大震災においても復興都市計画事業が行われたが、被災地からみなが一時避難していて不在の二ヶ月の間(1.17発災から年度末までの間)に都市計画決定がなされたことで、事業当初から施行者と地権者の間には深い溝が生まれた。また、これら都市計画事業は、地権者を対象としたものであり、借家人はそもそも原理的に対象外であることから、阪神・淡路大震災で居住空間を失った多くの借家人は、自らの意志(住み慣れた地に戻り住みたいという気持ち)が反映されないシステムである復興都市計画事業の進捗状況をもって、復興が測定・評価されること自体に疑義を抱くこととなった。

そこで、それではそもそも「復興」とはいかなることがらなのであろうか…と、その概念を根本的に再検討する動きが出てきた。2008年に発足した日本災害復興学会に位置づけられている「復興とは何かを考える委員会」がそれであるが、そこでは被災各地の復興への取り組みが紹介・精査され、また、関連専門研究分野において使い回されている復興概念の異同が比較検討されながら、あわせて学会の研究実践として復興に邁進する各被災地の交流が重ねられてきた。

阪神・淡路大震災の被災地で復興都市計画事業に研究実践として関わり続けた防災工学研究者らは、被災地復興の難しさを痛感して、「災害が起こる前に考え準備しておくことで、事後の都市復興における迅速性・即効性を確保するとともに、諸施策・計画の総合性とその過程での住民参加をより実効性のあるものにするはずである」と考え、仮説的に「事前復興都市計画」を唱えた。これがいち早く東京都で採用され、「都市復興マニュアル」と「生

活復興マニュアル」が策定され(1997年度)、その後、この二つのマニュアルは統合・改訂されて「東京都震災復興マニュアル」(2003年)となる。同マニュアルの「プロセス編」には、東京の震災復興を進めるキーコンセプトとして「地域協働復興」が提示されていて、「行政」と「地域住民」らが「専門家」の支援を取り入れながら協働して復興に取り組む重要性がうたわれていて、具体的には「復興市民組織育成事業」制度が創設されて、「震災復興まちづくり支援プラットフォーム」準備会議を経て、世界に先駆けて「震災復興まちづくり模擬訓練」が実施されるに至る(大矢根,2008)。

　この震災復興まちづくり模擬訓練では、「まち歩き」を通しての地域課題の把握、避難所生活から生活の再建をイメージするロールプレイ、暫定的な生活の場の形成のための「時限的市街地」の考察、地域ごとの復興方針の検討(復興まちづくり)とステップを重ねていくこととなっている。このように「復興」は、復旧の後の事項としてのみならず、被災の前の検討事項として位置づけられることとなった。また、被災という非日常の出来事としてのみならず、日常生活の足許の再点検(「まち歩き」を通しての地域課題の把握)という位相を獲得した。

　このように「復興」を被災前後に適当に位置づける試みは、これまでも様々になされて来ている。復旧から復興の次元で、その被災経験(教訓)が風化せずに復興諸過程で活き続けることによって、復興は次の被災に備える防災の位相に至る、復興は防災の礎であるとする循環論的な考え方がそれであるが、様々なバリエーションが流布している中、最も普及しているのが米国の「防災対策サイクル」(Disaster Management Cycle:通称「DMC時計モデル」)と呼ばれるものだろう。このモデルでは、災害発生を基準とした時間的局面と、防災対策上の目標を組み合わせて4つの局面(象限)が設定される。まず発災直後の人命救助や消火・水防等、被害を減らして拡大させないための「災害応急対応」(Response)、次いで地域社会の復興と生活再建を図っていく「復旧・復興」(Rehabilitation)、そして事前対策として被害の発生を未然に防ごうとする「減災」(Mitigation)と、ある程度の被害を容認しつつもできるだけ軽くとどめるための「被害軽減・事前準備」(Preparedness)、の4象限が設定される。我が国ではこれを基に、阪神・淡路大震災後に広く認知された上で防災の一主体として位置づけられてきたボランティアの、その意志と活動をそこに重ね合わせて、各象限における取り組みのスローガンを添えつつ「減災サイクル」(図1)として構想されてきた。

　まず、発災時にはその応急対応において「もう一人の命を救えないか?」と奮闘する救援ボランティア。次いで復旧・復興期には、そのドラスティックな流れに取り残されそうな人々に思いをはせて「最後の一人まで」と寄り添う復興ボランティア。そしてDMCの減災と事前準備を合わせたところにおいては、「たった一人でも救えるか?」を問い続ける予防ボランティア。日頃からセーフティネットが充実していれば、いざ災害が発生してもまずは安心なのであるが、そうした意味で、「取りこぼしはできない」のであり、セーフティネ

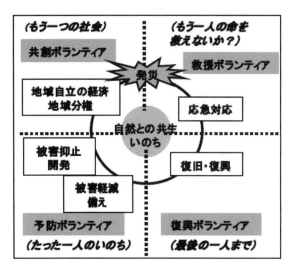

図1　減災サイクル(村井 2008,p.212)

ットの網の目からこぼれ落ちる人がいてはならないとの認識で、「たった一人でも救う」ことが目標とされる。そして、そうした取り組みの認識論的な基礎あるいは延長における一つの理念的な姿として、共創ボランティアが構想する「もう一つの社会」が位置づけられる。

1-2.レジリエンス(resilience: 復元＝回復力)概念

こうして叢生し構想されてきた減災サイクル論は、内発的な(防災)社会構築論として、同時期にアメリカから翻訳されてきたレジリエンス(resilience: 復元＝回復力)概念と接点を探りつつ、日本で連綿と蓄積されてきた地域防災研究(自主防災組織研究から事前復興の防災まちづくり研究実践)との調合がはかられてきた。

スマトラ沖地震津波(2004年)、ハリケーン・カトリーナ(2005年)、四川地震(2008年)、ハイチ地震(2010年)が続発したところで、これらに直面して、その背景に横たわる貧困対策や地域開発問題が糾弾された。そして、災害をその災害因(例えば、地震や洪水…)との関係のみで捉えるのではなく、災害がこのような災害因をきっかけとしながらも、それに社会の構造的要素が重なり合うことによって、被害が広範に拡大し壊滅的なダメージに繋がっていくメカニズムの解明・そこへの実践的関与に焦点を置く研究が注目を集めるようになっていった。この視角において駆使されたのがレジリエンス概念で、そこではまず、「根元的な原因(root cause)」として、権力・社会構造、諸資源へのアクセス制限や、さらにはそうした状況を容認する政治・経済システムに関わるイデオロギーがあげられた。そして現実的には、こうした大状況において、脆弱性を促進させるように見受けられる根元的な原因にすべてを収斂させてしまって、体制批判的な議論のみが跋扈して、眼前の危険に対する処方や方策に行き着かない危険性が厳しく指摘されることとなる。そして、客観的な環境と条件で見る限りでは、同程度に脆弱な状況にあるのに、地域社会の長期的災害の影響に差が見られるのはなぜなのか、大状況における脆弱性を促進させる根元的な原因に着目するだけで、災害による深刻な影響を軽減させることが出来るのか、といった疑問も投げかけられてきた。そこで、

　……大状況のなかでの客観的な環境や状況を見る過程では見逃しがちな、'地域や集団の内部に蓄積された結束力やコミュニケート能力、問題解決能力などに目を向け

ていくための概念装置であり、それゆえに地域を復元=回復していく原動力をその地域に埋め込まれ育まれてきた文化や社会的資源のなかに見いだそうとするもの(浦野他, 2007, pp.32-33)。

としてレジリエンス概念が研究実践現場で駆使されるようになってきた。そこでは、「地域を復元=回復していく原動力をその地域に埋め込まれ育まれてきた文化や社会的資源のなかに見いだそうと」し、長期的に被災地をまなざし・関与しつづける調査者倫理の再検討から始まり、「地域に埋め込まれ育まれてきた文化や社会的資源」を積極的に把握・醸成させていくべきこととして、事前復興まちづくり活動の研究実践などが紹介されていくこととなった。ここにおいて、日本で連綿と蓄積されてきた地域防災研究(自主防災組織研究から事前復興の防災まちづくり研究実践)がレジリエンス概念や減災サイクル論と接合されることとなる。

2. 地区防災計画策定の実際~岩手県大槌町安渡地区の場合

これを具現化しつつあるローカルの取り組みを、東日本大震災の被災地復興の研究実践現場から一つ紹介する。

2-1. 安渡地区津波防災計画づくり

岩手県大槌町は、釜石の北に位置する人口1.5万ほどの町で、大槌湾を中心に漁業、水産加工業が盛んで、これに釜石市のベッドタウンとして卸小売業、飲食業に従事する者が多かった。新日鐵釜石工場の操業状況に大きく影響され、工場縮小、高炉停止により、人口はピークの2.1万(1980年)から減少の一途をたどり、またその頃には200海里規制もかかってきて漁業従事者も漸減する。「家族の誰かが水産業に関わることで、一見零細で持続不可能に見える自営業やパートタイムの仕事を上手く組み合わせることにより家計が成立」している状況であった(野坂,2014)。

大槌町は平地が非常に少なく(町の総面積200.59k㎡の12%程度が可住地面積)、海沿いの6.4m高の防潮堤に守られて形成された埋立地に宅地が建ち並んでいた。そこに東日本大震災の津波が襲った。津波浸水高は13.6m、浸水面積は約4k㎡でこれは建築用地の52%にあたる。また、町内を流れる二つの河川、大槌川を約3km、小鎚川を約2km、津波は遡上した。死者・行方不明者1,284名を数えた。この中には、町職員40名(全136名中)、消防団員等30名が含まれる。被災が大きかった地区は、町方、安渡、赤浜、吉里吉里の4地区で、本稿で触れる安渡地区は、約2千の人口のうち11.2%にあたる218名(うち高齢者60%)が犠牲になっていて、消防団員は安渡(第二分団)の28名中11名が亡くなっている。一名が屯所で半鐘を叩き続けていて、他の多くが水門を閉めて海面監視あるいは独居高齢者等を誘

導(搬送)途上で犠牲になっている。

こうした犠牲の状況を検証しつつ、安渡では地区独自に防災計画策定に乗り出した。

　……かつてない大きな地震を経験した我々第二分団員は、津波襲来を直感し地震が収まらないうちに、自宅や職場からそれぞれ水門扉門の閉鎖に急行しました。15時04分管轄地区内の水門扉門の閉鎖を完了し、その後、難誘導等次の任務に散って行きました。

　停電で屯所のサイレンが吹鳴出来なくなり半鐘を乱打していた団員、防潮堤上から海側の逃げ遅れ者の確認誘導をしていた団員、屯所に参集途上だった団員、屯所付近で避難誘導をしていた団員、<u>寝たきり者の救助活動をしていた団員が、15時20分過ぎに防潮堤を越流した大津波に呑みこまれ、</u>11名の仲間が帰らぬ人となってしまいました。

　11名の仲間達には、逃げてもらいたかった、生きて又一緒に活動したかったと強く思いますが、我々<u>消防団員は災害現場で逃げない人や逃げられない人が居れば、自らも逃げられないのです。</u>そんなジレンマと闘いながら全国の消防団員は災害から国民を守っているのです。

　今後は国民全体で、津波を始め自然災害に対する防災意識を更に高め、国民<u>一人一人が自ら避難するという体制を作り上げて行かなければならない</u>と思います(小国, 2012、下線:筆者)。

今震災で「消防団災害」と言われることとなった事象で、地域防災主体の尊い取り組み・その犠牲を示す言葉である。消防団員は津波避難誘導にあたることとなっていたが、実際にはその動作の中には、寝たきり独居老人のお宅を訪問して、まずは避難の説得をし、次に、老人の要望に従って身の回り持ち出し品の捜索・梱包作業、そして背負って坂を駆け上る搬送という一連の作業が含まれていた。「高台に走れ!」と誘導するだけでは済まされなかったのである。しかしながら誰かがこれらを残らず全て担当しなくては、寝たきり独居老人の溺死は予め決まったものとなってしまう。誰がこれら全てを担うべきなのか。大槌町ではギリギリの線を探る議論が始まった。

そのためにまず、町民がどのように亡くなっていったのか、あらゆる記録と記憶を洗い出して、その実相の解明にかかった。思い出すだに苦しい作業で、「もし……だったら」、とたら・ればの後悔が尽きない中での厳しい苦しい検証作業となった。そしてたどり着いたのが、「15分ルール(案)」である。地震を覚知して大津波警報が出されたら、そこから15分間だけは消防団員等が誘導に従事するというもので、規定時間が経過したら消防団員も高台に避難することとされた。寝たきり独居老人宅では、大地震を覚知したら、何らかの方法で家からの退出準備を整えなくてはならないこととなった。すなわち、日頃からイザ

という時のために持ち出し品等の準備を整えて、身の回りの面倒を見てくれる介助者を確保しておき、大津波警報が出たら、消防団員等が背負っていけるように玄関先まで出て待っていなくてはならなくなった。必ず誰かが独居老人を玄関先まで移動させておくこととされた。大槌町安渡地区では、これを「自助」と規定した。共助を企画化するためには、ここまでの自助を条件とすることとされた。そうでなければ、共助は絵に描いた餅になりさがる。こうしたギリギリの自助と共助を明記した取り決め[2]を、安渡地区では、「安渡地区津波防災計画」と命名した。
　安渡地区は、震災前から津波防災にことさら力を入れて取り組んでいる地区として評価が高かった。それなのになぜ、このように多くの犠牲を出してしまったのか。これを自問しつつ、外部専門家を取り込み、検証作業を重ねて防災計画を策定した。
　安渡2丁目町内会・自主防災事業部では毎年4回、津波避難訓練を実施してきた(参加者は町内会メンバーに、消防団＋消防署＋警察＋保育所＋役場)。昭和三陸地震津波の教訓、すなわち「高台に避難するだけじゃダメ、飢えと寒さをしのぐ避難所の適切な開設・運営を!」を町内会長が言い続けて、震災直前の平成22年11月には、福祉課と要支援者マップ作成を作成して、町内17班でワークショップを行っていた。「今回も、一番先に避難してきたのは保育所、訓練通り!」、「いつも訓練に参加している98歳の婆ちゃん。昭和8年の津波を知っている婆ちゃんが、一番早く避難した。自分の娘夫婦は亡くなってるんだから…」と、訓練の効果と限界を語る(『大槌チャンネル』より)。限界とは何であったのか。
　町内会ではこれを検証するために、被災直後からここに参与して防災計画づくりの研究実践に関わり続ける防災社会工学者・災害社会学研究グループ[3]とともに調査・検討を始めた。まず、町内会でこうした検討の受け皿組織として「安渡地区防災計画づくり検討会」を設置した。一連の調査を実施して、その知見[4]を盛り込んで町内会単位で地区防災計画を策定してみた。この防災計画には、上述したような踏み込んだ町内規定案が盛り込まれていることから、その妥当性や有効性を検証するために、町内会独自に防災訓練を実施して検証会議を開催した。そして、そこで得られたデータをもとに、再び地区防災計画を練り直す作業が重ねられている。こうした検討の過程で浮き彫りになってきた諸課題のうち、町行政へ「車避難・災害時要援護者支援のための避難場所・避難路整備」などの「7つの要望」[5]がまとめられ、それらを町行政と町内会で協議していくために、「安渡町内会・大槌町懇談会」が設立され会合が重ねられている。こうした過程を経て、一町内会策定の防災計画が、町の策定する地域防災計画に地区計画として書き加えられることとなった。これらの経緯をまとめると以下のようになる。

2011.10　避難行動等のヒヤリング
2012.04　安渡町内会誕生(1～3丁目の合併)
2012.06　安渡地区防災計画づくり検討会の設置(2014夏までに計17回開催)

2012.09　生存者への避難行動等アンケート
2013.01　安渡地区死亡状況調査
2013.04　安渡町内会津波防災計画(案)、報告
2013.08　安渡町内会・大槌町懇談会(2014年夏までに計4回開催)
2013.10　安渡地区津波防災計画、策定
2014.03　安渡町内会・大槌町合同防災訓練／検証会議
　　　　　大槌町地域防災計画・資料編に「安渡地区津波防災計画」掲載
2014.09　生きた証プロジェクト、開始

　こうしたギリギリの議論が安渡町内会で検討されているまさにその時、国会では災害対策基本法の改正(2013年6月)が議論されていて、避難行動要支援者の名簿作成の義務化、地区防災計画作成の認定などがなされることとなった。期せずして安渡町内会の取り組みは、地区防災計画第一号と位置づけられることになり、2014年度版『防災白書』に紹介され、国連防災世界会議(2015年3月、仙台開催)において、我が国の先進事例として報告されることとなった。

2-2.「生きた証プロジェクト」

　(大槌町)地域防災計画に(安渡地区津波防災計画として)地区防災計画として掲載され、少しずつ評価・オーソライズされてきたことで、安渡の取り組みは三つの角度で深化(進化)をとげつつある。一つには、毎年3月(昭和三陸地震津波の発災にちなんで：1933.3.3)に行われる安渡町内会・大槌町合同津波防災訓練[6]で、安渡地区津波防災計画が検証されてその課題が毎年書き換えられていくPDCAサイクルとして回り始めていること。二つ目は、役場サイドでグラスルーツの防災計画提案を汲み取る回路を持ち始めたことで、同町では地区防災計画策定が水平展開し始め、現在では安渡のお隣の吉里吉里地区で同型の動きが進められてきていること。三つ目は、役場、町内会、研究者の三者それぞれの動機・欲求・任務が折り合ったところで、犠牲者の詳細な記録化が始められたこと(「生きた証プロジェクト」)。

　　「生きた証プロジェクト」全犠牲者記録、再始動　岩手・大槌町
　　岩手県大槌町は、東日本大震災で犠牲になった町民1,284人全員の人柄などを記録する「生きた証(あかし)プロジェクト」を本年度、再始動させた。「検証が先」「遺族につらい思いを強いる」と町議会が昨年、仕切り直しを迫ったが、町が説明を重ね一定の理解を得た。町は実行委員会を発足させ、10月にも遺族らへの聞き取りを始める。
　　実施計画案によると、記録を通して、犠牲者を供養するとともに震災の記憶の風化を防ぐのが狙い。避難行動などの防災にも役立てる。

遺族の同意を得た上で犠牲者の経歴、人柄、生前のエピソード、故人へのメッセージなどをまとめる。被災時の状況も可能な範囲で聞き取る。取材は案内役の住民、聞き手と記録員の3人で1チームを編成。地区ごとに配置し活動する。

事業期間は2015年度末まで。記録集など紙媒体を基本に編集、保存し、町が計画中の図書館、文書館などでの公開を検討する。

取材、編集はコンサルタントなど民間へ委託する。町は町民、町議会へ計画案を説明した上で正式決定し、7月に委託業者を公募する。

事業全体の計画や実施体制の調整は、町内会や町議会の代表者14人で構成する実行委で協議していく。第1回会合は5月30日に開かれた。

釜石仏教会事務局長で吉祥寺(大槌町)住職の高橋英悟委員長は「亡くなった人へ思いを寄せることが、残されたわれわれの生きる力になる事業にしたい」と話した。(『河北新報』2014.6.8)

安渡町内会メンバーが各地で被災対応経験を語る機会が増えてきたことで、正確な記録が必要とされてきた。そして、自らの経験を他者に十分に伝えることができてやっと、自らのこころの整理がつき始めたことに気づいた[7]そうである。大槌町業務として開始された「生きた証プロジェクト」に筆者らは今、安渡地区調査メンバーとして参加し、地区の犠牲者全218名の聞き取り調査を完遂すべく調査を進めているところである。

プロジェクトには三つの目的、①弔い、②記録化、③教訓抽出、がある。被災現地においては、かけがえのない方々への想いをきちんと自分たちの地区生活の履歴として刻み込んでおきたいというところから、「弔い＋記録」への要望が厚い(過去に建立されてきた津浪碑(大矢根,1997)はそうした想いの具現化の一例であろう)。委託サイドの町行政としては、甚大な被害の実像を精確に記録に残し、これからの防災に資するバックデータとしたい(記録＋教訓)。そして我々研究者サイドとしては、防災体制、特に避難体制構築のための必須のデータとして位置づけつつ(教訓)、こうした取り組みのあり方自体についての防災社会工学上の意義を検討していくことで、減災サイクル構築における言説構築回路を創成していきたいと考えている。

上記報道に「取材は案内役の住民、聞き手と記録員の3人で1チームを編成」とあるが、このチーム編成の重要性についてひとこと注釈を加えておきたい。被災地調査では一般的に、あの瞬間の悲惨な事柄を想起させるような聞き取りは、素人には厳に戒められているところで(体調の急変などをも巻き起こす可能性のある危険な行為である)、本来これはカウンセラーか精神科医にしか許されないことがらである(社会によってはそこに宗教者が含まれることもある)。しかしながら日本の被災現場では、このようなことがらを平気で被災者に問いかける輩も少なからず存在する。大災害後にはそこのタガが外れてしまって、表現の自由とか報道の自由とかが振りかざされて、被災者の基本的人権よりも優先さ

れているような状況が散見される。この度のプロジェクトのチーム編成は、まず、「案内役の住民」と新聞に記されている方々、これがまずは最も重要なのであるが、我々現地調査スタッフの間ではこれを「水先案内人」と呼んでいるのであるが、彼らは被災の実状とその遺族の現在の生活状況について熟知していて、長いご近所付き合いの履歴に基づく深い信頼関係を有している。そしてさらに彼らは、保健婦(師)、民生委員、消防団員などの資格・職位を保持していて、被災者の心のケアについての基本的素養を持っている人として選別されている。ついで、聞き手と記録員であるが、これは例えば大学の社会調査士資格課程程度は履修ずみ(資格取得者)であることは大前提で、これらの記録者が水先案内人の下できちんと調査活動を進めることとされている。知りたい、報じたいからと言って、調査・取材が許される現場ではない。こうした調査体制を組んでいるからこそ、弔い＋記録＋教訓が精確に聞き取られることとなる。被災地調査は外部から参画してくるその職域需要のみで企画・実施されうるものではなく、あくまで被災者の生活再建過程の責任を分担すべく参画する姿勢が前提となる。

　本節では、自然災害対応の防災レジリエンス獲得の道筋の一例として、安渡地区津波防災計画づくりのPDCAサイクル構成の取り組みをあげてみた。安渡の取り組みは図らずも、改正災害対策基本法第42条に位置づけられる地区防災計画第一号としてオーソライズされることとなったが、しかしながらこれはそもそも、決してそれを目標に組み上げられたものではなく、止むに止まれぬ弔いの意に基づいて、重い先例(霊)を教訓としていきたいという地区住民の想いが、外部研究者を巻き込みつつ進められたグラスルーツの防災社会構築過程であって、「地域を復元=回復していく原動力をその地域に埋め込まれ育まれてきた文化や社会的資源のなかに見いだそうと」した津波常習地区の奮闘努力のたまものであった。

3. 3.11・1F（イチエフ）災害後の原発防災レジリエンス獲得にむけて

　こうした地区防災レジリエンス獲得の過程を原発防災の現場にいかに被せていくことができるのか、試論を提案してみたい。

3-1.オフサイトセンター内の原発防災訓練

　JCO臨界事故(1999年9月30日)[8]を受けて原子力災害対策特別措置法(通称：原災法)が制定された。そこでは、事象発生時には、内閣総理大臣が原子力緊急事態宣言を出して、現場の自治体・原子力事業者を直接指揮し、住民に対しては避難指示を出すことが出来るようにするなど、内閣総理大臣に全権が集中する仕組みが作り上げられた。

　以降は原災法にもとづき毎年晩秋に、全国の原発が持ち回りで、原子力総合防災訓練が行われている。訓練は全国各地22ヵ所に設置された通称・オフサイトセンター(原子力発

電所そばに設置される緊急事態応急対策拠点施設)と経済産業省緊急時対応センター(通称:ERC、@霞ヶ関)の中央・地方二元同時体制で行われる。訓練内容は一般的には、(1)緊急時通信連絡訓練、(2)緊急時環境放射線モニタリング訓練、(3)周辺住民への広報活動訓練、(4)周辺住民の参加を含めた緊急時医療活動、(5)交通規制、(6)退避・避難訓練など、となっている。そして、オフサイトセンターで行われる訓練は以下のように進められる。オフサイトセンター内には大会議室があって、そこには、機能班と呼ばれる専門担当者の集う島(会議スペース)が設けられており、そこで各機能班毎、各種情報を収集・分析して対応を打ち出す。機能班には、プラント班/放射線班/医療班/住民安全班/広報班/総括班/運営支援班、の7班があり、防災訓練時には、各班それぞれ7色のビブスを着用した専門担当者が島に就く。7つの機能班では、まず、プラント班(橙色のビブス着用)において原子力発電所内部の事故原因箇所の状況が推定、調査・分析され、そこから放出される放射性物質の拡散状況が放射線班(赤)において大型コンピューター(SPEEDI)を用いて算出される。そのデータは住民安全班(緑)に届けられ、ここに集う地元自治体・消防・警察などが避難計画を練り上げる。一方、プラント内の被曝者・怪我人さらには一般住民の被曝に対応する医療班(白)がある。各機能班の検討結果を集約して議論し、意思を統一するために総括班(黄)がおかれている。総括班の指揮のもとに各機能班の代表者が適宜集められて検討が行われ(代表者会議)、その結果が広報班(青)によってプレス発表される。各機能班や代表者会議の作業を円滑に進めるために総務を担う運営支援班(空)が置かれている(大矢根,2007,pp.180-183)。

訓練はおおむね、原発サイト内部で異常な事象・事故(INESの事故レベル[9])が発生して、放射性物質が拡散したとの想定で始まる。このサイト内部のデータ異常が「10条通報」レベルと呼ばれる。この「10条通報」により原発災害対応が始動する。そして、プラント内の異常箇所が推定・特定されて対応策が順次投入される。これが十分に修復され得ず、放射性物質がサイト外に漏洩する事態が想定・設定されて訓練は展開をみることとなる。これが通称「15条事態」(「原子力緊急事態宣言等」)である。この状況が報告されると内閣総理大臣は「原子力緊急事態宣言」を発して住民に避難指示等を出すこととなっている。

これを受けて、住民安全班を中心に、避難計画が策定・発表される。この域外への避難指示のために住民安全班によって作図されるのが、通称「風下三方位のキーホール図」(写真1)である。地

写真1 風下三方位のキーホール図

図上の原発を中心に、ダーツの的のように、同心円が16等分された図が用意され(一つの扇形は22.5°となる)、原発サイトから周辺2～3km程度は360°の全方位避難、それより遠く5～10kmあたりまでは(風下一方位と、安全を見越してその両脇の二方位の合計)風下三方位が域外避難エリアとなる。この図形が鍵穴に似ていることからキーホールと呼ばれる。発災後、放射性物質の放出・拡散状況がSPEEDI[10]によって計算される。SPEEDIには30年分の気象データが蓄積されていて、これに現況の気象状況が投入・解析されて、毎正時10分前の拡散方向が予測されることとなっている。放射性物質の拡散状況としてコンピュータで算出されるそのデータは、おおむね地形と現況の風向きに応じた図形を示していることとされているから[11]、これを集落地図に重ね合わせて、避難すべき地区と待機していてもよい地区を割り出すこととなる。この作業を担うのが住民安全班である。そして、住民安全班によって「風下三方位のキーホール図」が作図されて、これに該当する地区の住民から、まずは避難が指示される。

3-2. 原発防災レジリエンスの醸成に向けて

　これまで政府は原子力施設等の防災指針において、原子力施設から半径5～10kmを「防災対策を重点的に行う地域の範囲(EPZ:Emergency Planning Zone)」として、原発事故が起きたときに備えて、自治体などがあらかじめ住民の避難などの対策を決めておく地域の拡がりを定めていた。これにもとづき、上述の風下三方位のキーホール図において要避難エリアが示されてきた。ところが、3.11・1F災害を受けて、その影響の及ぶ範囲、実際に測定された放射線量に基づいて要避難の範囲が20～30kmに及んだことから、UPZ(Urgent Protective action planning Zone:緊急時防護措置準備区域)の考え方を導入することとなった。合わせて、PAZ (Precautionary Action Zone:予防的防護措置を準備する区域)が設定された[12]。すなわち、5km即避難、30km広域避難計画策定エリア、が設定されたことになる。このUPZ・30kmの設定により、EPZ・5-10kmに比べて、避難対象人口・エリアは一挙に肥大した。これにより100万人をこえる対象人口を抱えるにいたった原発[13]もある。

　原子力総合防災訓練では、放射線班から送付されてくるSPEEDI解析情報に基づいた「風下三方位キーホール図」を受け取った住民安全班が、これを地図に転写して要避難区域を浮かび上がらせて、該当エリア内の(要避難)人口をカウントして避難用バス台数などを割り出し、その待機場所と運行計画を練る。年一回、この訓練がオフサイトセンター内で、原発防災当局者のみによって行われる。しかしながらこの作業は、何も年に一回のその日に、原発防災担当者のみが集って、霞ヶ関と二元体制で行わなければならないほどのことではない。実はここまでの事なら、現地の児童の図画工作と算数でできる作業だ[14]。

　そもそも台風災害や震災のような自然災害と異なり、原発災害は災害因としての原発サイトが不動であるから、そこを基点にした同心円の放射性物質拡散状況は、PAZとUPZが定まっていれば、あとは16方位の風向きのバリエーションしかないこととなる。3.11・

1F災害前は、EPZ・5-10kmの「風下三方位キーホール」がそれに該当した。EPZ・5-10km時代は、風の強さや漏洩する放射性物質の量などによって、全方位避難の大きさが半径2kmだったり3kmだったり、あるいは、風下三方位の裾の距離が6kmだったり8kmだったりと、訓練の際にいろいろ想定を変えつつ、それに応じてキーホール図の作成とそれに基づく要避難エリアの割り出しに躍起になっていたところであった。実はこの時代においても、写真2,3にあるように、いくつかの相似形のバリエーションとしてキーホール図を事前に透明シートで作って、地図上の原発サイトに画鋲どめしておけば、あとは風向きに応じてこれを回転させるだけで、要避難エリアは特定できた。3.11・1F災害後は、発電所の規模に応じてPAZ・5kmとUPZ・30kmが定められたので、事情はさらにシンプルになって相似形のバリエーションも不要となったところで、30km同心円を地図に被せておくだけでいい。いずれにしても、昔も今も、ここまでの検討作業は、児童の図画工作で可能だ。ここから先が大人の作業で、御題は要避難エリアの実質的な境界の線引きである。理念的には、算出された要避難エリアより少し大きめのどこかが境界となるが、これには地形をはじめとする地域諸特性、特に、当該エリアの歴史・文化、地域権力構造(オピニオンリーダー等)、それに日常の近隣関係に各親族の隣接居住状況等々に精通した地元の方々の持つ情報が必須となる。これらの情報を盛り込んで、要避難の境界は慎重に確定されなくてはならない。これは地元を常時巡回している民生委員、保健師、町内会長、消防団分団などが保有する地元の智に依るほかない。オフサイトセンターに集った県出向職員や、ましてや二元体制の霞ヶ関では思慮・判断が全く不可能なところである。愛媛県伊方原発の場合、この境界線確定の重要なポイントは、集落対抗相撲大会の土俵保持集落エリアを決して分断することのないように、というところであった。社会学的なフィールドワーク(大矢根,2004-2006)によってはじめて、こうした具体的な地元の智が浮きぼりにされてきた。

写真2　風下3方位キーホール図の透明シート　　写真3　16方位図の境界域の精査(集落を分断しないように)

これと消防団分団のエリアが重層しており、避難誘導体制の諸主体が連動していることが把握された。

　日常的な地区防災の取り組みとして、自主防災組織の面々で要避難エリア図を16通り用意して、その境界線と域外避難の段取りを協議しておき[15]、年一回のオフサイトセンターで催される原子力(総合)防災訓練で、住民安全班において、この地区住民作成の避難計画が彼ら自身によって掲示されることとすれば、訓練もマルチステークホルダー参画型[16]に近づく。住民安全班で2時間もかけて要避難地区を割り出したり搬送要員を検討したりする必要はないし、実際の発災場面で、そのようなことを一から始めようとする現行システム自体、これは間違っている。発災すれば風向き情報だけが付与されれば、即、地区住民避難体制が始動するよう、予め地元智を盛り込んだ計画・体制を策定しておくべきであるし、それは現時点で可能である。年に何度かこうした避難体制始動訓練を住民参加で地区内で重ねていけば、原発防災リテラシーももちろん向上する。

むすびにかえて

　これまでの各種防災計画はおおかた被害想定に基づき、上位計画に矛盾することのないよう調整されところで作文されてきた(したがって、全国一律金太郎飴的防災計画のオンパレードであった)。一方、安渡地区津波防災計画(地区防災計画)は、実被害に基づく防災計画であって被災の重い教訓を踏まえての計画策定であったことから、既存の計画枠組みを超えた(矛盾する内容を含んだ)規定を多々含む[17]ものとなっている(「15分ルール案」や「一部マイカー避難の許容」など)。しかしながら、そうしたグラスルーツの計画策定が法的に容認・奨励されることとなったことで、役場・町内会間の協議が不断にたたかわされることとなった。役場職員も被災町民として地区防災計画の意義やその検討背景は十分に理解しているところであることから、これを地域防災計画に的確に位置づけていこうという意志が有効に働いている。

　これに対して、原発防災体制検討は、現況では多重防護神話に基づいて霞ヶ関・ERC管轄の元、現地オフサイトセンターとの中央・地方二元体制で行われていて、そこにグラスルーツの防災意志は反映されていない。そこでこの10年ほど、筆者らが原発防災訓練の評価員として参画しつつ提言してきた地区避難体制づくり案を紹介してみた。地元智に基づくほかないはずの要避難地区(区域)確定作業を当該地区に委譲して、その知見を原発地区防災計画として位置づけて、原発防災レジリエンスを地域・地区双方で向上させていく構想である。

　3.11・1F災害の地元自治体以外、実被害に基づく地区防災計画は構想・策定できないところではあるが、避難行動・避難生活を経験している地区住民の事情は数多く紹介されている(山下他編,2012)ところであるから、全国のUPZ・30km圏の自治体・地区もこれに

学び、原発地区防災計画の検討を始めることは可能である。規定の手続きを踏めば、それは地区防災計画としてオーソライズされることとなり、その過程で原発防災レジリエンスも向上することとなろう。

注
(1) 本稿は、地域社会学会第39回大会(@早稲田大学:2014.5.11)での報告レジュメ「原発防災体制の構造的欠陥を乗り越えようとする減災サイクル論は成り立つか？〜「UPZ・30km圏の避難(認知行動→生活)」をめぐって〜」と、そこでの質疑を盛り込んでまとめた同名・シンポジウム報告原稿(『地域社会学会会報』(No.185:2014.6.10))と内容的に重複するところがあります。
(2) 自助・共助のあり方の試案として、以下の5点があげられた。①率先避難／声かけの啓発(同伴避難)、②家族・事業所等、諸集団レベルの避難計画、③防災教育(特に、自助の啓発)、④語り部／教訓記録・伝承、⑤要援護者サイドのできる限りの自助を基本。
(3) 防災都市計画研究所の吉川忠寛氏が、被災直後の現地踏査で現・大槌町長の碇川氏と邂逅し、地元町内会長、消防団長等々と防災計画の必要性を語り合ったところから、安渡地区の防災計画づくりが始まった。そして、吉川氏が関わる各調査に、早稲田大学危機管理研究所の浦野正樹教授、その前進の早稲田大学社会科学研究所都市災害部会以来の研究グループ・メンバーである、麦倉哲教授(岩手大学)、そして筆者がこれに参加することとなった。
(4) ①地区住民の多くは、早く避難を開始していた(←居場所が危険であることを認知していた)、②しかし、避難場所への到着が遅れた(←過去の経験から「想定外」による油断)、③避難開始が遅れた(←理由：「道路渋滞」、「家族の安否確認」、「要援護者の家族」、「低地への再入場」、「要援護者支援」)、④自動車による避難のあり方について要検討、⑤避難場所で「低地への再入場」抑止ルール、⑥要援護者支援のルール(・要援護者の事前登録、・無線機の携帯、・支援時間・支援内容の限定)
(5) ①コミュニティ施設(防災機能充実)、②車避難・災害時要援護者支援のための避難場所・避難路整備、③町内会・町役場の情報連絡体制、④災害時要援護者支援対策、⑤避難所開設運営における町内会の権限、⑥医療救護・保健衛生面の支援、⑦町内会の防災教育・啓発活動への支援
(6) あくまで町内会主催の防災訓練であって町役場は一参加者という位置づけであるとの自負から、訓練名称は「安渡町内会・大槌町合同津波防災訓練」であって、「大槌町・安渡町防災訓練」と表記されることはない。
(7) 大きな心的衝撃を受けるような現場を経験した人になされるカウンセリングのひとつとしてデブリーフィング(体験を整理・受容する過程に関わるカウンセリング)がある。安渡の関係者は、生きた証プロジェクトの聞き取り調査等を経て、自らの体験を整理・受容する経験を重ね、これを未・被災地の方々に適切に語る言説を獲得したことで、次第にこころの整理をつけつつあるという。被災地(地域間)交流による地域版デブリーフィングと解釈できるかもしれない。
(8) 「1999年9月30日午前10時35分頃、JCO東海事業所転換試験棟において国内で初めて発生した臨界事故をいう。濃縮度ウランの硝酸溶液を沈殿槽に注入したため臨界事故が発生。その後、長時間にわたり核分裂状態が続いた。…(中略)…この事故により、JCOの3名の作業員が重篤な被ばくで入院し、懸命な医療活動にもかかわらず2名が死亡。地元住民に対しては、半径350m圏内の住民約500人の避難及び半径10km圏内の住民約31万人に屋内退避措置がとられた」(「原子力防災基礎用語」：原子力規制委員会HP「環境防災Nネット」より)。この事故によって環境に放出された放射性物質は極めて少量で、また放射線の被ばく線量も少なく住民の健康に影響を及ぼすもの

◆特集　東日本大震災：復興のビジョンと現実

ではないと判断された。この事故はINESのレベル4と評価された。
⑼　IAEAが定める国際事故評価スケールであるINES(International Nuclear Event Scale)では、7段階に事故レベルが分けられ、「尺度以下」の「0」、「異常な事象」の「1〜3」、「事故」の「4〜7」が設定されていて、チェルノブイリ原子力発電所事故(傍点筆者)は「事故レベル7＝深刻な事故：1Sv以上」と規定されている。今回の福島原発事故は「INES評価について、3月18日以降に得られた情報を踏まえ、レベル7と暫定評価しました。ただし、放射性物質の放出量は、同じレベルのチェルノブイリ事故の1割程度です」との経済産業省の公式発表。　http://www.meti.go.jp/press/2011/04/20110412001/20110412001.html
⑽　SPEEDIネットワークシステム：System for Prediction of Environment Emergency Dose Information=「緊急時迅速放射能影響予測ネットワークシステム」は、周辺環境の放射性物質の大気中濃度及び被ばく線量などを地勢や気象データを考慮して迅速に被ばく線量予測を計算するシステムで、大量の放射性物質が放出されるという事態が発生、又は発生の恐れのある場合に、住民避難などの防護対策を検討するのに使用される(原子力規制委員会HP「原子力防災用語集」より)。
⑾　しかしながら実際は、SPEEDI予測データと、地元の浜を吹く風向きが90度から180度異なることも多々あることが、地元漁師によって指摘されている。頬に受ける風向きで毎日の出漁を定めている漁師にとって、風を読む自力についての自信は絶対で、東京で算出されたコンピュータ・データに対する疑心暗鬼は深まりこそすれ、払底されることはない。
⑿　急速に進展する事故を考慮して、直ちに避難を実施する区域を指し、範囲の目安は「原子力施設から概ね5km」とされた。
⒀　東海第2原発(茨城県東海村)は大都市・水戸を含んで、14市町村100万人前後が対象となる。
⒁　阪神・淡路大震災を経て、原発への直下型地震の影響が懸念されて、文部科学省が原子力安全技術センターに依託して、『緊急時の人間行動－原子力災害に備えて－』を制作・刊行した。これを機に、自然災害対応の防災訓練の企画・運営・評価に関わる研究者が、原発防災訓練の評価にも加わるようになり、筆者も上記テキストの執筆陣に加わっていたことから、原発防災訓練の評価員として参画することとなった。この図画工作案は、大矢根,2004-2006において考案・提示されたものである。
⒂　このような地区防災の現場で駆使される手法の一つが、自然災害対応ではかなり普及しつつあるDIG(Disaster Imagination Game)や図上演習(訓練)、CPX(Commanding Post Exercise：指揮所演習)などであろうし、原発災害の事象の進展に即して、緊急避難から避難所生活に移行することを勘案すると、昨今拡がりを見せるHUG(Hinanjo Un-ei Game：避難所運営ゲーム)なども援用できる。
⒃　現況は、法定メンバーのみのクローズドな訓練。法定メンバーとは災害対策基本法および原子力災害対策特別措置法に「原子力防災組織」・「原子力防災要員」として位置づけられている者のことで、オフサイトセンターへの立ち入りが許されているメンバーを指す。
⒄　2013年6月の災害対策基本法改正を受けて創設された地区防災計画学会では、地区防災計画策定のあり方が様々に議論され始めている。行政が雛形を示して指導していくべきとのマニュアル策定論から、それに疑問を呈してローカルの自発性を担保する仕組みづくりを主張するものまで幅広く議論が展開され始めている(大矢根,2014、加藤,2014、など)。

参考文献
浦野正樹・大矢根淳・吉川忠寛編,2007『復興コミュニティ論入門』弘文堂.

大矢根淳, 1997「災害のグローバリゼーション」竹内治彦編『グローバリゼーションの社会学』八千代出版.

大矢根淳, 2004-2006『地域とのリスクコミュニケーションに基づいた原子力防災体制・訓練手法に関する研究』(2004-2006年度：原子力安全基盤機構・原子力安全基盤調査研究).

大矢根淳, 2007「原子力災害の認識と対応」大矢根他編著『災害社会学入門』弘文堂.

大矢根淳, 2008「災害復興とまちづくりの様相と事例」『まちづくりの百科事典』丸善.

大矢根淳, 2011「復旧・復興の定義と意義：現代社会における復興の意味とその変遷」『災害対策全書3』ぎょうせい.

大矢根淳, 2014「地区防災計画への災害社会学徒の想い」『C+Bousai／地区防災計画学会誌』(Vol.1).

加藤孝明, 2014「地域コミュニティベースのまちづくりの現場で活動する作法」『C+Bousai／地区防災計画学会誌』(Vol.1).

原子力安全技術センター, 1998『緊急時の人間行動～原子力災害に備えて』.

小国峰男, 2012「東日本大震災大津波を体験して」『東日本大震災における貢献者表彰』日本財団.

「安渡地区津波防災計画～東日本大震災の教訓を次世代に継承する(2013年10月版)」『大槌町地域防災計画(資料編, pp.75-88)』.

関幸子, 2013「研究ノート：岩手県大槌町の震災復興の現状と課題」『東洋大学PPP研究センター紀要』No.3.

野坂真, 2013「大槌町安渡(1)過疎・高齢化する津波被災地の地域生活の再生とは」浦野正樹・野坂真・吉川忠寛・大矢根淳・秋吉恵共著『〈早稲田大学ブックレット「震災後」に考える〉シリーズ29 津波被災地の500日──大槌・石巻・釜石にみる暮らし復興への困難な歩み』早稲田大学出版部.

野坂真, 2014「岩手県大槌町安渡地区の復興に向けた動き～長期時間軸から見る災害過程と地域の再編過程～」『「災害と地域社会」研究会2013年度報告書』(シニア社会学会).

村井雅清, 2008「もう一つの社会」『災害ボランティア論入門』弘文堂.

山下祐介・開沼博編著, 2012『「原発避難」論──避難の実像からセカンドタウン、故郷再生まで』明石書店.

吉井博明, 1996『都市防災』講談社現代新書.

吉井博明・大矢根淳, 1990『神奈川県西部地震と小田原市民』(吉井研究室).

吉川忠寛, 2012「地域防災計画見直しの論点──東日本大震災の津波被災地と首都圏の教訓」『月刊自治研』.

吉川忠寛, 2013「大槌町安渡(2)──津波被災地における防災計画づくりの教訓」浦野正樹他著『津波被災地の500日』早稲田大学出版会.

吉川忠寛, 2014「東日本大震災の津波避難の教訓と要援護者支援対策」(都築区災害時要援護者支援事業「つづきそなえ」活動発表会・説明資料).

「大槌の人・声・思い～安渡町内会長・大槌町役場代表監査委員・佐藤稲満74歳～」『大槌チャンネル』 http://www.o-channel.jp/main/cn10/pg213.html

The way for the Resilience for Nuclear Disaster Prevention after 3.11・1F Disaster

Jun OYANE

    In this paper, I try to show the way for the resilience of the nuclear disaster prevention, especialy as for the Community Disaster Management Plan.

    In the aftermath of the Great East Japan Earthquake, the Cabinet Office amended the Disaster Countermeasures Basic Law in June 2013, and created the "Community Disaster Management Plan" (CDMP), a plan for disaster management activities by residents of local communities. Disaster management activities based on the CDMP will lead to local community participation in the town planning, even during the preliminary reconstruction phase, Japanese government hopes.

    In the first chapter, I review the disaster-management cycle with Japanese Disaster Mitigation Cycle or Gensai-Cycle, and consider the relevance of the concept 'resilience'.

    Next chapter, I show the one example of the CDMP, which were made in Ando-community in Ozuchi-town, Iwate-prefecture(one of the stricken area of East Japan Earthquake, Tsunami-disaster). This example was selected as the first CDMP in Japan. Ando-community people tried to carry out their own CDMP during many times town meetings and conferences with the local government. In this process, they obtained their own CDMP and their calm.

    The last chapter, I consider and try to show the way of the CDMP in the field of the nuclear disaster prevention. In this 10 years, I took part in the Nuclear emergency response drill in some nuclear power stations in Japan. In the drills, I got the position of the assessment member for the inhabitants safety part, Jumin-Anzen-Han. Then, I proposed one method of inhabitants participation toward the nuclear power station disaster management plan, which was named the establishment of the refuge border by inhabitants own. Is this able to call the CDMP of the nuclear power station ?

東日本大震災が突きつける問いを受けて
―― 国土のグランドデザインと「生活圏としての地域社会」――

浅野　慎一

1．「ポスト3.11（東日本大震災）」とは何か？

　地域社会学会は2012～2014年、「ポスト3.11の地域社会」を共通研究課題としてきた。本稿の目的は、この間の本学会での議論をふまえ、新たな共通研究課題を提起することにある。

　「3.11」を考える際、その被害の甚大さや広域性、放射能汚染の深刻さを指摘するだけであれば、関東大震災・唐山地震・スマトラ島沖地震津波・チェルノブイリ・スリーマイル・広島－長崎等を列挙するまでもなく、その意義は限定的なものにとどまる。

　また本学会では、「3.11以前からの連続性の把握も重要」（清水亮会員）との指摘がなされてきた[1]。

　さしあたり「ポスト1.17（阪神淡路大震災）」との関係でみると、「創造的復興」という名のショック・ドクトリンが被災者の生活やコミュニティを破壊してきたことは、明らかな連続性である[2]。

　また多くの地域社会学者が、生活と地域の再建、住民の主体的な取り組みを重視する立場から、「創造的復興」の問題点を批判し、具体的対案を提起し、または貴重だが少数の「成功」事例を発掘・紹介して教訓を引き出してきた。しかし実際には、それらと乖離・逆行した「創造的復興」が国家主導で強行されている。

　なぜ、こうした事態が生じてしまうのか。多様な原因 ―― 中央集権の官僚制、テクノクラート的発想、非理性的な勢力関係、各種のパターナリズム、それらが複合した「防災パラダイム」等 ―― が指摘されてきた[3]。

　しかし最も根底的な原因は、震災復興の目的（＝合理性の評価基準）自体の多様さにあると思われる。被災者にとっての生活再建、被災自治体にとっての地域再建、資本にとっての利潤増殖・資本蓄積、そして国家にとっての資本蓄積を機軸とする国益最大化等、主体によって目的は多様である。そして復興事業の主なアクターが国家・資本である以上、「創造的復興＝資本蓄積を主目的とするショック・ドクトリン」が主流になるのは必然である。

　「創造的復興」は、国家・資本の無知や認識不足、技術的不手際、議論の不足、対案の

欠如等に起因する「失敗」ではない。資本・国家にとって、目的の合理的達成、順調な「成功」である[4]。だからこそ、生活・地域の再建を主目的とする地域社会学者の対案はほとんど採用されず、貴重だが少数の「成功」事例の教訓も一般化されない[5]。被災地住民にとっても、復興の議論はしばしば解のないものとなり、マイナスの「創造的復興」に合意するか、さもなければ放置されるかの二者択一となる。そこで住民内部に不毛な分裂・対立が生まれ、それを避けるには、民主的な議論・合意形成が重要と言い募るしかないが、しかしそれもまた生活・地域の再建を担保しない。

以上の基本的構図は「ポスト1.17」以来、一貫した連続性である。そのことは、阪神淡路大震災、および東日本大震災に関する地域社会学研究の多くの成果が物語っている。

そしてこうした連続性のみに注目すると、「ポスト3.11」は従来型の開発主義の一層の強化にすぎないといった錯覚に陥る。しかしそれは、明らかに錯覚である。

では、「ポスト3.11」の本質ともいうべき断絶性は何か。それは、日本の国家が「選択と集中」を国是とし、辺境と棄民の政策的創出を宣言したことにあるといえよう。

阪神淡路大震災は、被災地が大都市圏で、しかも比較的狭域であった。そこで、国益・資本蓄積機能回復のための集中投資の恩恵が、被災地の産業・雇用創出、および生活・コミュニティの再建へとトリクルダウンし、またはトリクルダウンが可能という期待・幻想を生み出し得た。全被災地の面的復興も、資本の目的と大きく矛盾しなかった。阪神淡路大震災の時は、「まだ開発主義の余韻が残っていた」(広原盛明会員)[6]のである。

これに対し、東日本大震災の被災地は、極めて広域的な農山漁村であった。また放射能汚染は、ほぼ永続的な被害をもたらした。そこで、国益・資本蓄積という目的に照らし、全被災地の面的復興は最初から度外視され、「選択と集中」つまり棄民・辺境の創出を前提とした復興計画が立てられた[7]。それは、原発被災地の復興事業に特に顕著に見られる[8]。効果が疑わしい除染と帰還促進により、①建築業者への利益誘導、表面的な経済復興がなされ、②帰還する村民は、原発事故からの《復興》を世界にアピールする道具とされ、③賠償が打ち切られ、国の財政負担も軽減される。自力で他地域に行けない貧困層は、帰還して《地獄》の中で暮らすしかない状況も生み出された[9]。

これが、「ポスト3.11」の新たな特徴である。この断絶性に注目すれば、「ポスト3.11」は、従来型の開発主義の継続・強化では決してない。逆に、開発主義の終焉・放棄である。またそれは、「関西の都市」と「東北の農山漁村」といった被災地の地域差だけに由来しない。むしろ後述する世界・日本資本主義の構造転換に根差す変化であり、地域差は促進契機の一つにすぎない。

2. ポスト・コロニアルの東アジア世界の中で

ところで、開発主義は、日本のみならず、戦後の東アジア諸国にある程度、共通して

見られた特徴である[10]。ウォーラーステインは東アジアについて、「反国家主義の拡散の波がまだ達していない唯一の地域」、「(一国単位の)漸進的改良主義に対する幻滅がまだ生じていない唯一の地域」[11]と述べている。

　東アジア諸国の開発主義は、ポスト・コロニアルの世界資本主義システムの中で、この地域が「世界の工場」(＝成功した「周辺」地域)であったことに基づく[12]。1950年代から70年代の日本、その後のNIEs・ASEAN、1990年代以降の中国とホット・スポットは変遷したが、東アジアは一貫して「世界の工場」として順調に経済発展を遂げてきた。

　こうした地域では、国家主導の産業政策に基づき、国内沿海地域に工業生産基盤が増設され、国内農村人口の流動化によって低賃金労働力が調達され、一国単位の輸出主導型経済成長が達成された。そしてその恩恵を「国民」にトリクルダウンし、またはその期待を醸成することで、国民統合が図られた。日本に即して言えば、国民春闘による実質賃金の上昇、国民皆保険・社会保障・年金の整備、国民教育の普及、国内周辺地域への「補償」(≠投資。中澤秀雄会員)[13]、終身雇用・年功制に基づく日本型企業社会、そしてアメリカ従属下での一国的「平和」の実現である[14]。

　その必然的な代償としては、都市と農村の格差・農村衰退(過疎過密)、環境破壊(公害)、自然・歴史的景観の破壊、一党独裁(日本の自民党／中国の共産党)、経済至上主義、国家権力の利権・汚職、性別分業、国内階層格差(低賃金、産業優先＝福祉軽視)、管理主義・競争主義的教育、さらに日本の場合、米軍基地問題が生まれた。

　これこそが開発主義の実体であり、より正確にいえば、ポスト・コロニアルの東アジアにおける輸出主導型製造業を機軸とする一国単位の資本蓄積様式に基づく社会構造にほかならない。それは、世界資本主義の「中核」、つまり1950年代からすでに多国籍企業化と移民労働力の活用によって資本蓄積を推進し、自国内にポスト・フォーディズム、多元的市民社会、福祉国家を実現してきた西欧諸国の社会構造とは大きく異なっている。

　日本は、1970年代にすでに輸出主導型の高度経済成長が破綻し、「中核」へのキャッチ・アップを模索してきた。遅ればせながら、多国籍企業化・移民労働力の活用に踏み出し、国内周辺地域への「補償」の削減、「平成の大合併」等、萌芽的に「選択と集中」(＝脱「開発主義」)を推進してきた。

　ただしそれは、極めて困難な道程であった。多国籍企業化・移民労働力の受け入れにおいて、欧米諸国との落差は歴然としていた。「世界の工場」である東アジアには、EUのようなトランス・ナショナルな社会基盤も存在しなかった。国内周辺地域への「補償」によって支持基盤を維持してきた保守政治の改革も、容易ではなかった。そこで日本では、資本蓄積のためのリスケーリングも、一国内部・開発主義の特徴を色濃く残したものにとどまらざるを得なかった。「新自由主義と開発主義の屈折した関係の再編」(町村敬志会員)[15]、「弥縫策としての日本型国家リスケーリング」(中澤秀雄会員)[16]を試みるしかなかったのである。

◆特集　東日本大震災：復興のビジョンと現実

　この改革の成否はともかく、日本の国家・資本にそれ以外の選択肢はなかった。またそれは、所与の条件下では一定の成果を収めた。終身雇用(＝正規雇用)に基づく日本型企業社会を破壊し、若年層に分厚いワーキング・プア、非正規雇用者層を創出した。技能実習生・日系人をはじめとする移民労働力も導入し、階級格差を拡張した。選択と集中(＝地方切り捨て)、国民福祉の切り下げといった「構造改革」も推進した。こうしてグローバルな資本蓄積力を強化し、まがりなりにも「準中核国家(＝二流の新自由主義国家)」化を達成してきたのである。

　こうした中で発生した東日本大震災とその復興事業は、日本の国家・資本にとって「選択と集中」(＝開発主義からの離脱)を飛躍的に推進する絶好の契機であったと言えよう。

　現に3.11以降、国家の役割は資本蓄積の面では強靭化され、他方で生活防衛の面では急速な脆弱化が同時進行している。従来の一国単位のナショナル・ミニマムを前提とした「格差／過疎」を超えた、グローカルな「棄民／辺境」の創出へと政策の舵が大きく切られたのである。

　転舵は、被災地の復興事業だけではない。限界集落の高齢者、ワーキング・プアの若年層、ホームレス、外国人技能実習生、「ひきこもり」、プア・チルドレン、無戸籍者、老後破産者等、多様な地域住民の生活において、一国単位の民主主義・公共性が形骸化・空洞化し、既存の国家への信頼が崩壊しつつある。

　新自由主義へと舵を切った日本国家は、対外的には安全保障面を含む戦後の国際秩序の再編(集団的自衛権行使容認、改憲準備)に踏み出し、国内的には異論を封じる体制(特定秘密保護法等)を構築しつつある。「もはや戦後ではない」。ただし、戦後復興の終了を告げる1956年の経済白書とは全く異なる歴史的文脈(「戦後レジームからの脱却」)においてである。

　地域発の新国家主義も、台頭しつつある。国家による承認・選択を唯一の獲得目標(生き残り・苦境脱出の突破口)に据えた自治体間競争が熾烈化し、これは結果として国家による統制力を強化し、地方自治を実質的に空洞化させる。また従来型の開発主義国家への信頼崩壊は、これに代わる新たな国家主義への移行を支持する世論を、広範に醸成している。ヘイト・スピーチのような声高な排外的ナショナリズムは、そのごく周辺的な現れにすぎない。

　こうした意味で「ポスト3.11」は、ポスト・コロニアルの東アジアにおける開発主義の終焉であり、その日本での発現形態といえよう。開発主義によって国民国家(民族解放・国民主権)への信頼が最後まで維持されてきた東アジアにおいてすら、失望が広がりつつある[17]。「ポスト3.11」は、かかる世界史的転機の一コマであり、その歴史的意義は決してドメスティックなものにとどまらない。

3. 「地方消滅」と「国土のグランドデザイン2050」

さて、こうした歴史的局面に立つ日本の国家・資本による地域改造戦略が、「国土のグランドデザイン2050」（国土交通省）であり、その「地方圏域」版が増田寛也氏・日本創成会議等による一連の提言[18]である。

2013年11月以降、矢継ぎ早に打ち出された増田氏・日本創成会議等の提言は、政府の現実の政策と密接にリンクし、多大なインパクトを与えてきた。それによれば、①少子化・人口減少の加速的進展と、②東京圏など大都市圏への若者の集中傾向が継続し、地方の市町村は消滅の危機に瀕している。そこで「選択と集中」によって地方に「若者に魅力のある地域拠点都市」を中核とする「新たな集積構造」を構築する必要があるという。

これと軌を一にして、総務省は「地方中核拠点都市」制度を創設した。キーワードはやはり「選択と集中」で、地方にコンパクトシティを構築し、農村集落の撤退を促進するものである。この制度の立案に参画した辻琢也氏（第30次地方制度調査会員）は、「均衡ある国土の発展をめざしてきたこの国が、初めて拡散・拡大路線を本格的に見直し、縮小・撤退時代を見据えた方向転換を図った」[19]と述べている。

そして、より全面的・本格的な国土計画が、2014年7月に決定された「国土のグランドデザイン2050」である。1998年の「21世紀の国土のグランドデザイン」は、従来の開発中心の国土計画とは一線を画すため、あえて第五次全国総合開発計画とせず、改称された。そしてこの度、2050年を見据えた「国土のグランドデザイン2050」が策定された。

ここでは、ふまえるべき課題として、①人口減少・少子化に伴う地域消滅の危機、②異次元の高齢化、③グローバリゼーションの進展に伴う都市間競争の激化・ユーラシアダイナミズム、そして④巨大災害の切迫に伴う国家存亡の危機（「災害に上限はない」）があげられる。

目指すべき国土の姿としては、3つの圏域が設定された。

第1は大都市圏域である。リニア中央新幹線で三大都市圏を一体化し、世界最大のスーパー・メガリージョン、国際経済戦略都市とする。

第2は、地方圏域である。ここでは、徹底した「選択と集中」が推進される。「まず、サービス機能の集約化・高度化を進め、交通及び情報ネットワークで住民と結ぶとともに、その後、一定の時間軸の中で、誘導策等により居住地の集約を進める」。集落が散在する地域には「小さな拠点（全国5000カ所程度）」を、また都市部にはコンパクトシティを作り、「高次地方都市連合（全国60～70箇所）」で機能分担・連携させる。田園回帰に対応し、多自然生活圏域も形成する。定住人口の減少をふまえ、「2地域生活・就労」や「（移住に至らない）協働する人口」を増加させる。

第3の圏域は、海洋・離島である。ここでは、主権と領土・領海を堅守し、領海・排他的経済水域のすべてを最大限活用する。この圏域に、「選択と集中」は適用されない。そし

て「国境離島に住民が住み続けることは国家国民にとっての利益」であり、その住民は「現代の防人」であると明記されている。

そしてこうした国土・地域の担い手は、行政・企業・住民・NPO等の相互連環で担う公共的価値(「新たな公」)である。既存の住民自治・地方自治に基づく公共性への期待・言及は、見られない。

さて、「国土のグランドデザイン2050」に対しては、2014年10月現在、寡聞にしてまだ目立った批判は聞かない。増田氏等の提言に対しては、すでに多くの批判がなされている[20]。それらの批判は、もとより重要ではある。ただしいずれも、根本的な批判足りえていないように思われる。

例えば、増田氏等のいう「市町村消滅」は根拠が薄弱であり、精度の低い推計でセンセーショナルな予測を行っているとの批判がある。その批判は、妥当であろう。しかし、人口減少・急速な高齢化、東京圏への人口集中傾向それ自体は、否定し難い事実である。

また、増田氏等の提言は、欧州で顕著な田園回帰・逆都市化という動向を過小評価しており、農村「たたみ」は時代に逆行しているとの批判もみられる。しかし、田園回帰は今の日本では微弱な部分的トレンドにとどまる。前述のように欧州とは異なる東アジア的な社会構造を考慮すると、欧州モデルをそのまま当てはめるのは現実的ではあるまい。また何より「国土のグランドデザイン2050」では、田園回帰やその促進策も、既に織り込み済みである。

欧州のコンパクトシティには、農村からの撤退という要素はなく、増田氏等はコンパクトシティの理念を履き違えているといった批判もある。しかし、コンパクトシティは多様であり、欧州モデルがすべてではない。本学会でも、アメリカでの黒人・貧困層の追い出しを意図した人種差別的なコンパクトシティ計画の事例が紹介された[21]。

流動・協働人口、二地域就労・二地域生活(複数住民票等)、地域間連携によって、「選択と集中」に歯止めをかけるべきとの意見もある。しかし、それらは既に増田氏等の提言に織り込み済みであり、「国土のグランドデザイン2050」では一層積極的に位置づけられている。それらの具体化は、「選択と集中」と矛盾せず、逆に「選択と集中」を促進する契機・根拠になり得る。

そして「国土のグランドデザイン2050」の軸となるリニア中央新幹線についても、①環境破壊、②地下水脈等の破壊に伴う新たな災害リスク、そして③利用者予測が過大で経済的にも不合理といった観点から、批判がなされている。これらの批判も、おそらく妥当であろう。しかし、目先の利潤増殖という資本の目的から言えば、それへの回答は「我が亡き後に洪水は来れ!」にすぎない。また国家・資本は、「リニアで世界最大のメガリージョンを作らなければ、日本は終わり(=中核国から完全に没落)」との危機感を抱き、それこそがおそらくリニア推進の最大の動機であろう。「展望がなくても、やるしかない」、「展望は走りながら作るしかない」、「同じところにとどまっていたければ、力のかぎり走らねばな

らぬ。どこかにゆきつこうと思えば、その二倍の速さで走らねばならぬ」(キャロル『鏡の国のアリス』)。さらにリニアの技術は原発と同様、技術輸出・軍事転用の可能性・将来性が大きい。これらを考慮に入れた時、前述の環境・災害リスク・経済的採算といった理由で、国家・資本にストップをかけられるかというと、おそらく難しいだろう。むしろ慎重であるべき理由を列挙するほど、その理由自体が「解決すべき技術的課題」として新たな資本蓄積のシーズへと換骨奪胎されていくであろう。それこそが、ジャガノートとしての資本主義[22]である。

4.「生活圏としての地域」というオルタナティヴ

　そこで重要なことは、誰のための「国土のグランドデザイン」か、何のための「選択と集中」かを明確にすることである。国家・資本の目的に沿ったものか、それとも住民・地域の利益のためのそれか。両者の階級的対立を直視し、その上で抵抗・変革の主体性の有無、およびその発現形態を解明することである。

　グローバル化の進展の中で、「中核」としての生き残りを図る国家、および個別の資本蓄積を目指す資本にとって、TPP、道州制、東京の国際戦略都市化、農業・農村「たたみ」、国家財政にとっての不採算地域・住民福祉からの撤退(＝棄民と辺境の創出)、および国境・主権の死守(＝戦争をも辞さぬ政治決断とそれを可能にする法・政治・社会環境の整備)はいずれも極めて合理的で、不可欠でさえある。この路線の具体化、すなわち地域社会を資本蓄積・国益最大化の手段とみなし、その目的に沿って改造する設計図が「国土のグランドデザイン2050」にほかならない。

　これに対し、住民の「生命－生活(life)」の発展的再生産の圏域、つまり「生活圏としての地域社会」は、全く異なる論理・目的に沿って生成－展開している。

　そこで「生活圏としての地域社会」には、「国土のグランドデザイン2050」が企図する地域改造に包摂されず、むしろそれに抵抗する多様な主体性・実践が立ち現れざるを得ない。

　まず第1に、一国単位の公共性の回復を求める批判的国民主義である。ここでは、農村「たたみ」・「選択と集中」は、国民生活(食料・居住・環境・福祉等)にとって不合理・不利益と捉えられる。財政難を理由とした「選択と集中」は、「国家は国民のためにある」という国民主権の原理からみて、本末転倒である。そこで本来の国民主権やそれを前提とした地方自治[23]に依拠し、地域・生活を守ろうとする動きが活性化する。戦後民主主義に根差した文化資本・社会関係資本を共有する中高年・退職者を中心に、従来の保革の枠を超えた連帯も一定程度、進むと思われる。

　ただし第2に、「ポスト3.11」において主流的位置を占めるのは、国家(公共性)に期待も依存もしない自主的な共同、つまり脱国家的な共同主義であろう。

　そこには、少なくとも2つの階層がある。

一つは、辺境・棄民による周辺的抵抗で、生きるための選択の余地のない共同である。本学会でも、アチェの津波被害で住民が政府の建築制限規制を無視し、勝手に戻って住みつき、政府が復興計画を変更せざるをえなかった事例が紹介された[24]。また東日本大震災の津波被害においても、行政を中心とした防災対策よりむしろ社会的・集合的な地域主体の防災の重要性が指摘された[25]。さらに岩手県大船渡市に編入合併された旧三陸町では、震災対応で行政機能の脆弱さが露呈する中、「地区」や「部落」(「家連合」・「自然村」)が生命・生活維持機能を果たしているとの報告もあった[26]。

　いま一つは、市場に依拠した選択的共同である。例えば、「年収60万円の仕事を5つ集めて暮らす」子育て世代の夫婦の選択的な田園回帰は、これに当たる。また柏市の放射能被害を機に、直売農家と地元消費者による安全・安心の「円卓会議」が結成される動きは、まさに市場に依拠した主体性といえよう[27]。

　こうした市場に依拠した共同の意義を理解するには、「資本主義＝市場経済(市場原理主義)」という幻想の打破が重要である。市場は等価交換であり、使用価値・個性の実現であり、生活のための実質的な自己決定の基礎である。それは資本主義に固有なものではなく、新石器時代以来、人類に普遍的な交換関係であり続けてきた。一方、資本主義は独占・搾取つまり不等価交換であり、交換価値への一元化であり、資本蓄積を至上目的とする形式的・没個性的な自己決定の基礎であり、近代の特殊な生産関係である。したがって市場は、資本主義への抵抗・社会変革の基盤となり得る。この認識は、1867年以後のマルクス、1916年以後のレーニンのそれである[28]。

　そしてこの脱国家的な共同において、「生活圏としての地域社会」は脱領域的・越境的で、自在に変化するものとなる。本学会で議論された概念でいえば、「マルチスケールな活動主体の戦略＝リワイヤリングが拡大する可能性」(中澤秀雄会員)[29]、「村が土地の区画ではなく、人の集団であることを物語る江戸時代の『移動する村』」(今井照会員)[30]等が、それに近い。もとより同時に共同性には、公共性と異なり、階層性・排他性・相互の利害対立が不可避的に付きまとっている。

　日本政府が、離島住民を「現代の防人」にすることを国是として公然と掲げた今、孫歌氏(中国社会科学院研究員)は、生活圏としての地域社会について、次のように述べている。「主権や領土は近代以降の概念で、近代以前の東アジア世界では無効だった。尖閣は中国人にとって自由な往来の目印のような存在だった。そこには尖閣がどこに属するかは意味がない。戦争によって生まれた近代以降の主権や国際法を、我々の歴史に当てはめていいのだろうか」、「今回の問題の本質は、国民国家のシステムが我々の地域社会の現実にあっていないこと。…国民国家という基準よりも重要なのは、民衆の生活圏を尊重できるような枠組み。それをどうわれわれの知恵で正当化できるか。尖閣問題をきっかけに形作るのは可能なのではないか」[31]。孫氏の主張は、中国を含む近代国民国家一般の限界を指摘するものである。そして何より、領土をめぐる戦争という形で近代国民国家システムが人々の生

命や生活を直接脅かしている今日、「生活圏としての地域社会」という概念が一つの突破口となりうることは、おそらく否定し得ない事実であろう。

　そして第3に、地域に蔓延する「諦観」の中すら、抵抗・主体性が息づいている。「どうしようもないから何もしない」という言葉の蔭には、「それでも生きて行く。考えても仕方ないことは考えない。なるようになる（ケセラ・セラ）」との思いがある。「自分がどうなるかなんてわからないが、身の回りに同じ運命を受けとめようとしている人々がいる限り、自分も生きていける」、「自分の命は一人のものでなく、多くの人々に支えられている。生かされていることが、つくづくわかった。だから自殺は絶対にしない」、「命が有限であることが、つくづくわかった。だから（未来のための手段ではなく、目的としての）今を懸命に生きる」。これらはいずれも、阪神淡路大震災の被災者が語った言葉である。後述する自然の無限性、時間・生命の不可逆性との関連でも、無視し得ない主体性の発現形態と思われる。また相対的に傷の少ないスムーズな「地域のたたみ方＝流出の仕方」を模索する行為にも、「生活のために地域を捨てる」、「移動先の生活で新たな地域を作る」という主体性が垣間見られる。

5. 地域社会学は何をなすべきか？

　以上をふまえ、地域社会学会の新たな共通研究課題として、「国土のグランドデザインと『生活圏としての地域社会』」を提起したい。ここでいう「国土のグランドデザイン」は、「国土のグランドデザイン2050」をふまえつつも、それだけにとどまらず、「ポスト3.11」の国家・資本による新たな地域再編計画・政策の総体を示す幅広い概念である。

　具体的な研究テーマは、無数に想定しうる。

　①「棄民・辺境」の生活実態と矛盾の把握。またその対極にある「選択・集中」された住民・地域、さらに知らぬ間に「現代の防人」とされた離島住民の生活実態・矛盾の把握。

　②「生活圏としての地域社会」における、(1)批判的国民主義、(2)脱国家的共同主義、そして(3)諦観的な「生命－生活」の再生産といった、住民の多様な主体性・変革性とそれらの相互関連。

　③地域発の新国家主義。例えば、国家による恩恵的「選択」を目指す地方自治体間のドタバタ競争劇とその結末。外国人排撃の住民運動・ヘイトスピーチと、それらへの抵抗。

　④公共性と共同性の摩擦と協調。特に国家・地方自治体の公共性が、住民の共同性をいかに抑圧・疎外するか[32]。

　⑤共同性に必然的に付きまとう排他性・階層性・利害対立の意義。特に土地所有とそこからの排除がもつ現代的意義[33]。

　⑥多元的・越境的・脱領域的な「生活圏としての地域社会」の自律的ガバナンス。

　⑦「生活圏としての地域社会」と資本蓄積・国益との対立・相互依存関係。

◆特集　東日本大震災：復興のビジョンと現実

⑧東アジアにおける開発主義と新自由主義の現局面、および比較対象としての欧米の地域研究。

⑨東アジアにトランス・ナショナルな「生活圏」構築はいかに可能か、等々。

また、これらの諸課題を深める上で、自然・偶然・生命・時間・当事者性等、これまで地域社会学が十分に射程に収めてこなかった諸要素を、どこまで理論化しうるか[34]、いわば文理融合の知の創造という課題も立ち現れる。

東日本大震災は、津波だけでなく、原子力も含め、自然の圧倒的な力を見せつけた。自然本質主義と社会構築主義の二分法は、果たしてどこまで有効なのか。「限りある自然／持続可能性」といった一面的言説が、まるで普遍的真理ないし現状批判であるかのように語られる今日、自然の無限性、人知・生命の有限性（＝持続不可能性）を前提とした社会学（科学）は、いかに可能なのか。原発事故や津波の直後に語られた「想定外」という言葉は当初、科学的認識の限界・「無知の知」の大切さを含意していた。しかし今それは、「国土のグランドデザイン2050」に見られるように、「最悪の（上限がない）想定」によって多様な異論を封殺し、国家・資本の目的に沿った既定の結論へ導く梃子と化している[35]。「上限がない想定」は事実上、資本蓄積に上限がないということである。また、放射能汚染で住民が感じている不安は、決して非科学的なものではない。現在の科学的手法では計測不可能なリスクへの不安であり、まさに「無知の知」である。科学は、危険・リスクは指摘できるが、安全を保証することは決してできない。なぜなら自然は無限、人知は有限だからである。しかし今、「科学的根拠に基づく安全確認・保証／安全宣言」といった言説が横行している[36]。これは、リスク管理のガバメントとガバナンス、中央集権と地方分権、官僚制と自治という対立軸にとどまらず、その双方によって共有されている科学万能主義の問題として、固有の批判的考察を必要とする[37]。

また災害被害は、その発生以前から社会に存在していた矛盾を爆発的に露呈させるという意味で、一定の必然性をもつ。しかし同時に、個々の生死は偶然に支配される。偶然の事象にも当然、因果関係はあり、その解明は将来の防災・減災にとって不可欠である。しかし同時に、将来には将来の新たな偶然が必ずある。「偶然・自然の因果関係を、社会学を含む科学によって解明し、コントロール可能な必然・社会にしていくこと」は極めて重要だが、果たしてそれが必要なことのすべてかどうかは、十分に検討する必要がある[38]。

時間・生命の不可逆性[39]、当事者性と他者性についても考察を深めなければならない。

阪神淡路大震災で娘を失ったある父親は、「『復旧』という言葉を聞くと、自殺したくなる」と語った。それは、「創造的復興」を強行する行政に対抗し、「早急な復旧」を主張していた市民運動・ボランティアに向けて発せられた言葉である。決して戻らない時間や命、「旧に復すること（復旧）」が絶対にありえないことの重み、それでも「前を向いて生きる（不可逆的に流れる時間を未来に向かって生きる）」とはどういうことなのか。この問題の一端は、本学会でも「震災メメントモリ」（金菱清氏）として提起された[40]。

また阪神淡路大震災の年、筆者は壊滅した神戸を出発し、大阪まで行くとごく当たり前の日常生活が広がり、東京の研究会に出席すると「ボランティアが創造する新たな可能性」が活発に議論されていた。そして再び壊滅した神戸に戻る新幹線の車中、筆者はそれは当然でむしろ必要なことだと理解しつつ、それでも違和感・疲労感を払拭しきれなかった。おそらく今、東北の学会員の中には、同様の違和感・疲労感を感じている方もおられるのではないか。

　最後に、研究と実践の関係について述べる。東日本大震災の復興において、地域社会学の専門性を生かした支援は極めて重要であり、今後も継続・強化する必要がある。実態調査、および多様な意見・価値観の調整や合意形成の支援等、社会学の手法・知見を生かした社会貢献も有意義である[41]。

　そしてそのことは、震災復興のみならず、地域社会学者が地域で出会うあらゆる研究テーマに該当する。少なからぬ地域社会学者は、自らの研究テーマを「形而上の罪」、時には「道徳上の罪」[42]として、つまり自分自身の問題として受け止めている。

　しかしそのことをふまえた上で筆者は、自らの研究と実践をつねに緊張関係におき、両者を混同しないよう自戒してきた。そうしないと、研究と実践の両方が「甘くなる」と感じているからである。実践は、すでにわかっていることに基づき、今／ここで役立つことを徹底的に行わねばならぬ。逆に研究は、わからないからこそ行うのであり、50年後・100年後に役立つかもしれないが、全く役立たずに終わる可能性をも恐れず、「無用の用」を徹底して重視しなければならぬ。「役立つ」研究ばかりが注目されると、研究の固有の使命は見失われる。

　支援活動と統一的になされるアクション・リサーチにも、筆者は批判的である[43]。それは、ほとんどのアクション・リサーチャーが、当事者の生活や主体性を自らとの関係性においてのみ捉え、支援（研究）者と無関係に、時にはそれと断絶して展開する当事者のトータルな生活・社会関係、それらに根差す主体性を看過しがちだからである。支援者は、当事者がいなければ支援者になれない。当事者は、支援者などいなくても当事者である。どちらが自立的主体で、どちらが依存的な存在かは明白だ。ところがアクション・リサーチャーはしばしば、当事者を「支援の対象（客体）」として、またはせいぜい当事者と支援者を「対等平等な協働主体」であるかのように誤認しがちである。

　地域社会学者は、「無用の用」の軽視、意図しないパターナリズム、支援者としての視野狭窄に陥っていないか、たえず反省が必要ではないか。

　今日、私達に求められているのは、細分化された近代諸科学としての地域社会学の限界をどう自覚するかであるのかも知れない。例えば、「領域的な地域社会」と「人々の生活」の利害が対立した時、前述のように生活圏としての脱領域的な地域概念を提唱することは容易である。しかしこれは、地域社会学者として自らの専門性・学問領域を「安泰」にする戦略の一つでもある。なぜ「生活社会学」でなく、「地域社会学」に固執するのか。そこには、

◆特集　東日本大震災：復興のビジョンと現実

専門的研究者としての視野狭窄・自らの専門性の自明視が多かれ少なかれ伏在しているように思われる。社会学が、「多額の公共的震災復興計画作成予算に群がる多数の専門家集団」（室崎益輝氏）[44]の一つにならない保障は何か。社会学がありつく予算は「せいぜい周辺的なおこぼれだから、弊害は少ない」と言うだけなら、それは二重の疎外であり、言い訳にすぎない。総じて私達の研究は、地域社会学のアイデンティティ・存在意義を根底的に問い直す水準にまで、未だ十分に踏み込んでいるとは言い難いように思われる。

　今後、「国土のグランドデザインと『生活圏としての地域社会』」を共通課題として研究活動を進めることにより、こうした地域社会学のアイデンティティ・存在意義に関する議論も一層深められることを期待したい。

補注
(1)　(小林2014-b:11)の清水会員発言。
(2)　(黒田2013:49)、(黒田2014:2)、(大堀2013:2-4)、(浦野2013a:50)、(吉野2013:2-3)、(広原2014:5)、(三浦・谷下2014:3-4)。
(3)　(舩橋2013:2-5)、(丹辺2013:10)、(山下2014b:14)、(室井2014:4)。
(4)　(下村2013:10)の広原会員発言、(今井2013:27-28)も参照。
(5)　(上野:2014:12)、(市川2013:9)。
(6)　(広原2012:12)。
(7)　(広原2012:11-13)、(加藤2013:8-9)の佐藤会員報告記事、(小林2014b:11)、(広原2014:8)。
(8)　(松薗2013:3-4)、(黒田2013)、(高木2013b:20-21)、(山下2014a:32)、(山下2014b:13)、(黒田2014:2)、(佐藤2013:5-6)。
(9)　(佐藤2013:6)。
(10)　(浅野2012)。
(11)　(Wallerstein1999:97)。
(12)　(林2012:2-3)、(中澤2012:5-8)、(丸山2014:5)。(浅野2012:2-3)、(浅野2001:第1章第4節)、(浅野2007:第1部第1章)、(浅野2009:24-25)も参照。
(13)　(中澤2012:6)。
(14)　(浅野2001:第4章)、(浅野2007:17-23)、(浅野1995:95-100)、(浅野2012:4-5)。
(15)　(Machimura2012:36)、(町村2012:22〜23)。
(16)　(中澤2012:6)。(広原2012)も参照。
(17)　(佐藤2013:6)、(高木2013b:51)。
(18)　(増田＋人口減少問題研究会2013)、(日本創成会議・人口問題検討分科会2014)、(増田＋日本創成会議・人口減少問題検討分科会2014)等。
(19)　(坂本2014:206)。
(20)　(小田切2014)、(坂本2014)、(岡田2014)等。
(21)　(広原2014:6)。
(22)　(Marx1867:1108)。
(23)　(今井2013:5-7)。
(24)　(下村2013:10)の田中会員発言、(小林2014a:21)および(佐藤2014:24)の高橋会員発言、(黒田2014:3)。

⑮　（田中2013:6)、（市川2013:9)。
⑯　（丸山2014)。
⑰　（五十嵐2013)、（牧野2013:8-9)。
⑱　（浅野1993: 第1部・第3部)、（浅野2000)、（浅野2012:5)。
⑲　（中澤2012:7)。
㉚　（今井2013:7)。（高木2013b:21)、（齋藤2014:14）も参照。
㉛　『沖縄タイムス』2012.10.23。
㉜　（熊本2012:10-11)、（山崎2012:8)。
㉝　（市川2013:8)の吉野会員報告に関する記述。
㉞　（浅野2005: 第3部)。
㉟　（黒田2012:3)、（山崎2012:8)、（浦野2013b:17)、（田中2013:4-6)、（黒田2014)。
㊱　（松薗2013:3)、（五十嵐2013:5)。
㊲　（浅野2005:35-44)。
㊳　（浅野2005:141-147)。（黒田2012:4)、（田中2013:5-6)も参照。
㊴　（浅野2005:179-186)。
㊵　（金菱2014-a:34)、（金菱2014-b)、（黒田2014:3)。
㊶　（五十嵐2013:7)、（麦倉2014:6)、（辻2014:12-13)、（筒井2014:15)、（小林2014-a)　（黒田2014:2)、（林2014:13)。
㊷　（Jaspers1946:45-55)。
㊸　（浅野・森岡・津田2014:180・182)。
㊹　（今井2013:27)、（小林2013:9)。

文献リスト
浅野慎一, 1993『世界変動と出稼・移民労働の社会理論』大学教育出版.
浅野慎一, 1995「民族的《異質性》と地域社会学」『地域社会学会年報』7巻.
浅野慎一, 2000「マルクス・エンゲルスの『都市－農村』論に関する考察」『行政社会学論集』12-4.
浅野慎一, 2001『新版 現代日本社会の構造と転換』大学教育出版.
浅野慎一, 2005『人間的自然と社会環境』大学教育出版.
浅野慎一, 2007『増補版　日本で学ぶアジア系外国人』大学教育出版.
浅野慎一, 2009「現代マルクス主義の方法と産業・労働社会学」浅野慎一編著『現代社会論への社会学的接近』学文社.
浅野慎一, 2012「民族解放・国民主権を超えて－世界システムと東アジア」『日中社会学研究』20号.
浅野慎一・森岡正芳・津田英二, 2014「人間発達環境学の発展に向けて」『神戸大学大学院人間発達環境学研究科研究紀要』7-2.
舩橋晴俊, 2013「原発被災地の生活再建のために、政策内容と取り組み態勢に、何が必要か」『地域社会学会会報（以下、『会報』とする）』181号.
林真人, 2012「クリティカルなリスケーリング研究へ」『会報』174号.
林真人, 2014「ホームレス研究者は震災研究者の問いの『切り出し方』に近しさを感じた」『会報』186号.
広原盛明, 2012「第1回地域社会学会研究例会印象記」『会報』174号.
広原盛明, 2014「『災害カタストロフィー』としての東日本大震災」『会報』186号.
五十嵐泰正, 2013「不確実なリスクを前にした協働の役割」『会報』177号.

今井照, 2013「シンポジウム印象記」『会報』179号.
今井照, 2013「原発災害避難自治体の隘路」『会報』181号.
市川虎彦, 2013「第1回地域社会学会研究例会印象記」『会報』180号.
Jaspers, K., 1946, *Die Schuldfrage,* Heidelberg:Lambert Schneider＝1998, 橋本文夫訳『戦争の罪を問う』平凡社.
金菱清, 2014a「震災メメントモリ」『会報』184号.
金菱清, 2014b「震災メメントモリ」『会報』185号.
加藤泰子, 2013「第3回地域社会学会研究例会印象記」『会報』176号.
小林秀行, 2013「第2回地域社会学会研究例会印象記」『会報』181号.
小林秀行, 2014a「シンポジウム印象記」『会報』185号.
小林秀行, 2014b「『人格権としてのふるさと』をめぐる3.11の断絶と連続」『会報』186号.
熊本博之, 2012「第1回地域社会学会研究例会印象記」『会報』174号.
黒田由彦, 2012「『ポスト3.11の地域社会』を問うことの意味」『会報』175号.
黒田由彦, 2013「避難から帰村／移住へ」『会報』178号.
黒田由彦, 2014「災害復興のビジョンと現実」『会報』186号.
Machimura, T., 2012, "Examining "attempted" state rescaling as a political strategy in Japan"『会報』172号.
町村敬志, 2012「Examining "attempted" state rescaling as a political strategy in Japan」『会報』173号.
牧野修也, 2013「第4回地域社会学会研究例会印象記」『会報』177号.
増田寛也＋人口減少問題研究会, 2013「2040年、地方消滅。『極点社会』が到来する」『中央公論』12月.
増田寛也＋日本創成会議・人口減少問題検討分科会, 2014「提言　ストップ『人口急減社会』」『中央公論』7月.
松薗祐子, 2013「区域再編の意味と避難者の様々な分断」『会報』177号.
Marx, K., 1867, Das Kapital＝1983, 社会科学研究所監修、資本論翻訳委員会訳『資本論』新日本新書第4分冊.
丸山真央, 2014「『平成の大合併』と東日本大震災」『会報』183号.
三浦友幸・谷下雅義, 2014「三陸リアス地域の再生と防潮堤」『会報』182号.
麦倉哲, 2014「被災状況調査から見えてくる地域防災の問題点と今後の課題」『会報』182号.
室井研二, 2014「被災地研究からの飛躍に向けた討論」『会報』186号.
中澤秀雄, 2012「(試みられた)ステート・リスケーリングと主体のリワイヤリング」『会報』174号.
丹辺宣彦, 2013「第2回地域社会学会研究例会印象記」『会報』181号.
日本創成会議・人口問題検討分科会, 2014「成長を続ける21世紀のために『ストップ少子化・地方元気戦略』」.
大堀研, 2013「東日本大震災後の岩手県釜石市の状況と課題」『会報』176号.
岡田知弘, 2014「さらなる『選択と集中』は地方都市の衰退を加速させる」『世界』10月.
小田切徳美, 2014「『農村たたみ』に抗する田園回帰」『世界』9月.
齋藤麻人, 2014「震災復興と地域ガバナンス」『会報』183号.
坂本誠, 2014「『人口減少社会』の罠」『世界』9月.
佐藤彰彦, 2013「福島第一原発事故前後の政策決定過程を通じて」『会報』176号.
佐藤洋子, 2014「シンポジウム印象記」『会報』185号.
下村恭広, 2013「第3回地域社会学会研究例会印象記」『会報』176号.
高木竜輔, 2013a「原発事故における区域再編と地域復興」『会報』178号.

高木竜輔, 2013b「原発事故における区域再編と地域復興」『会報』179号.
田中重好, 2013「防災パラダイムの転換」『会報』180号.
辻岳史, 2014「地域社会学は被災地復興に何ができるか」『会報』182号.
筒井琢磨, 2014「地域社会研究者の立場と役割」『会報』182号.
上野淳子, 2014「被災地のガバナンスに関する事例報告を聞いて」『会報』183号.
浦野正樹, 2013a「危険性の判断や認知」『会報』178号.
浦野正樹, 2013b「危険性の判断や認知」『会報』179号.
Wallerstein, I. M., 1999, *The End of the World as We Know It: Social Science for the Twenty-first Century*, University of Minnesota Press, ＝2001, 山下範久訳『新しい学―21世紀の脱＝社会科学』藤原書店.
山下祐介, 2014a「東日本大震災・福島第一原発時の復興政策と住民」『会報』184号.
山下祐介, 2014b「東日本大震災・福島第一原発事故の復興政策と住民」『会報』185号.
山崎仁朗, 2012「第2回地域社会学会研究例会印象記」『会報』175号.
吉野英岐, 2013「震災から2年後の復興の思想と現実をめぐって」『会報』180号.

Tackling the Challenge that Great Eastern Japan Earthquake Has Left:
"Grand Design 2050" and Living-Spheres of Local Residents

Shin'ichi ASANO

From 2012 to 2014, Japan Association of Regional and Community Studies(JARCS) has discussed its common issue, "Region and Community of post-Great East Japan Earthquake". The purpose of this paper is to raise a new common issue based on the discussions in JARCS.

The most important feature of "post- Great East Japan Earthquake" is shown in Japanese government's adoption of a policy on "selection and concentration" basis. This indicated that the government declared the creation of peripheral regions and abandoned people within the national land. Here we can see the end of developmentalism in post-colonial East Asia, and how it appeared specifically in Japan.

On this historical phase, the Japanese government and capitals introduced a regional remodeling plan, namely "Grand Design 2050", or the Comprehensive National Development Plan.

Various forms of self-directive practices, however, have been emerging in "regions and communities as living-spheres", where the residents independently develop their own lives, opposing to the government's plan.

This paper, therefore, proposes a new common issue for JARCS : "Grand Design 2050 and Living-Spheres of Local Residents".

◆論文

真野地区の討議における連帯の生成に関する研究
――「真野地区まちづくり推進会」の前段組織における会議の会話群に着目して――

島田昭仁・小泉秀樹

1. 研究の背景

　「真野まちづくり推進会」(以降「推進会」と略す。)は、周知のとおり神戸市長田区真野地区における「真野まちづくり協定」を管理運営する母体であり、1980年11月に設立され現在に至っている。当まちづくり協定は条例によって公定されたしくみを有する初めての事例ということで評価されてきたと同時に、当会を運営する地域住民のガバナンス、とりわけ自治会との巧妙な連帯について注目されてきた。このような着眼点に立つとき、既往研究では1965年からの自治会の環境衛生改善運動や公害追放運動における自発的な住民運動にその資質の原点が形成されたと説明される(延藤・宮西1981:137-176)。

　その後「推進会」の準備会的組織にあたり1978年に設立された「真野まちづくり検討会議」(以降「検討会」と略す。)については「地域全体に支持されて生まれた団体ではなく、任意団体の性格が強い」(延藤・宮西1981: 170)にも関わらず、検討会の準備会的組織にあたる「真野まちづくり懇談会」(以降「懇談会」と略す。)も含めて、地域住民と自治会が連帯して関わることができた要因については延藤のほか倉田や今野や広原ほかによって或る程度明らかにされている(倉田1982: 7-25, 今野2001: 65-210, 広原2002: 52-60)。これらはいずれもその要因の一つに1965年から自治会活動をリードした毛利会長[1]の資質に焦点をあてる点で共通しているが、延藤や倉田は3人の自治会会長が懇談会から検討会という一つのテーブルについて討議したという経験を共有したことが以降の持続的な住民主体のまちづくりに繋がったと解説している点に注目した。

2. 本論の研究目的

　真野地区には二つの連合自治会と、それらに属さない単独の自治会があった。この単独自治会は歴史的に中でも最も古い街区にあり、北に接する国道2号ができるまでは小学校区も北側の街区と一緒であったため、南の連合自治会とは一線を画していた。南の連合自治会はもともと一つの自治連合会であったが、或るイシューのもとで分裂して二つに分かれた経緯[1]から、なかなか一つになれない事情があった。真野地区は、周知のとおり戦後

論　文

の急激な経済成長の皺寄せを受けて大部分が工場を占める住工混在地域となり住環境悪化が顕著に進行した地区で住民の環境改善運動も活発であった。一方、神戸市にはこれよりやや先んじて環境改善運動が盛んだった丸山地区[2]があり、市は両地区の住民運動を側面から支援したが、結局丸山は革新的なリーダーと消極的な旧有力者層との間で対立したことが原因で「まちづくり協定」には至らなかった（広原2002: 49）ように、或るリーダーだけを援助していては地区のコミュニティの連帯は達成できないのであり、他の自治会のみならず様々な小集団といかに連帯させていくかといったコミュニティ・オーガナイズ[3]が重要な鍵となっていた。その点、倉田によれば、真野小学校周辺は3つの自治会の塊が飛び地に入り混じった状況が20年余り続いていて、連合自治会の統一へのニーズが元来存在したが、それができない中で各自治会長が懇談会や検討会という一つの討議の場で共通の問題に協力・競争して取り組んだ過程が以降の住民主体のまちづくりに繋がったと分析しており（倉田1982: 22）、統合ないし連帯に向けた住民運動の発展的な展開過程に目を向けている。また延藤によれば、懇談会に3人が参加することで「計画づくりに対する共通認識と自信が生まれた」（延藤・宮西1981: 169）とあり、自治会長らの意識の変化に着目している。ただし、いずれにしても会議の中で具体的にどのような討議プロセスがあり、3人の自治会長がどのように意識を変化させていったのかは明らかにされなかった。

　グループを通して個人の意識がどのように変化していったのかを分析・評価する方法としては、グループワーク論[4]にその多くが蓄積されており、評価視点は、成員間の親和性や影響力や成員間の摩擦と解決の仕方、等に焦点が当てられる（大塚・硯川・黒木編2007: 136-137）。そこで本研究は検討会及び懇談会の会議の録音テープから書き起こした会議録を使用し、主にこの3人の自治会長及び事務局あるいはその他の成員から当時の重要な会話群を抽出し、上記のような評価視点に立って、討議の場で誰がどのように発言し、共通の問題に協力・競争して取り組むようになったのかを明らかにすることにした。

3. 分析概要

　膨大な録音テープの内容から或る論理的な一貫性を以て重要な会話群を抽出する技法については、最も発話割合の多かった人物の意見を抽出し、その連鎖関係を見ることでその会議の論点を把握できることや、論点が会議横断的につながったものとして把握できることが明らかにされている（島田・小泉2013: 319-324）ので、本論の討議過程の分析方法はこの技術を用いて論点とその繋がりを把握した。またここで整理した連鎖関係をもとに上述のような評価基準について分析を行った。

3.1.1　分析対象となる会議

　本研究は先述のように1980年11月に設立した検討会において真野まちづくり構想[5]がどのように形づくられ、自治会としてどのようにそれに関わることになったのかを調べる

目的があったことから、まず検討会の発足について話し合われた第4回懇談会(1978年11月4日)と第1回検討会(1978年12月4日)、及び「将来の方向」が話し合われた第2回検討会(1979年2月6日)[6]、さらに第1回検討会と第2回検討会の間に開催された2回の運営委員会についての会議録[7]を分析対象とすることにした。

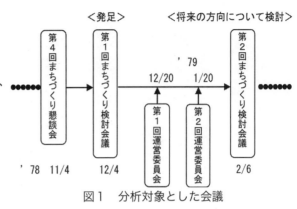

図1　分析対象とした会議

3.1.2　発話割合の変化に着目した全体的な時期区分

毎回の会議録の発話者と発話回数を集計し、その回の会議の中での発話割合を調べ、大きな変化が起きるごとに区分していくと、4つの期間に分化できた。

表1は区分ごとの発話割合の大きかった人物及び頻出単語[8]を示したものである。

表1　発話割合による期間の分類

期間	発話割合1位、2位	頻出単語
11/4,1978 第4回懇談会	1位：毛利、 2位：浅井≒宮西	工場 道路 地域 住民/地元/区民/地域住民/市民住宅 計画 用途地域 事業 将来 都市計画
12/4,1978 第1回検討会	1位：毛利、2位：垂水	委員 運営 検討 代表 住民/地元/区民自治会 お願い 代表者
12/20,1978 ～1/20,1979 第1・第2回運営委員会	1位：毛利、 2位：浅井≒宮西	人/歩行者 道路 工場 公園 住民/地元/市民/地元住民委員 生活道路 自治会 施設
2/6,1979 第2回検討会	1位：宮西、2位：毛利	住宅 市営住宅 運営 委員 工場 地元/住民商業 道路 子ども 空き家

3.2　各期間での討議の論点把握

前述のとおり、全体を4つの期間に区分し、それぞれの期間の中での発話割合の最も大きかった成員の発話とそれに連鎖する発話に着目(重要な会話群を抽出)し[10]、各期間の論点を把握した結果が以下のとおりである。[11]

3.2.1　1978年11/4(第4回懇談会)の論点

この会の参加者は、芦尾会長[12]、毛利会長、T会長[13]、委員I[14]と事務局[15]である。図2のとおり、この会議は富士化成跡地をはじめとする空閑地を「転がし事業」[16]のタネ地とできるか否かを論点としつつ地区の将来像を検討するといった検討会の設立主旨について確認し合ったとともに、住居系土地利用と工業系土地利用の分離について[17]も話し合われたことが分かった。

3.2.2　1978年12月4日(第1回検討会)の論点

この会は検討会の設立総会で、懇談会の4人に加えて各基礎自治会から各1名、また市場や工場経営者、真野小学校校長、そして3人(宮西氏を入れて4人)の学識委員[18]が参加し委員総勢21名で、市も都市計画局以外から5人の参加があった。図3のように、この会

論文

図2 第4回懇談会における重要な会話群

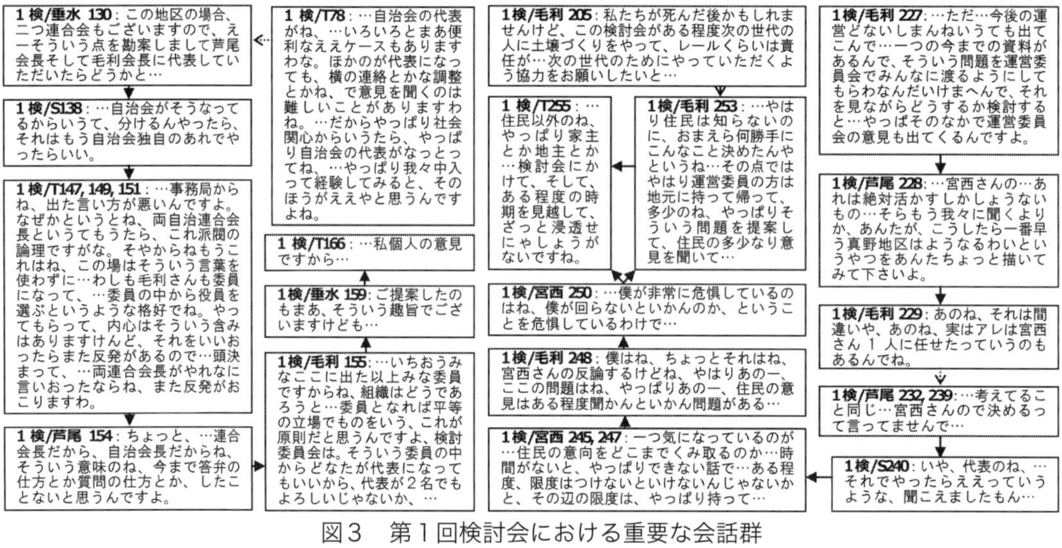

図3 第1回検討会における重要な会話群

議は以前作成した構想案(タタキ台)[19]をもとに討議しようという提案がなされたと同時に、検討会の代表の決め方と運営委員会の進め方についての民主主義的なプロセスについて討議されたことが分かった。

3.2.3　1978年12月20日～1979年1月20日までの論点

運営委員会は検討会の代表2人と副代表2人[20]に加え2つの連合自治会から各1名、さらに市場関係者や工場経営者などを加え地元から10名、そして事務局で構成された。図4のように、この2回の運営委員会では地域に必要な施設について討議しているが、全体を通

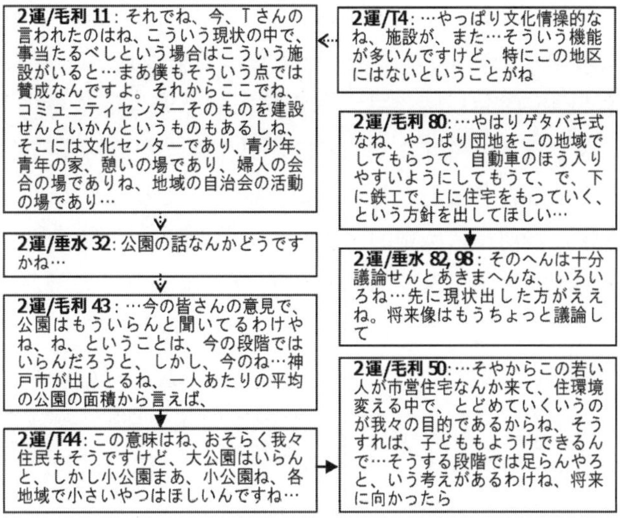

図4　第1～2回運営委員会における重要な会話群

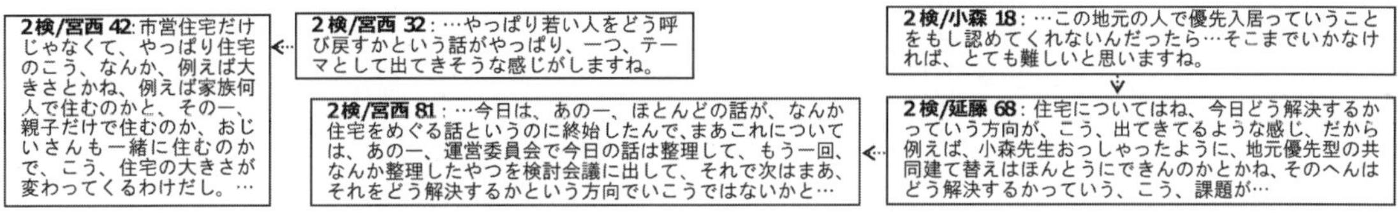

図5　第2回検討会における重要な会話群

して毛利会長の将来ビジョン、とりわけ工場の集団移転と、若い世代に住んでもらえるような住環境づくり[21]について討議されたことが分かった。

3.2.4　1979年2月6日（第2回検討会）の論点

この会には14名の委員が参加し、図5のように、若い人をどう呼び戻すかというテーマのもとで市営住宅ないし共同建替[22]を中心に討議されたことが分かった。

3.3　各論点間の会議横断的な繋がり

先述のとおり、討議過程でいくつかの論点が生み出されたが、ここでは各々の論点が第4回懇談会から第2回検討会まで会議横断的にどのような意味を持って登場したのか、また繋がっていったのかを明らかにしていきたい。

3.3.1　検討会の設立主旨について

第4回懇談会での「4懇/宮西193,194,195」[23]のように、既存の二つの法定事業が真野地区には馴染まない主旨を話した上で、新たに検討する事業として「転がし事業」の調査費に国費助成がついたという話になっている。「転がし事業」自体については、第1回検討会の中で、市の職員が「……係長さんにもいろいろそういうお話をし、転がし方式とか、なかなか難しいことをおっしゃってます……」（第1回検討会会議録より抜粋）とあったことから、

現実的に活用することは難しいことを職員側も認識していたようである。
　また、「富士化成跡地」については第4回懇談会に毛利会長から「4懇/毛利5」という発言があり、そして第1回検討会以降、富士化成跡地の話題は直接登場していないが、「4懇/宮西240」の発言、及び第2回検討会で地域に必要な施設や市営住宅や共同建替が討議されていることから、これらのタネ地として討議されていたと考えてよいと思われる。このように転がし事業自体は当初から懐疑的に扱われていたが、市が取得した富士化成跡地等の工場跡地に市営住宅等を建設し住環境を整備し、（工場は別の場所に誘導して）土地利用を分離していくことが懇談会当時からの委員にとっての共有課題となっていたと考えられる。
　一方で「4懇/毛利241」にあるように、毛利会長は構想の段階からの〈住民参加〉の一つの場として捉えていたようである。また事務局（市の職員）側から「4懇/垂水261」と、懇談会の当時において設立が予定されていた「検討会」はすでに次なる公的な組織の〈準備会〉としての存在であったことが意識的に共有化されていたことが分かるが、彼は「4懇/毛利273,275」と、代表だけでは決められないと語っている。

3.3.2 検討会の代表の決め方について

　この争点が表面化したのは第1回検討会であり、事務局（市）側が検討会の代表を〈地域〉の二つの自治連合会の会長から当てる案を提案した「1検/垂水130」に対する委員S[24]の「1検/S138」の異議申し立てからであった。さらに、前後の文脈的つながりから解釈するとすれば、第4回懇談会での「4懇/毛利273,275」との繋がりに気づく。また第4回懇談会での「4懇/毛利241」と第1回検討会での「1検/毛利253」の繋がりに気が付くとともに、明らかに彼が第4回懇談会から会の運営の民主主義的なプロセスを重視した発言を執拗に行っていたことが分かる。
　また、「4懇/毛利241」の発言の文脈的意味を解釈するならば、「4懇/毛利21」より「知らん間に……」とあるように、毛利会長の公害闘争の歴史は、行政が住民の知らない間に用途地域を指定したことに発するのであり、また「1検/毛利253」とあるように、今後この検討会が〈知らん間に〉ということにならないように民主主義的なプロセスを徹底しなければならないという彼の意思だったと考えられる。また、この会での検討会代表就任のあいさつで「1検/毛利205」とあるように、民主主義的なプロセスを徹底しなければならないという彼の意思は、また〈次の世代〉のために住民参加のレールを敷いて残すことに狙いがあったと理解できる。

3.3.3 地域に必要な施設について

　彼は、「2運/毛利11」と諸々の公共公益施設の具体例を挙げている。この点については、彼の公園整備率に対する「2運/毛利50」とともに、すなわち毛利会長の発言には、真野地区から若い世代が減少していることに危機感を感じ、「住環境変える中で、とどめていく」にはコミュニティセンターが必要だという意味が含まれていることが分かる。
　この論点は、毛利会長の住環境に対する創造的ビジョンの現れであると捉えることがで

きると同時に〈世代〉という言葉に着目すれば、「1検/毛利205」に触れたように、この検討会を以て、まちづくりの次の世代の住民参加のレールを敷くという彼の意図をも含んだものと考えられる。

以上、実際に「4懇/毛利241」、「1検/毛利205」、「2運/毛利11,43,50」は、彼のソフトとハードまで含んだ将来の「若い世代に住んでもらえるような住環境づくり」に繋がった一連のものであると解釈することができる。

4. 本論で得られた学問的帰結と今後の研究課題

4.1 分析視点の整理

前述のとおり本論は小集団の討議という「グループワーク」[25]を通して個人の意識がどのように変化し、連帯に向けての競争・協働が生まれていったのかを分析することを目的とした。

グループワークは、任意に形成されたグループの構成員が相互作用を通じて、個人の社会的に機能する力を高め、地域社会の問題に効果的に対処し得るよう人々を援助する過程であり、一般的には専門家（「ワーカー」という。）が側面的に援助する。よってグループワークは専門家から見て、そのような個人の人格的成長や地域社会の問題へ対処し得るような小集団の成長に寄与できたか、あるいは寄与するために何が必要かといった視点から評価を行う。

一般的な方法としてガーヴィンの「構造－環境モデル」によるグループの初期・中期における評価基準を用いることにした（C.Garvin1987: 87-210）。それらは次のように整理できる（大塚・硯川・黒木編2007: 136-137）。

①成員の性格：
グループの初期における成員の親和性や主体性について評価する視点であり、成員間の「同調」[26]性、成員と専門家との友好性・依存性、成員のコミュニケーション能力等を評価する。

②成員間の相互作用：
成員間及び専門家との相互作用の密度について評価する。具体的には、いつも特定の成員と専門家だけが話していないか、成員間の対話よりも専門家との対話が多くなっていないか、等を見る。

③目標表現：
成員の目標表現について評価する。具体的には、グループの初期において誰が自ら期待する目標を述べたか、グループ自体がグループ目標を設定できたか等を見る。

④グループ構造：

グループの初期から、どの成員が最も強い影響力を及ぼそうとしているか、どの成員が責任を持って或る課題を解決しようと努力しているか、ある成員が他の成員から異常視されていないか等を見る。グループの中期からは、どの成員が実際にどの成員に影響力があるか、そのことがグループの目標達成に貢献しているかどうかを見る。

⑤グループ規範[27]:
いわゆる「グループ規範」について事務局やリーダーに成員はどういった期待を持ち、そしてどんな合意が得られたかに着目する。

⑥成員の行動変化:
グループの中期において、成員の態度や行動にどのような変化が見られるか、とくに成員間の摩擦とその解決の仕方に着目する。

⑦グループ圧力[28]の効力:
グループの中期において、例えば、ある成員が他の成員に指導したり役割を与えたりといった積極的効力が見られるか等に着目する。

⑧専門家の介入による成員の意識の変化:
グループの中期において、成員の行動に変化を与えるために専門家として介入が行われることがある。成員の或る行動の解釈やモデリングによって、介入後成員の意識がどのように変化したかに着目する。

4.2 分析

前章で整理された発話の連鎖関係を踏まえて、以下、既往文献の知見も参考にしながら、懇談会と検討会における成員の行為を分析したい。

懇談会も検討会も神戸市が住民運動を側面から援助する目的で組織化したものであるから、この「グループワーク」の実施主体は「事務局」ということになり、グループワーク論から言えば事務局がリーダーという立場になる。この場合市から委託されたコンサルタントの宮西氏は「ワーカー＝専門家」という立場になる。なお3人の自治会長は住民側でリーダーシップを発揮した「フォロワーシップ」[29]という位置付けになる。前項に示した評価視点は、このような前提の上で専門家の立場から評価する視点であることを前置きした上で、視点ごとに分析結果を整理したい。

4.2.1 成員の性格

成員間の関係について、本論の対象とした会議録の中では、T会長に対して芦尾会長が、また芦尾会長に対して毛利会長が異議を申し立てた個所がそれぞれあるので以下紹介する。

まず一つは、第1回検討会で代表を選出する際に、T会長が「1検/T147〜151」と発言したことに対して芦尾会長が「1検/芦尾154」と苦言を呈した場面である。これに対して毛利会長は、「1検/毛利155」と、T会長の発言の修復を行い、芦尾会長を諭している[30]。

もう一つは、「1検/毛利227」を受けて芦尾会長が「1検/芦尾228」と述べた場面である。

これに対して毛利会長は、「1検/毛利229」と芦尾会長に異議を申し立て、芦尾会長も「1検/芦尾232,239」と返したが、委員Sから「1検/S240」と訴追されている。

一方、T会長に対して毛利会長はどう振舞ったのかと言えば、「4懇/毛利135」、「2運/毛利11」、「2運/毛利50」、「1検/毛利155」に見られるようにT会長と常に同調ないし補完する発言ばかりが見られた。T会長もまた毛利会長の発言に対しては、「4懇/T138」、「2運/T44」のように同調ないし補完する発言ばかりが見られた[31]。

以上のことから、毛利会長とT会長は互いに同調的態度を示され、それを受け入れていると言えるが、芦尾会長については他の成員から同調的態度を示されていない。ここに親和性という意味においてはやや分裂傾向が見られる。

成員の専門家に対する関係については、前述のとおり毛利会長は、リーダー(事務局)に頼るというより、むしろ「4懇/毛利273,275」から分かるように住民主体の民主主義を主張している。一方、芦尾会長については「1検/芦尾228」から分かるようにやや専門家(宮西氏)に依存する傾向が見られる。

4.2.2 成員間の相互作用

表1を見ると、芦尾会長は会議のリードにはほとんど参与していないように見えるが、上述のように時折T会長に対して芦尾会長が、また芦尾会長に対して毛利会長が異議を申し立てており、その意味で対話に積極的に参加していることが分かる。毛利会長とT会長も、上述のように互いに同調しながら積極的に参加していることが分かる。また表1からは、毛利会長と事務局が対話を独占しているようにも見えかねないが、図2～5から分かるように、3人の会長以外にも(例えば「1検/S240」のように)対等に討議に参加している発話者がいることや、事務局の発言内容が側面支援的な進行役に徹していること等から、とくに特定の成員と専門家が会議を独占しているような状況だったとは言えない。

4.2.3 目標表現

目標表現については第1～2回運営委員会でT会長と毛利会長が積極的に発言しているが、とくに毛利会長は第4回懇談会から一貫して発言していることが分かる。

まず前掲の「4懇/毛利137」の「……そうすることがね、やっぱり〈ここのまちづくり〉だろうと……」に着目したい。この「4懇/毛利137」から、毛利会長は工場と対立することを望んでいるのではなく工場との和を目標としているのだという理念を見ることができる。よって、第4回懇談会での住宅系と工業系の土地利用の分離の話(4懇/毛利137)や、第2回運営委員会でのゲタバキ式工場団地への工場移転の話(2運/毛利80)は、そのような理念から生じているのだと考えるべきである。

若い世代が戻ってくるような住宅供給の考え方においても、「4懇/毛利36」と述べているように、工場労働者や自営業者の若い世代を地域にとどめたいというのが真意であると分かる。と同時に彼には、工場の集団誘導、市営住宅や共同建替の推進、次世代後継者へのレールづくりなど具体的なアイデアがあったが、それらを過去の公害闘争の経緯から工

場誘導案の提示、次世代の後継者に渡すための住民民主主義的な会の運営の提示、次世代が地元に留まって住み続けられるような住環境づくりの提示まで、計画的に第2回運営委員会までリードしていたことが分かる。

事務局[15]には前述のとおり宮西氏の作成した「タタキ台」があり、「2運/垂水82,98」から将来像についてはかなり慎重だった経緯が読みとれる。しかし表1より、第2回運営委員会までは毛利会長がリードし、最後の第2回検討会では宮西氏がリード役に転じるが、彼には「2検/宮西32」で述べているように毛利会長から挙がってきた提案を(例えば「4懇/毛利36」や「2運/毛利50」との意味的繋がりを考えると)「タタキ台」にしていく姿勢があったことが窺われる。したがって結果的に事務局案というより、実質的に毛利会長の描いていたアイデアが「タタキ台」にかなりの部分吸収されたことが分かる。

4.2.4 グループ構造

真野まちづくり検討会は代表に二つの連合自治会から1名ずつ据え、副代表に単独自治会の会長(T会長)と真野婦人会の会長を据えた。とりわけ一つの組織に(地元の連合自治会から)2名の代表を置くことは珍しいと言えるが、逆に言えば2名の代表を置かざるを得なかった状況があったとも言える。

実際に第1回検討会でまず委員Sが「1検/S138」と異議を申し立てている。それに対して「1検/T147,149,151」と述べている。このT会長はこの発言より前に「1検/T78」と述べており、自治会のシステムを活用して情報伝達したほうが住民周知が容易に行くという考えを示していた。そして、毛利会長が「1検/毛利155」と発言し、事務局も「1検/垂水159」と述べたことによって結局二つの連合自治会から代表を出すことに収斂している。

ここで「1検/垂水159」の発話中の「そういう主旨」とは何か。芦尾会長の属する連合自治会は、もともと8自治会から成立したが、当時までに3自治会が毛利会長の属する連合自治会に移り5自治会に縮小していた。どちらかに加担すれば自治会の勢力図に飛び火する恐れがあった。であるからこそ、「1検/S138」のようにもともと連合自治会にとらわれずに代表を選んだほうが良いという意見もあった。芦尾会長の率いる連合自治会は、勢いは衰えたものの、市場や商店を抱え人口も多く依然として大きな連合自治会であった。分裂した連合自治会を一つにする場として芦尾会長を代表として参加させ、「フォロワーシップ」として機能してくれることが、事務局としてはコミュニティ・オーガナイズ上必要だと判断していたことが「1検/垂水130」からも分かるが、3人の自治会長もそのことを理解していたことが分かる。

もともと「1検/T78」のように住民周知の伝達手段として自治会を活用すべきというのがT会長の意見であったと同時に「1検/T166」と述べており、実は身分としてはあくまでも個人の立場で参加しているという意思であったことが分かる。

すなわち、連合自治会長から2人の代表を選ぶという事務局側の意図の作為性には成員から批判が挙がったものの、(自治会の総意を代表してではなく)地域住民との情報伝達機

能という使命はあるのだという解釈が、「1検/S138」から「1検/T166」までの一連のやり取りの中で共有化されたと言える。

4.2.5　グループ規範

1979年2月の第2回検討会は、将来の方向について検討した会議であり、その後は同年5月の第4回検討会で計画テーマが決定し、同年12月の第8回検討会で「まちづくり構想のタタキ台」が検討され、やがて翌年5月の第9回検討会で地元住民に大筋で理解されたとされている（宮西2005: 79-82）。第4回検討会から第9回検討会までには「まちづくり学習講座」[32]、「まちづくり小集会」[33]といった公開での地域集会が開催されており、これらを経て「将来の方向」は、「計画テーマ」そして「まちづくり構想」となって地元住民に大筋で理解されることになったと考えられる。このような地元住民の認容のためのロードマップは、第2回検討会までにどのように討議されていたのか。

まず第1回検討会での「1検/宮西245,247」の発言とその一連の会話群について着目したい。これには「1検/毛利248」の異議申し立てが続くが、それに対して宮西氏は「1検/宮西250」と「1検/宮西245,247」の真意を伝えようとしている。ここにおいて宮西氏は自治会の形式的な情報伝達だけでは住民には十分に浸透しないのであって、彼が各地区を回って説明しなくてはならないのではないかと委員らに問いかけたのである。これに対しては「1検/毛利253」のように運営委員が地元に帰って説明すべきという発言が続く、と同時にT会長から「1検/T255」と、地域集会のような討議の場を設ける必要があるといった自覚的な提案があった。

真野まちづくり検討会は、地元の自治会の代表者を役員に取り込み、毎検討会ごとにニュースレターを配布し、自治会の役員会や定期総会でも討議していたが、自治会の代表たちが討議した内容を必ずしも住民が知るわけではない。「まちづくり学習講座」や「まちづくり小集会」のような公開の討議の場を設けたこと、とくに、3人の自治会長が主体的に開いた「まちづくり小集会」を執拗に何度も設けたことが実質的な住民周知に繋がったと考えられる。

4.2.6　成員の行動変化

前述のように、第1回検討会で代表を選出する際に芦尾会長が「1検/芦尾154」と苦言を呈した場面については毛利会長が、「1検/毛利155」と、T会長の発言の修復を行い、芦尾会長を諭している。また芦尾会長が「1検/芦尾228」と述べた場面では、毛利会長が「1検/毛利229」と芦尾会長に異議を申し立て、芦尾会長も「1検/芦尾232,239」と返したが、委員Sから「1検/S240」と訴追され、ここでは図3（1検/宮西245,247参照）のように宮西氏が「住民の意向をどこまでくみ取るか」という論点に改めることで「1検/毛利248」と、訴追の的を芦尾会長から自身に変えることに成功している。

このように討議の前半では芦尾会長に対する委員らの忌憚なき異議申し立てを見ることができると同時に、そこから生じるトラブルに対して修復を図ろうとする二人の自治会長

と事務局ないし宮西氏の働きかけを見ることができた。図4,5から分かるように第1回運営委員会以降では芦尾会長の、あるいは彼に対する異議申し立ては見られない。

4.2.7　グループ圧力の効力

　成員の行動や態度や判断をグループの期待する方向へ大きく変化させたようにグループ圧力の効力が顕著に見られたのは、第1回検討会での「1検／宮西245,247」の発言とその一連の会話群である。前述のとおり宮西氏は自治会の形式的な情報伝達だけでは住民には十分に浸透しないのであって、彼が各地区を回って説明しなくてはならないのではないかと委員らに問いかけ、これに対して「1検／毛利253」のように(彼ではなく)運営委員が地元に帰って説明すべきという発言や、「1検／T255」のように地域集会のような討議の場を設ける必要があるといった自覚的な発言が続いている。

4.2.8　成員の意識の変化

　以上整理してきたように、3人の自治会長は各々積極的に討議に参加していたが、毛利会長とT会長に同調傾向が見られる一方芦尾会長にはそれが見られなかった。目標表現については毛利会長が他の会長に比較し圧倒的にリードして発言していた。グループ構造やグループ規範に関する討議の場では争点が生まれ意見の違いから摩擦が生じていた。

　このような状況の中で、芦尾会長が委員Sから「1検／S240」と訴追された場面(図3「1検／宮西245,247」参照)で、宮西氏が「住民の意向をどこまでくみ取るか」という論点に改めることで「1検／毛利248」のように毛利を相手に討議を交わすことになり、訴追の的を芦尾会長から自身に変えただけでなく争点の深化に成功している。そしてその後、前述したように毛利会長やT会長から自覚的な発言が続いている。この「1検／宮西245,247」に見られる専門家としての介入は大きな一つの転機となっていたことが分かると同時にその後の成員の連帯に向けての意識の変化に大きく効果的に働いたと言える。

4.3　新たな発見と今後の課題

　冒頭で述べたとおり、懇談会や検討会は必ずしも地域全体に支持されて生まれてきた団体ではなかったにもかかわらず、その中の一つの小集団のリーダー(毛利氏)に従前から具体的なビジョンがあったことと、事務局側もそれを側面から援助する姿勢があったことが、やがて行政と自治会と住民との連帯を実現した重要な一側面であると言える。この点については既往研究でも触れられてきたが、専門家として介入した宮西氏や事務局が、単なる事業への落とし込みではなく住民の自立的な解決とそれを可能とするようないわばグループワーカーとして関わり、かつ3つの自治会の連帯を目標としたコミュニティ・オーガナイザーとして関わっていたことがこの会話群から確認され、この点が今日のコンサルタントや行政のスタンスとの大きな違いであると言える。

　次に、毛利会長のトータルなビジョンの下に各会議の繋がりを考えながらテーマを有機的にリードしていくような「卓越したリーダーの存在」(広原2002: 56)については既往研究

でも触れられているが、背後には分裂した3つの自治会の勢力図があり、それを毛利会長一人が連帯に繋げて行ったわけではない。会話からは、3人の自治会長もそれ以外の委員も対立を恐れず異議申し立てを行い、誰かが修復を試み、それらを通してかえって論点の意味が深まって行くという対話パターンを見ることができた。これは毛利氏の討議スタイルでもあったが、これを否定することなくむしろ借用・増幅して、意味の深化と共有化を図ろうとする宮西氏の進行技能を見ることができた。こうした討議のあり方は（会議を一つのコミュニティの縮図と考えた時の）住民と自治会との巧妙な連帯を生み出したミクロレベルでの一側面であると言え、「対立を対立のまま終わらせることなく、ときほぐす人の絡み合があり、なごみ、さらなる対立をつくりだす。これが真野地区のまちづくりの原動力」(宮西2005: 79-93)が、本研究で客観的に明らかにされたと考える。

　これらのような対話構造は、テーマと結果だけを記した議事録では把握できず、また漫然と録音テープを聞いただけでも分からないが、本研究のような会話のテキスト化と発話間の連鎖の分析によって客観的に把握できるものとなった。しかしながら今回の分析はあくまでも当時のある期間の会議の会話の分析に基づくもので、それ以外の会議やパーソナルなコミュニケーションは含まれていない。例えば各自治会長の意識変化は会議というグループワークに因って生じたものなのか、会議以外の場で行政や専門家らとの交流の中で生じたものなのかについては分からない。恐らくそれ以外のパーソナルな関係やコミュニティとの関係などが相互に関係し合って生じたものと思われるが、本論ではその過程については触れておらず、今後の研究によって明らかにしていく必要がある。

注
(1) 戦後町内会が解体されてから各町で自治会が成立し、真野小学校学区に自治会の連合体「真野地区自治連合会」が結成されたが、事務所が企業敷地内にあったため立ち退きを要求され立退き派と反立退き派に分裂した。前者は新たな連合自治会「尻池南部地区自治連合協議会」を結成し毛利氏が1968年会長となってから環境衛生改善や公害追放運動を進めた。
(2) 郊外住宅地における住民主体のまちづくり運動の全国的先駆けとして有名。1967年に神戸市から近隣住区計画モデル地区に指定され、82年には真野に次いで条例による「まちづくり協議会」に認定された。
(3) ソーシャルワーク論において、ケースワーク、グループワークと並びその一つとされる。ここではM.G.ロスの定義「住民が組織化を通じて彼らが協力に踏み出す条件をつくり出す技術」として用いる。
(4) グループワークとはソーシャルワークの一つで、ここではG.コノプカの定義「意図的なグループ経験を通じて、個人の社会的に機能する力を高め、また個人、集団、地域社会の諸問題に効果的に対処し得るよう、人々を援助するものである」として用いる。
(5) 20年後の将来像と第1期目の計画案より成り、「推進会」結成も盛込まれた。推進会は1982年の「まちづくり協議会」への認定後これを条例にもとづく「まちづくり提案」とし「まちづくり協定」へ繋げた。

論　文

(6) 第2回検討会は、将来の方向について検討した会議であり、その後第3回検討会、第4回検討会を経て5月26日に開催された「まちづくり学習講座」において計画テーマが公開された。この計画テーマは「真野地区まちづくりニュース第4号」で整理されており、これを見ると計画テーマはほとんど第2回検討会までに提示されていることが分かる。

(7) ここでは、宮西悠司氏に許可を得て、氏が録音して保存していた磁気テープから会議の音声をありのまま書き起こした文章による記録のことを指し、一般的な議事録とは区別する意味で「会議録」とした。

(8) テキストマイニングソフトPAT-M-STD-V4を使用し、まちづくりに係る頻出単語を検索した。

(9) 表中「毛利」=尻池南部地区自治連合協議会の会長。検討会の代表の一人となる。「浅井」=市の職員。「宮西」=コンサルタントとして事務局に参加していた宮西悠司氏。「垂水」=市の職員。

(10) 上記で検索した頻出単語を含む発話を抽出した。そして、それらに共通の文意を最も典型的に表している一まとまりの発話を抽出し、その発話の契機となった発話や、その発話から生み出された発話を整理した。ただし表中の文章はその発話例の一部分を抜粋したものである。

(11) 以降、表中・図中の文章及び「　」内の文章はすべて会議録から抜粋したものである。なおそれらの文章中の「…」は中略を表す。また発話の表記は「会議の略称／発話者略称 会議録行番号」となっている。

(12) 真野地区自治連合会の会長。検討会の代表の一人となる。

(13) 単独自治会である尻池3丁目自治会の会長。図中は「T」と略す。

(14) 委員Iは真野婦人会会長。

(15) 都市計画局から浅井、垂水の2名(後に4名)が参加し、宮西氏と事務局を構成した。

(16) ここでは過密住宅地区更新事業の俗称として使用されている。当事業は工場跡地等に建設した公的住宅を受け皿にして地区内の居住者を優先入居させるスキームを有していた。

(17) 図2「4懇／毛利137」に「住宅は住宅で固めてもらい…」とある。

(18) 学識委員は、嶋田委員(神戸大学)、小森委員(神戸商科大)、延藤委員(京都大学)で構成された。

(19) 「1検／毛利227」の「今までの資料」及び「1検／芦尾228」の「宮西さんの…あれ」が指すもの。

(20) 副代表はT会長、委員Iの2人。

(21) 図4「2運／毛利80」で工場の集団移転、「2運／毛利50」で住環境に触れている。

(22) 図5「2検／延藤68」では「共同建て替え」と発話されたが、小森委員の「2検／小森18」は市営住宅の優先制度のことを話題にしている。

(23) 以降「4懇」=第4回懇談会、「1検」=第1回検討会、「1運」=第1回運営委員会、「2運」=第2回運営委員会、「2検」=第2回検討会、を表す。ただし、「1運」はニュースレターの編集会議であったため、本論の重要な会話群には登場していない。

(24) 浜添通5・6・7丁目自治会長。図中は「S」と略す。

(25) 上記(4)の定義にかなうものであれば小集団のいかなるグループ活動もグループワークと考えてよい。

(26) ある成員の行動、態度、判断をそのグループや他の成員が期待する方向に変化させること。

(27) グループの社会問題への対処は、成員がそれを了解し把握し処理することを可能にする判断の枠組みが必要で、それを「グループ規範」と言う。

(28) 成員を同調へ変化させるよう働く影響力をグループ圧力と言う。

(29) グループワーク論では、住民側でのリーダーを「フォロワーシップ」と呼んで区別することがある。

(30) これに対して芦尾会長は「あたりまえです。」と一言述べただけで異議を唱えていない。

⑶1 発話割合でみると芦尾会長と同程度であった。
⑶2 行政職員や学識委員も交えた公開討論会。
⑶3 自治会が主催した小会議。

参考文献
Garvin, C., 1987, *Contemporary Group Work,* Englewood Cliffs, Prentice Hall College, Inc.
広原盛明・白石克孝・富野暉一郎, 2002『現代のまちづくりと地域社会の変革』, 学芸出版社.
今野裕昭, 2001『インナーシティのコミュニティ形成 —— 神戸市真野住民のまちづくり』, 東信堂.
倉田和四生, 1982「町づくり運動のダイナミックプロセス」『関西学院大学社会学部紀要』, 45, pp.7-25.
宮西悠司, 2005『日本最長・真野まちづくり』, 真野地区まちづくり推進会.
大塚達雄・硯川眞旬・黒木保博編, 2007『グループワーク論』, ミネルヴァ書房.
島田昭仁・小泉秀樹, 2013「まちづくり小集団の討議過程の分析手法に関する研究について」『都市計画学会論文集』No.42-3, pp.319-324.
吉岡健次・崎山耕作編, 延藤安弘・宮西悠司, 1981「内発的まちづくりによる地区再生過程」『大都市の衰退と再生』, 東京大学出版会.

The Research on Generation of the Solidarity in Debate of the Mano Area
Focusing on the Conversation Groups in the Meeting in the Preceding Organizations of the Mano Area City Planning Promotion Committee

Akihito SHIMADA and Hideki KOIZUMI

Although it is said that the three neighborhood community leaders were attached to one table led to the subsequent continuous community-based-planning in Mano area, who aligned or was opposed to each other through the debate process is not clarified.

Then, this research is dealt with their debating tape records of the meetings of an examination committee that is called"Mano-KENTOKAI" and its preparation organization that is called "Mano-KONDANKAI".

This paper shows clearly how three leaders spoke and had influence mutually from the debate process in the beginning of KONDANKAI and KENTOKAI which were the preparation organizations of the Mano area city planning promotion committee that is called "Mano-SUISINKAI", and why it would be concerned actively to generation of the solidarity between three neighborhood community by the dialogue-analysis.

◆論文

大気汚染公害訴訟における「地域再生」の視点の意義と現状
――倉敷公害訴訟と水島地域を事例として――

江頭　説子

はじめに

　高度経済成長期の急激な工業化、地域開発により公害が多発した1960年代から約50年が経過し、公害は身近な問題として感じられなくなっている。その背景には、公害問題は制度的に一定の解決をしたとされていること、公害防止技術の向上と対策が進展したこと、産業構造が転換したこと、公害問題に関する議論が地球全体の環境問題へと変化していることがあげられる。制度的には、1973年に公害健康被害補償制度（以下、公健法と表記する）が制定され、1967年に制定された公害対策基本法が1993年に環境基本法制定にともない廃止されたことから一定の解決をしたとされている。企業は、大気汚染防止のために、集塵装置や排ガス脱硫、脱硝装置の他、燃料改善、燃焼管理、省エネルギー等の技術開発を実施し一定の効果をあげている。産業構造的には、公害の直接的な源である石油化学、製鉄を中心とする重化学工業が、1970年代の石油危機を契機として構造不況に陥り、情報産業、サービス産業へと転換したことにより公害の発生が沈静化した。1980年代後半から地球環境問題が国際政治の重要議題となり公害問題に関する議論は、地域再生、環境再生へと視点をかえ、さらに地球全体の環境問題へと変化している。

　公害により被害を受けてきた地域では1960年代から多数の被害者が訴訟に立ち上がり、公害発生源の差止め、公害被害者の救済を求めた一連の裁判が長きにわたって争われてきた。そして、それらの多くが1990年代後半以降「和解」による解決という一つの歴史的節目を迎えたことを受け、公害地域の地域再生、環境再生に向け、多様な取組が進められている。しかし、「公害問題は終わった」のではない。公害による健康被害は、治療法や薬が改善され症状が抑えられることはあっても一度罹患すると完治することはなく、公害被害者は通院、治療の継続、服薬を続け、健康上の不安だけでなく生活の不安を抱えながら生活をしている。それだけなく、公共事業公害、アスベスト公害、そして東日本大震災を引き金として発生した原発災害による公害など新たな公害問題も発生している。

　本稿ではまず、1960年代におきた大気汚染公害に焦点をあて、公害が社会問題となり公害反対運動から大気汚染公害訴訟へと至った経緯について明らかにしていく。次に、大気汚染公害訴訟において運動の共感を広げるものであった「地域再生」の視点の意義と現状

について、訴訟の和解後約20年を経過した現在から問い直していく。その最終的な目的は、公害経験の意味を明らかにし、次世代に伝え活かしていくことにあるが、本稿はその端緒を開くとして位置づけられる。

1．問題の所在と分析枠組み

　戦後日本の公害問題は、戦前に大きな被害を出した地域で再発する形で鉱害、大気汚染や水汚染として問題化した(飯島 1998:8)。1950年代には、日本経済界の最重要課題として経済成長による発展があり、太平洋ベルト地帯に工業地帯が形成され、石油化学工業の発展のためにコンビナートが登場した。それは、同時に新たな公害問題の始まりでもあった。しかし、公害被害には見えにくいという問題がある。公害被害は、①人体への被害、②生物的弱者・社会的弱者への被害、③被害汚染物質の変化、④派生的被害としての人間関係における被害の4つの点において見えにくいものとなる。順に説明していく。

1-1　公害被害の4つの見えにくさ

　公害被害はまず、川や海の水質汚染は魚の状態の変化、大気汚染は稲やい草の先枯れや農作物、果実の生育の変化など、目に見える形で表出する。漁業や農業への被害は、その関係者による抗議により経済的な補償という形で決着する場合が多い。それに対して、人間への被害は体調の変化等、他者にはわかりにくい形で表出する。さらに公害源と健康障害の因果関係を立証することは難しく、医学関係者や科学者らの研究により初めて可視化することが可能となる。また人体への被害は、病弱者、高齢者、年少者等の生物的弱者、専業主婦や貧困者等、社会的弱者に被害が集中する(宮本1989[2007]116-119)。生物的弱者や社会的弱者への被害は雇用されていないため企業にとって問題とはならず、被害が放置され可視化されにくい。またエネルギー源の変化により大気汚染物質も変化した。昭和に入り石炭を基礎とする工業化の始まりと同時に、石炭使用量の増加にともなうばいじん汚染による大気汚染公害が発生した。ばいじんは黒い煙、黒い煤として目にみえるものであった。しかし石油を基礎とする重化学工業化が始まると、大気汚染公害は大気中の亜硫酸ガス、硫黄酸化物や二酸化窒素という目に見えにくい汚染物質に変化したため、実際に測定してみないと実態が分からないという状況に変化した。さらに1973年に公害健康被害補償制度(以下、公健法と表記する)が制定され、補償を受ける公害認定患者と補償を受けない未認定患者や住民等の間に目には見えない溝のようなものができ、派生的被害として公害認定患者が社会的に孤立するという問題も生じている。「社会的孤立」に至る経緯として、公害のために「お金をもらっている」といったような妬みや偏見の目でみられることがあり、公害認定患者は周囲や社会に対し被害を訴えにくい状況に置かれるようになった(除本 2008:252)。このように公害被害には見えにくいという問題があるが、公害被害は、

生態系の破壊から始まり人間への健康障害として表出し、その健康障害が地域集約的に発生することにより被害が可視化され、地域社会で問題として共有化されることにより公害問題となる。その過程に注目した先行研究を簡単に振り返る。

1-2 公害問題と公害反対運動

　公害問題と地域社会の関係に着目したのは福武(1965、1966)、松原編(1971)の研究である。松原らは生産と生活の接点として地域を捉え、公害問題の社会的メカニズム、生活妨害、社会構造、生活意識、住民運動の5つの指標から公害問題の社会学的解明を試みている(松原1971:8-9)。5つの指標のなかで住民運動について分析した山本は、住民運動を「ある地域に居住するひとならどんなひとでも、年齢、性、職業などによって制限されることなく、生産、消費、文化、余暇その他生活全般にわたる妨害、破壊などに対して、共通の利害にもとづいて、ある一定の組織を形成して、問題解決のために、集団的にさまざまな方法によって運動を展開すること」と定義している(山本1971:177)。公害問題を都市問題と捉え住民運動について分析した宮本は、住民運動を「住民が或る要求や問題をもち、その解決のために一定の住民組織をもち、政府・自治体や企業にたいして働きかける運動である」と定義する(宮本1971:2)。また公害被害の構造に着目し、公害反対運動を被害者運動としてとらえたのは飯島(飯島・西岡1973、飯島1984)である。これらの研究に共通する視点は、住民運動が地域社会で共有化された問題解決にむけての働きかけであり、地域社会において共有化された公害被害に対して、公害反対運動がおきたとする点である。

　山本、宮本、飯島らが共通してとりあげた運動の事例として、四日市ですでに発生していた公害被害の現状を学び、これを運動の糧とした沼津・三島・清水町の石油コンビナート進出反対運動がある。山本と飯島は、沼津・三島・清水町の運動を公害予防運動であり運動の新しい性格をもつものと評価している。宮本も同運動を草の根保守主義から草の根民主主義への出発点になる「戦後住民運動の原点」と位置づけている(宮本1971:59)。

　しかしその後も、工場が集中する地域の大気汚染は改善されなかった。大気汚染の原因が工場の排出する硫黄酸化物だけでなく、これに自動車の排ガスに含まれる窒素酸化物や浮遊粒子状物質が新たに加わり、ぜん息などの公害患者は増え続けた。また、環境庁(当時)が大気汚染物質の基準を緩和したことにより、旧基準では全国の90％が環境基準を超える汚染地域であったのに対して、全国の90％以上が非汚染地域となることから、地方の公害対策が緩められることになった。産業界は「空気がきれいになった」と宣伝し、1988年には公健法の大気汚染公害指定地域が解除され、それ以降公害患者は新規には認定されなくなった。地域社会で共有化された公害問題は、公害反対運動等によりある一定の制度的な解決を図ることが可能となったが、資本の論理、公害行政の後退により不可視化されようとした。そして、これを防ぎ、公害問題としての可視化を行ったのは一連の大気汚染公害訴訟である。

論　文

表1　日本における主要大気汚染公害訴訟一覧

	四日市	千葉	西淀川	川崎	倉敷	尼崎	名古屋	東京
一次訴訟提訴	1967.9	1975.5	1978.4	1982.3	1983.11	1988.12	1989.3	1996.5
和　解	1972.7	1992.8	1995.3	1996.12	1996.12	1999.2	2001.8	2007.8
被　告	電力・石油など6社	川崎製鉄1社	電力・鉄鋼など10社　国・阪神高速道路公団	電力・鉄鋼など13社　国・首都高速道路公団	電力・鉄鋼など9社	電力・鉄鋼など9社　国・阪神高速道路公団	電力・鉄鋼など11社　国	国・東京都・首都高速道路公団・トヨタ・日産など7社
公害の形態	産業公害	産業公害	複合型都市公害	複合型都市公害	産業公害	複合型都市公害	複合型都市公害	複合型都市公害

各種資料をもとに筆者作成

1-3　大気汚染公害訴訟と「地域再生」の視点

　1972年に被害者原告の全面勝訴となった四日市公害判決は、国内外に大きな影響を与え、大気汚染等に対する本格的な対策(総量規制)や公健法の制定など公害対策はある程度は前進した。しかし、都市部の大気汚染公害が改善されないこと、公健法の大気汚染公害指定地域が解除されることへの不安から、千葉(1975)、大阪・西淀川(1978)、川崎(1982)、倉敷(1983)、尼崎(1988)、名古屋(1989)、東京(1996)で裁判がおこされ、1990年代に入り順次、原告側の勝訴・和解として解決を迎えた。その概要をまとめると表1となる。

　一連の大気汚染公害訴訟において、千葉公害訴訟、西淀川公害訴訟、川崎公害訴訟、倉敷公害訴訟は、四大大気汚染訴訟と呼ばれている。四大大気汚染訴訟において千葉公害訴訟と倉敷公害訴訟は、四日市公害訴訟と同様にコンビナート形成に伴う企業を被告とした産業公害に対する訴訟という点で共通している。しかし訴訟の目的において、千葉公害訴訟と倉敷公害訴訟との間には変化がみられる。千葉公害訴訟の目的は公害発生源の差し止めと公害被害者の救済にあった。それに対して倉敷公害訴訟では、「水島地域の再生」という視点をとりいれ、和解条項に「原告らは解決金の一部を原告らの環境保健、地域の生活環境の改善などの実現に使用できる」という一文をいれている。

　その背景には、1978年に提訴している西淀川公害訴訟の影響があると考えられる。西淀川公害訴訟では、公害問題と自然環境の破壊などのアメニティ問題との関連性を指摘した宮本の理論を背景に、公害をなくして被害補償を実施することに加え「自分達が安心して暮らせるよう都市空間をつくりかえる課題、すなわち『まちづくり』をも運動の射程におさめるようになっていった」(除本2013:7)。そして、被害者原告らは被告企業から得た解決金(和解金)の一部を地域のために供出し、「環境再生のまちづくりへ」と踏み出すこととなった。西淀川公害訴訟の過程において取り入れられた「公害地域の再生」から「地域再生、環境再生、そして環境再生のまちづくりへ」という視点は、その後倉敷、川崎と受け継がれ、公

害問題の可視化と公害被害者運動の新たな歴史の流れへと定着していった(森脇 1998:132)。

1-4 事例研究の対象と分析枠組み

　大気汚染公害訴訟が起きた地域の研究については、四日市と西淀川について研究の蓄積があり、大気汚染公害訴訟の到達点と課題については道路公害裁判を中心とした研究の蓄積がある[1]。本稿では、大気汚染公害訴訟において運動の共感を広げるものであった「地域再生」の視点の意義と現状を明らかにすることを目的とすることから、産業公害による被害を受けた地域であり、大気汚染公害訴訟において「地域再生」の視点をとりいれた倉敷公害訴訟と、公害被害を受けた水島地域を事例として分析を進める[2]。

　また先行研究のサーベイから公害問題は可視化・共有化・不可視化を繰り返すことがあきらかとなった。公害被害は、生態系の破壊から始まり人間への健康障害として表出し、その健康障害が地域集約的に発生することにより被害が可視化され、地域社会で問題として共有化されることにより公害問題となる。地域社会で共有化された公害問題は、公害反対運動等によりある一定の制度的な解決を図ったが、資本の論理、公害行政の後退により不可視化されようとした。そして、これを防ぎ再可視化させたのが一連の大気汚染公害訴訟であり、訴訟において公害問題が被害者だけの問題でなく、地域そして社会の問題であることを再共有化させるために、「地域再生」、「環境再生」の視点が取り入れられた。その過程を概念図としてまとめると図1となる。これらのことから、事例の分析においては、可視化・共有化・不可視化に焦点をあて述べていく。

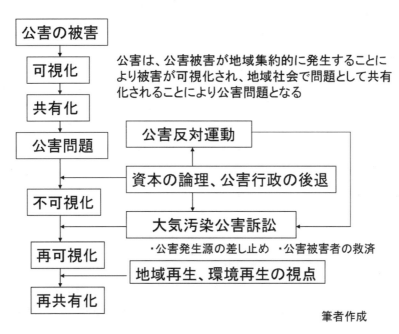

図1　公害問題の可視化・共有化・不可視化の過程

論文

2. 水島地域における大気汚染公害の発生から倉敷公害訴訟まで

　水島地域における大気汚染公害の発生から倉敷公害訴訟に至るまでの経緯については、関連する資料、文献研究をもとに述べていく。

2-1　工業化と公害問題の発生－被害の可視化から共有化へ－

　岡山県倉敷市は、終戦後には新たな水島再開発構想を検討し、積極的な企業誘致活動を行い、水島工業都市開発㈱の設立(1947年)に始まり、先駆的工場、基幹的工場の誘致に成功し産業基盤を整備していった。1950年代に入ると、国が制定した国土総合開発法(1950年)に基づき、岡山県は企業誘致条例を制定(1952年)するとともに、「瀬戸内海地域総合開発計画」を立案し、旧三菱航空機跡地(国有地)の無償払い下げを受け、「水島臨海工業地帯造成計画案」を立案した。そして翌1953年以降、積極的に工業用地の埋め立てや水島港の造成に着手した。1950年代に水島臨海地帯形成のための埋立・造成過程における海底の土砂採取や深部採掘により水島灘沿岸の藻場は破壊され、玉島地区の海苔・アサリ・モ貝の被害発生や、土砂の濁りに敏感なタイやサワラの回遊が急減したことが1960年代の初めに報告されていた(笹谷 1992:994)。しかし、1949年に開始された汚染物質の総量規制の結果、大気中の二酸化硫黄濃度は低下傾向にあったことから企業群は、1952年以降「水島に公害はない」と強調し、倉敷市も1954年に公害患者救済条例を廃止した。1967年に川崎製鉄㈱第一高炉の操業が開始されたことにより、水島コンビナートの形成がほぼ完成し、1960年代における日本の産業政策上重要な位置を占めていくこととなった。目覚しい工業化を遂げる水島臨海工場地帯発展の陰で、公害が確実におき始めていた。

　1964年、石油コンビナートの心臓部といわれる化成水島㈱が操業を開始すると、異臭と騒音、光害が住民におそいかかり、たまりかねたコンビナートの中心に位置する呼松町民約700名が化成水島㈱へムシロ旗をたてておしかける、"呼松エピソード"と呼ばれる事件が起きた。大気汚染については、1963年から岡山県が、ばい煙測定に関する調査を開始し、1964年には岡山県倉敷市に公害係を設置している。倉敷市は、1966年までの水島の亜硫酸ガス濃度の調査結果から、濃度がかなり高くなっており、一部の地域では急速に四日市なみになりつつあることを報告している(国土問題研究会 1989:244)。1973年に水島地域のオキシダント濃度が記録破りの高い数値を記録したことから、8月に岡山県は水島地区を中心とした倉敷市で、亜硫酸ガスの総量規制に踏みきった。水島コンビナートの形成による環境被害は、漁業・農業被害として表出し、大気中の汚染濃度の測定により問題が可視化され、光化学スモッグ注意報等の発令により水島地域の公害問題として共有化され、地域住民による公害反対運動が展開されていく。

2-2 公害反対運動と企業の対応－公害問題の可視化と不可視化－

　水島地域における公害が拡大していくことに対して、1964年に自治労岡山本部は「水島コンビナートを中心とする地域開発と公害」というテーマでのシンポジウムを開催した。そして、1968年には公害防止倉敷市民協議会（通称「市民協」、以下市民協と表記する）が組織された。市民協の構成団体は、水島生協、自治労、倉敷地区労、社会党、共産党だけでなく、公害発生源で働く水島地区労を含み、倉敷市における組織労働者の大半からなる運動組織であり、その組織人員は約2万5,000名であった。また、大気汚染公害病に罹患した患者を中心として組織された倉敷市公害患者と家族の会（以下、倉敷患者会と表記する）は、水島地域での公害悪化と全国的な公害問題への関心の高まりを背景に、全国公害患者の会に加盟するとともに、公健法による地域指定を求めた。

　これに対して企業群の住民懐柔政策は巧妙化し、「企業あっての住民」と宣伝するようになった。さらに企業は真実に基づく患者らの声をはねつけただけでなく、逆にニセ患者呼ばわりすると言う虚偽の情報によって患者らを孤立させようとしてきた（清水 1998:50）。

　また、企業は労働組合にも「仕事をとるか、公害をとるか」と圧力をかけ、結果的には市民協の構成団体のひとつであった水島地区労は1978年の定期大会で市民協からの脱退を決定し公害反対運動における一線から退いた。

　その結果、工業化、経済成長を推進する強大な資本の論理におされ、直接的には水島地区労が「市民協」から脱退したことにより公害反対運動は停滞するに至り、公害問題は不可視化されようとした。その不可視化を防いだのが倉敷公害訴訟である。

2-3 自治体の対応と倉敷公害訴訟－公害問題の再可視化－

　公害問題が不可視化されようとすることに危機感を募らせた倉敷患者会は、支援団体とともに街頭宣伝、ビラ配布、署名活動、対市交渉などを進めた。その結果、1975年に水島全域と児島の一部が公健法の地域指定をうけることになった（山崎 1998:28）。公健法の地域指定となった3年後の1978年に倉敷市は、倉敷特定気道疾病医療費給付条例の在り方を検討するとして、倉敷市公害健康被害等対策協議会を設立し、同年12月に市条例を全面的に廃止すべきであるとの答申をおこなった。倉敷患者会は、抗議声明を出すとともに各種の運動を展開したが、倉敷市は反対を押し切り1981年に市条例の廃止を決定した（山崎 1998:28）。

　倉敷市の公害行政は、1970年代前半には一定の取り組みをしていたにもかかわらず、1970年代後半以降は後退した。岡山県や倉敷市が巨大中央資本につきつけられる要求に及び腰になり、条例の廃止だけでなく、公健法の地域指定解除も時間の問題となること等への危機感から、水島地域に暮らす公害患者と遺族61人は、1983年岡山地裁に提訴した。公害発生から提訴までの流れをまとめた年表が表2である。

論　文

表2　水島地域の工業化と公害問題の発生および公害反対運動

	産業政策	行政(岡山県、倉敷市)	環境変化・公害反対運動	日本の動き
1943	三菱重工業航空製造工場建設	企業誘致活動		
1947	水島工業都市開発㈱設立			
1950				国土総合開発法
1952		企業誘致条例制定(岡山県) 「水島臨海工業地帯造成計画案」立案 「水島に公害はない」強調		
1954		公害患者救済条例廃止		
1958		岡山県勢振興計画策定		水質保全法
1960	水島コンビナート稼動始まる		<↑水質汚染中心>	
1962	水島石油化学設立		<↓大気汚染問題へ>	新産業都市建設促進法 ばい煙規正法
1963		ばい煙測定開始(岡山県)		
1964	岡山県南新産業都市地域指定 化成水島設立	公害対策審議会公害係設置 (倉敷市)	呼松エピソード イグサの先枯れ報告	
1965			公害問題研究集会開催	
1967	川崎製鉄操業	水島は新産業都市の悲劇との認識(倉敷市長)	＊亜流酸ガス濃度高まる	公害対策基本法 四日市公害訴訟始まる
1968	山陽石油化学設立 水島エチレン設立		公害防止倉敷市民協議会組織化	大気汚染防止法 騒音規正法
1969			公害病患者の集い(水島協同病院)	
1970		公害から市民を守る決議(倉敷市議会) 倉敷市公害監視センター設置	<人体への影響拡大へ>	第64回臨時国会(公害国会)公害防止事業費事業者負担法他
1972		倉敷特定気道疾病医療費給付条例施行	倉敷市公害病友の会結成(現:倉敷市公害患者と家族の会)	四日市公害裁判勝訴
1973	工場災害続発	亜流酸ガス総量規制	オキシダント濃度数値高まる	全国公害患者の会連絡会結成
1974	三菱石油重油流出事故			公害被害健康被害補償法施行
1975		公害健康被害補償法指定 (水島全域、児島一部)		
1976		〃認定患者194人		
1977	事故多発	〃認定患者986人		
1978		倉敷市公害健康被害等対策協議会設立	オキシダント注意報発令14回	西淀川裁判提訴
1979		倉敷市議会、市特定気道疾病患者医療費給付条例 公害患者と家族の会などの反対を押し切り廃止		
1980		「岡山県内進出工場と地元との関連調査」実施	患者会提訴に向けて弁護団結成を要請	
1982	工場新増設承認	「新しい時代に対応した工業振興と団地形成のあり方」		
1983	新規立地解除		倉敷市公害患者と家族の会、岡山地裁に提訴	

丸山(1970)、岡山県「水島のあゆみ」(1971)、水之江・竹下(1971)中野(1977)、国土問題研究会(1989)、布施編(1992)、正義が正義と認められるまで刊行委員会(1998)をもとに筆者作成

3．倉敷公害訴訟と「地域再生」の視点

　倉敷公害訴訟(以下、本稿では訴訟と表記する)は、二次、三次と13年間の長きにわたり、原告が290名にもおよぶ大型訴訟となり、1996年に和解全面解決という原告側の勝利となった。しかし、訴訟の過程における運動は困難を極め、特に提訴以後の闘いは苦渋の闘いであったという。企業の圧力は想像をこえており、その手法は買収や懐柔とおどし、そしてアカ攻撃であった。支援仲間からも、補償費をもらって「トクをしている……」式のものから、悪質な風評まであり、裁判の当事者たちと支援者たちとの間にズレが生じたことによる公害患者の孤立化が問題になった(北村 1998:121-122)。そこで、公害反対、被害者救済の運動を巻き起こすことが、環境を守ることに通じ、住民すべての願いとして1989年に、「大気汚染公害をなくし、被害者の早期完全救済をめざす岡山県民連絡会」(略称:大気公害県民連)が結成され、「子孫により良い環境を残すために運動を盛り上げよう」というアピールが採択された(吉田 1998:62-63)。

　また、訴訟を勝利に導くためには、真実をつかむ科学的な分析力と人々の心をとらえる運動と組織の構築が必要であることから、倉敷患者会は水島の再生をかかげ、訴訟が水島地域住民全体の利益にかかわるものであること、健康なまちづくりはみんなの共通の願いであることを明らかにし、再生プランを提唱した。「公害のない新しい街づくりをする。子や孫に苦しい思いをさせてはならない」という未来につながる「公害地域の再生」という願いが込められた。その結果、和解条項に「和解金の一部を原告らの環境保健、地域の生活環境の改善などの実現に使用できる」という一文が記載された。この一文は、被告企業が患者に対する償いとともに水島の街づくりのために解決金を支払うことを表明している。今後企業も、原告患者を主とする地域住民と協力しあって疲弊した水島に豊かな自然環境を回復し、社会環境を形成していくことを認めたものと評価される(清水 1998:50)。和解以前は、健康被害が認められずニセ患者呼ばわりされるという差別に直面し、それまでまちづくりに参加することすらできなかった公害被害者が、公害反対運動から訴訟を経て「公害地域の再生」のためのまちづくり運動の中心となってきたことは、訴訟において「地域再生」の視点を取り入れたことの大きな意義であった(水島まちづくり実行委員会 1998)。

4．「地域再生」の視点の意義と現状

　訴訟から約20年が経過した現在の水島地域における「地域再生」はどうなっているのか。訴訟において運動の共感を広げるものであった「地域再生」の視点がどのように活かされているのか。その意義と現状について、倉敷市が実施している調査及び筆者が実施した聴き取り調査をもとに述べていく[3]。

論 文

4-1　水島地域における「地域再生」の現状と市民の意識

　水島地域の大気汚染濃度は改善され、水島コンビナートと共存した一見平穏な暮らしが営まれているようにみえる。倉敷市は、2007年に水島地区のまちづくりを考えるためにワークショップや意識調査を実施し、「倉敷市都市計画マスタープラン」(倉敷市 2008)、「水島リフレッシュ構想」(倉敷市総合政策局企画財政部まちづくり推進課 2010)を策定し、環境改善に取り組んできている。また、水島コンビナートの各企業と公害防止協定を結び、環境に配慮するよう行政指導も実施している。しかし、2011年の2月から3月にかけて水島コンビナートが立地する複数の企業から大気汚染防止違反が報告されるという問題も発生している[4]。

　では、市民の意識はどうなのだろうか。市民意識調査では、まちづくりを進めるうえで大切だと思うことの重要度として「中心市街地の活性化」(26.6%)についで、「環境問題への対応」(23.4%)があげられ、関連する意見として大気汚染に対する不安や不満、喘息などに対する健康被害と健康不安、粉塵被害、臭い等が指摘されている(倉敷市総合政策局企画財政部まちづくり推進課 2007:4-5)。筆者が実施した聴き取り調査では「ここらの人は、コンビナートのことはあまり語りたくない。公害があったとかそういうことは……」等と言葉を濁すことがしばしばあった。大気汚染に対する不安や不満を抱えながらも、その発生源であるコンビナートやかつて水島地域に発生した大気汚染公害については触れたくないというジレンマは、一般的な市民の意識なのであろう。水島コンビナートを有する岡山県倉敷市は、美観地区を代表とする観光都市でもある。倉敷＝美観地区、歴史や文化があり風光明媚なところというイメージがあることから、いまさら水島コンビナートや公害問題が発生した地域であることを「知られたくない」、「知りたくない」という意識があっても仕方がない。そもそも一般的な市民は、水島地域の公害問題や倉敷公害訴訟の経緯をよく知らないのが現状である。

4-2　「地域再生」とみずしま財団設立の意義

　先に述べているように、訴訟において「地域再生」の視点を取り入れたことは、まちづくりに参加することができなかった公害被害者が、「公害地域の再生」のためのまちづくり運動の中心となることができたという意味で大きな意義があった。その具体的な運動として、倉敷患者会、倉敷の公害裁判解決推進委員会、大気公害県民連は1997年に「水島まちづくり実行委員会」を組織し、「公害地域の再生とパートナーシップによる環境共生型地域づくり」をめざし、「環境を保全し、コンビナートと共生する水島のまちづくり」シンポジウムを開催した。シンポジウムにおいて倉敷患者会は水島再生の考え方として、住民、企業、行政のパートナーシップによる協同のまちづくりを目指すことを提示し、「今までの苦難の歴史を新しいまちづくりの再生への歴史と変えていくこと」を表明した(坂本 1998:13)。そして、和解金をもとに2000年に公益財団法人水島地域環境再生財団(通称：みずしま財団、

以下みずしま財団と表記する)が設立された。みずしま財団は、大気汚染公害で苦しんできた公害被害患者の経験を教訓に、二度とこのような被害を起こさないために、また公害により疲弊した地域の再生をめざすことを目的として、①地域再生(まちづくりの推進)、②公害経験の継承・被害者支援、③公害・環境学習、④情報発信・収集を4つの柱として活動をしてきており、2015年3月に財団設立15周年を迎える。

地域再生(まちづくりの推進)においては、八間川を対象とした市民参加型の調査が積み重ねられ、2014年7月の時点で調査は56回となり、水島のまちづくりを考えるうえで貴重な地域資源となっている。さらに地域の小中学校と連携し、水島と八間川に関する教材を作成し、地域の公害・環境学習に活用されている。また、みずしま財団は日本環境会議水島大会開催(2008年9月20日～22日)にあたり、2007年より実行委員会として中心的な役割を担った。同大会を開催する過程で、環境再生・まちづくりに取り組む体制が構築され、みずしま財団にはコーディネーターの役割が期待されその期待に応えてきている。

2010年代にはいると、みずしま財団は環境学習の視点を取り入れた地域再生に取り組み始めた。具体的には、2011年には「過去の経験を伝え、未来を志向する人材を育てること」を目的としてみずしまプロジェクトを立ち上げ、「公害経験とその教訓を伝え、将来の世代が安心して暮らせる環境を創出」することをミッションとして活動を推進し、現在は「環境最先端都市で環境問題と町並み景観＆まちづくりを同時に学ぶみずしまプロジェクト」として一定の成果をおさめつつある。また2013年には「環境学習を通じた人材育成、まちづくりを考える協議会」を発足させ、行政・大学に加え企業の参加を得て地域との連携を図っている。これらのことから、大気汚染公害訴訟において「地域再生」の視点を取り入れたことは、和解金をもとにみずしま財団を設立し、「地域再生」の運動を継続し、成果をあげることを可能にしたという点においても大きな意義があったといえるだろう。

4-3 「環境学習」の視点を取り入れた「地域再生」のジレンマ

しかし、課題も残されている。訴訟において人々の心をとらえるために「地域再生」の視点が必要であったのと同じように、みずしま財団の活動の理解を得るためには「公害問題」や「公害学習」ではなく、「環境問題」や「環境学習」という視点が必要とされるというジレンマがある。倉敷市の一般的な市民には、水島地域で公害問題が発生したことを「知られたくない」「知りたくない」という意識、公害問題不可視化への指向があり、「公害問題」や「公害学習」という言葉で直接的に公害経験の継承や、公害被害者の視点にたった地域再生、まちづくりを実施することが未だ難しいという現実がある。そこで「環境問題」や「環境学習」という大きな概念の言葉を通して、公害問題について考えてもらうきっかけを提供したり、公害経験とその教訓を伝えたりせざるを得ないのが現状である。みずしま財団は、みずしまプロジェクトにおいて「環境問題と町並み経験＆まちづくりを同時に学ぶ」と表現し、まちづくりを考える協議会において「環境学習を通じた」と表現しているが、その活動

論文

の根底には、公害被害者の経験を風化させることなく、水島地域の公害経験を活かした地域の再生を実現する想いがある。しかし、そのことを直接表現できない現実が、本当の意味での地域再生ではなく「」つきの「地域再生」であることを意味している。

公害地域の再生における「地域再生」は「環境再生」との関係で論じられることが多い[5]。しかし、筆者は公害地域における本当の意味での地域再生とは、「公害による被害の全体を認識し、公害経験を地域の経験としてさらに社会全体の経験として、その意味を確認することにより可能になる」と考えている。過去の経験に蓋をしたまま、新しいものを上に積み上げたとしても、それは本当の意味での地域再生にはならない。繰り返しになるが、公害地域の地域再生は「公害による被害の全体を認識」し、「公害経験の意味を確認すること」により可能になる。その際の「公害経験の意味を確認する」主体は、公害を経験した時代の行政、企業、住民および被害者ではなく、今の時代の行政、企業、住民を含めた地域社会を構成する人々であり、公害が発生した空間と時間を隔ててはいるが、我々にある。我々が当事者の経験、問い・メッセージを読み取り、意味づけをし、現実を構成し、公害経験を可視化し、教訓として継承していくことが、本当の意味での地域再生につながるのである。

おわりに

大気汚染公害訴訟において「地域再生」の視点を取り入れたことの意義は、公害被害者が「公害地域の再生」のためのまちづくり運動の中心となり、さらに和解金をもとにみずしま財団を設立し、「地域再生」の運動を継続することを可能にしたという点にあることが明らかとなった。しかし、大気汚染公害が多発した1960年代から約50年、大気汚染公害訴訟が和解してから約20年が経過した現在も、公害被害者が願った未来につながる「公害地域の再生」が実現しているとはいえない。課題として、公害が発生した空間と時間を隔てて暮らす我々が「公害による被害の全体を認識」し、「公害経験の意味を確認」し、公害経験を次世代に伝え、二度と公害が起こらないように活かしていくことがある。そのためにはまず、公害被害者の経験だけでなく、公害問題に関わった企業、行政、住民の経験を記録することが急がれる。つぎに公害経験の意味を確認し公害経験を教訓として継承するために学校教育だけでなく市民を対象とした公害教育の理論、方法論を構築し実践に結び付けていくことが求められる。これらは、公害問題と公害経験の可視化を永続させていくために欠かすことができないのではないか。

注
(1) 四日市公害については吉田(2002)、三重大学の朴恵淑を中心とした四日市学の構築(朴他2005、朴編2007、朴2012)、遠藤らによる政策提言(遠藤・岡田・除本編2008)および実践の記録(澤

井 2012)等研究の蓄積がある。西淀川公害については新島(2000)、西淀川公害患者と家族の会編(2008)、除本・林編(2013)がある。また道路公害裁判を中心とした大気汚染公害訴訟に関する研究については「法律時報」2001年第73巻3号にて特集「大気汚染公害訴訟の到達点と成果」としてまとめられている。

(2) 水島地域の公害問題と関連した地域研究については、1970年代に中野卓が率いる東京教育大学(当時)の調査グループによる「集団移転」をめぐる「住民意向調査」(1971年～72年)(中野卓1977)と布施鉄治が率いる北海道大学の調査グループが実施した「倉敷・水島調査」(1982年～85年)(布施編1992)以降まとまった研究がなされていない。これらのことから、水島地域を対象として研究することに意義があると考えた。

(3) 聞き取り調査は、2010年より倉敷公害患者会および倉敷公害訴訟の和解金で設立された公共財団法人水島地域再生財団(みずしま財団)の協力のもと実施した。これまでに公害認定患者18名とその家族5名、公害認定患者ではない高齢者4名の計27名および倉敷公害訴訟関係者、地域の方々への聞き取り調査を実施している。調査の概要、一部の結果については江頭(2011)、小磯・江頭・唐澤(2011)にまとめている。

(4) 2011年2月17日にJX日鉱日石エネルギー㈱水島精油所は、同精油所A工場のばい煙発生施設49基において1980年2月から大気汚染防止法ならびに岡山県および倉敷市との公害防止協定に定められた排ガス中のばいじん濃度の測定をおこなっていないにもかかわらず、これを実施したように記録してきたことを報告した。3月10日にはJFEスチール㈱のグループ会社であるJFEケミカル㈱が、3月23日には三菱自動車工業㈱が同様の報告を行なった。

(5) 寺西(2001)、磯野(2001)、永井・寺西・除本編(2002)、磯野・除本編(2006)、遠藤・岡田・除本編(2008)等。

文献

遠藤宏一・岡田知弘・除本理史編,2008『環境再生のまちづくり　四日市から考える政策提言』ミネルヴァ書房．
江頭説子,2011「高齢化する公害認定患者の生活の現状と課題－大気汚染公害被害地域・水島を事例として」武蔵社会学論集『ソシオロジスト』第13巻第1号　P79-109.
福武直,1966「公害と地域社会」大河内一男編『東京大学公開講座　公害』東京大学出版会．
福武直編,1965『地域開発の構想と現実』東京大学出版会．
布施鉄治編,1992『倉敷・水島／日本資本主義の展開と都市社会－繊維工業段階から重化学工業段階へ：社会構造と生活様式変動の論理－』東信堂．
法律時報,2001「特集　大気汚染公害訴訟の到達点と成果」73巻3号　日本評論社．
飯島伸子,1984『環境問題と被害者運動』学文社．
飯島伸子,1998「環境問題の歴史と環境社会学」舩橋晴俊・飯島伸子編『講座社会学12　環境』東京大学出版会P1-42.
飯島伸子・西岡昭夫,1973「公害防止運動」『岩波講座 現代都市政策Ⅵ　都市と公害・災害』岩波書店．
磯野弥生,2001「公害地域の環境再生への課題」『環境と公害』第31巻第1号　P14-19.
磯野弥生・除本理史,2006『地域と環境政策　環境再生と「持続可能な社会」をめざして』勁草書房．
北村嘉正,1998「公害闘争への思い」正義が正義と認められるまで刊行委員会『正義が正義と認められるまで　倉敷公害訴訟を闘った人びとの記録』手帖舎P121-122.
小磯明・江頭説子・唐澤克樹,2011「(大気汚染)公害病(被害)認定患者の聴き取り調査記録」法政大学大原社会問題研究所ワーキングペーパー No.45 P24-55.

論　文

国土問題研究会, 1989「特集　水島のコンビナート公害―排出・汚染・被害の経過と動向―」国土問題研究会『国土問題』39号.
倉敷市, 2008「倉敷市都市計画マスタープラン『市民と創るこころゆたかな倉敷』〜豊かさ創造, 豊かさ実感〜」
倉敷市総合政策局企画財政部まちづくり推進課, 2007「水島地区のまちづくりに関する市民意識調査」
倉敷市総合政策局企画財政部まちづくり推進課, 2010「水島リフレッシュ構想」
丸屋博, 1970『公害にいどむ　水島コンビナートとある医師のたたかい』新日本出版社.
松原治郎編, 1971『公害と地域社会　生活と住民運動の社会学』日本経済新聞社.
宮本憲一, 1971『講座　現代日本の都市問題8　都市問題と住民運動』汐文社.
宮本憲一, 1989[2007]『環境経済学　新版』岩波書店.
水之江季彦・竹下昌三, 1971『水島工業地帯の生成と発展』風間書房.
水島まちづくり実行委員会, 1998「環境を保全し, コンビナートと共生する水島のまちづくり」シンポジウムの記録.
森脇君雄, 1998「地域再生が歴史の流れに」正義が正義と認められるまで刊行委員会『正義が正義と認められるまで　倉敷公害訴訟を闘った人びとの記録』手帖舎 P132.
中野卓, 1977「石油コンビナートの『公害』と『天災』」東京教育大学文学部社会学教室編『現代社会の実証的研究―東京教育大学社会学教室最終論文集』108-160.
永井進・寺西俊一・除本理史編, 2002『環境再生　川崎から公害地域の再生を考える』有斐閣.
新島洋, 2000『青い空の記憶　大気汚染とたたかった人びとの物語』教育史料出版会.
西淀川公害患者と家族の会編, 2008『西淀川公害を語る　公害と闘い環境再生をめざして』本の泉社.
除本理史, 2008「四日市市公害の『解決』過程と被害構造」宮本憲一監修, 遠藤宏一・岡田知弘・除本理史編『環境再生のまちづくり　四日市から考える政策提言』ミネルヴァ書房 P237-256.
除本理史・林美帆編, 2013『西淀川公害の40年―維持可能な環境都市をめざして』ミネルヴァ書房.
岡山県, 1971『水島のあゆみ』.
朴恵淑, 2012『四日市市公害の過去・現在・未来を問う　「四日市学」の挑戦』風媒社.
朴恵淑編, 2007『四日市学講義』風媒社.
朴恵淑・上野達彦・山本真吾・妹尾充史, 2005『四日市学―未来をひらく環境学へ』風媒社.
坂本忠次, 1998「産業・暮らし・環境・文化が調査するまちづくり」水島まちづくり実行委員会『パートナーシップによるコンビナート地域　環境改善報告書シリーズN0.1』P6-14.
笹谷春美, 1992「公害反対・市民運動の展開諸過程」布施鉄治編『倉敷・水島/日本資本主義の展開と都市社会―繊維工業段階から重化学工業段階へ:社会構造と生活様式変動の論理―』東信堂 P994-1005.
澤井余志郎, 2012『ガリ切りの記　生活記録運動と四日市公害』影書房.
正義が正義と認められるまで刊行委員会, 1998『正義が正義と認められるまで　倉敷公害訴訟を闘った人々の記録』手帖舎.
清水善朗, 1998「倉敷公害訴訟の全面解決について」正義が正義と認められるまで刊行委員会『正義が正義と認められるまで　倉敷公害訴訟を闘った人々の記録』手帖舎 P21-31.
寺西俊一, 2001「『環境再生』のための総合的な政策研究をめざして」『環境と公害』第31巻第1号 P2-6.
山本英治, 1971「住民運動の展望」松原治郎編『公害と地域社会　生活と住民運動の社会学』日本経済新聞社 P174-253.
山崎博幸, 1998「かくして公害裁判は始まった」正義が正義と認められるまで刊行委員会『正義が正義

と認められるまで　倉敷公害訴訟を闘った人々の記録』手帖舎P21-31.
吉田弘美, 1998「大気公害県民連八年の歩み」正義が正義と認められるまで刊行委員会『正義が正義と
　　認められるまで　倉敷公害訴訟を闘った人々の記録』手帖舎P61-69.
吉田克己, 2002『四日市公害　その教訓と21世紀への課題』柏書房.

An Analysis of the Significance of "Local Revival" in an Air Pollution Lawsuit
A Case Study of the Kurashiki Pollution Lawsuit and Mizushima Area

Setsuko ETO

In the high economic growth period of the 1960s air pollution occurred frequently due to rapid industrialization and regional development. In polluted areas, a large number of victims stood together and filed lawsuits. This resulted in a series of trials that demanded the pollution be prohibited and that compensation be provided for victims. In the late 1990s, a milestone that led to "reconciliation" between the victims and those responsible for the pollution was reached. Since then, many efforts have been made for local revival in polluted areas.

This paper presents a case study of the Kurashiki pollution lawsuit, which involved people near the Mizushima industrial complex in Okayama prefecture. It outlines the role the air pollution opposition movement played in the above lawsuit, focusing on the influence the "local revival movement" had in gaining sympathy and support for the lawsuit. In addition, the situation in Mizushima is re-examined in the present day, 20 years after reconciliation was said to have been achieved by the Kurashiki pollution lawsuit.

There are two main findings from the case study. First, the role the local revival movement has played is significant, as it has allowed victims of pollution who could not participate in early community development activities to play a key role in town planning for "revival of a polluted area" instead. Second, the Mizushima Foundation, which was established as part of the terms of the lawsuit settlement, has made it possible for the local revival movement to continue.

◆論文

グリアの"Urbanism Reconsidered"再考
―― メルボルン郊外に住む女性のパーソナル・ネットワークと集団加入 ――

野邊　政雄

1. 本稿の目的

　S. グリア(Greer 1956)は社会地区分析の結果から、ロサンゼルスで地区類型が異なる2つの地区を抽出した。両地区は住民の社会経済的地位ではほぼ同じであるが、女性の就業率と集合住宅の割合で異なっていた。1つの地区では女性の就業率が低く、一戸建て住宅の割合が高いのに対し、もう1つの地区では反対に女性の就業率が高く、集合住宅の割合が高かった。彼は住民の社会関係、集団加入、居住地域への関心を調査し、両地区の間に差異があることを明らかにした。前者の地区では住民は子育てにいそしみ、近隣者と積極的につき合い、多くの地域集団に参加し、居住地域の出来事に関心を持っていた。そして、親しい近所づき合いができることに満足していた。ウォーナー(Warner 1949)は田舎町を調査したが、職業、収入、人生の目標で同じような住民は近所づき合いを活発にしていた。グリアによれば、前者の地区にはウォーナーが記述したような「古きアメリカ人」が居住しているという。ところが、後者の地区では、子どもが少なく、住民は近隣者や地域集団とあまり係わらず、居住地域の出来事に無関心であった。そして、周囲の人々も自分と同じように振る舞うことに満足していた。ワース(Wirth 1938)は都市では親密な社会関係が弱体化していると捉えたが、グリアによれば、ワースが想定した都市のイメージに近い人々がこの地区に住んでいるという。このように、住民が居住地域に深く関与している地区とそうでない地区がロサンゼルスにあった。この分析によって、グリアは都市に1つの「生活様式」があるのではなく、2つの「生活様式」が併存することを提示した。グリアが調査によって明らかにした2つの居住地域は、居住地域の原型と見なすことができる。そして、グリアのこの研究は、その後のウェルマン(Wellman 1979)によるパーソナル・ネットワーク研究にも結びつくものである。

　グリアはこの調査を1950年代に実施した。その後、欧米では、グローバリゼーションの進展や新自由主義の台頭など経済情勢が変化し、女性が社会進出するようになった。こうした社会の変化にもかかわらず、今日の欧米の大都市において、グリアの発見したような2つの「生活様式」が存在するのであろうか。筆者はこの問題を解明するために、メルボルンにある地区類型が相違する2つの地区で調査を実施した。本稿の目的は、そのデータを

論文

分析することによって、2つの異なった「生活様式」があるかどうかを明らかにすることである。

メルボルンは狭義では都心が含まれる地方自治体としてのメルボルン市をさすが、広義ではメルボルン大都市圏(the Melbourne Metropolitan area)のことである。本稿では、後者の意味で用いることにする。2002年現在、メルボルンは31の地方自治体から構成されており、その総面積は8833.5平方キロメートルである。1996年の国勢調査によれば、人口は313万9千人であり、ビクトリア州の人口の71.8％がメルボルンに住んでいる。

まず、オーストラリアの歴史を振り返っておきたい[1]。第2次世界大戦後から1973年まで、ロング・ブームと呼ばれる好景気の時代が続いた。その好況は、主に製造業の発展によるものであった。アメリカ合衆国からの投資によって弾みがつき、自動車、白物家電、化学、電気、製紙、化学肥料、繊維、衣料、履物といった広範な製造業が発展した。製品はオーストラリアの国内市場向けであった。オーストラリア政府は輸入代替工業化政策にもとづいて高い関税を設定し、国内の製造業を保護・育成しようとした。けれども、製造業は1950年代と1960年代に生産性を高めることができず、競争力を失ったので、順調に発展しなくなってしまった。ロング・ブームの後期には、不調な製造業に代わって、鉱物資源(石炭や鉄鉱石)の輸出がオーストラリア経済を牽引した。

ロング・ブームの時代、完全雇用がほぼ達成されており、失業者はほとんどいなかった。そして、男性はフルタイムの仕事に就き、家族を経済的に支えるのに十分な給料を一人で稼ぐことができた。高い給料を稼ぐことができたのは、好景気の時代であったり、労働組合の力がもともと強かったりしたこともあるが、オーストラリアに特有の理由として「強制調停仲裁制度」がある。この制度のもとで、労使は自由に交渉をおこなって賃金や労働条件を決定したのでなく、第3者機関である強制調停仲裁委員会がそれらを中央で包括的に決定した。そして、最低賃金は基礎的な生活費に加えて、ある程度文化的な生活を営める生計費として算定した。この制度のおかげで、労働者は高い水準の給料を受け取り、恵まれた労働条件の下で働くことができた。

第2次世界大戦後に結婚ブームが始まったことから、人々は若くして結婚するようになり、結婚をしない人はとても少なくなった。そして、結婚した女性はすぐに多くの子どもを生んだ[2]。また、第2次世界大戦後、人口を増加させるために、連邦政府はイギリス以外の国々からも移民を受け入れることに踏み切った。こうして、結婚する若者と移民が増えた。増加した新婚夫婦や移民のために、住宅需要や消費財の需要が増大した。需要の増大は産業の発展を促し、就業機会を増大させた。若者は就職しやすく、就職すれば、住宅を購入し、それなりの暮らしができたから、結婚ブームが続いた。また、労働力が不足していたから、大量の移民を引き続き受け入れた。このような円環型の因果連鎖が働いて、好景気の時代が長期間にわたり継続した。

ロング・ブームが終焉すると、経済が悪化し、失業率が急激に高くなった。1983年と

1991年には実質経済成長率がマイナスとなる景気後退に見舞われた。こうした状況のもとで、1980年代から1990年代にかけて、新自由主義にもとづいた経済の規制緩和が進められた。その1つの施策が「強制調停仲裁制度」の改革である。1983年に政権に就いた労働党政権は、労働生産性を向上させるために、強制調停仲裁制度を基本としながらも労使当事者が給料や労働条件を直接交渉する方式へ道を開いた。その結果、1980年代後半には、実質所得が減少してゆき、非正規雇用やパートタイムでの雇用がとくに女性や若者の間で増加していった。1996年に政権に就いた自由党と国民党の保守連合は、強制調停仲裁制度を基本的に廃棄した。もう1つの施策は銀行の規制緩和である。銀行はより高い利子を取って、より多くの金額を住宅ローンとして貸し出せるようになった。その結果、住宅ローンの利子率が1980年代に跳ね上がってゆき、1980年代の終わりには約9％にもなった。また、銀行から融資を受けやすくなったために、不動産投資が盛んになった。そして、1984年から1980年代の終わりにかけて不動産ブームが起こり、住宅の価格が急騰した。メルボルンでは、1985年から住宅の価格が平均して毎年実質で7.7％ずつ上昇した。経済の規制緩和が進められた結果、オーストラリア経済は1990年代半ばから好調となり、失業率が低下した。

次に、メルボルンの郊外化についてである。ロング・ブーム以前には、自家用車は贅沢品と考えられており、オーストラリア人の間でそれほど広まっていなかった。当時、鉄道、路面電車、バスといった公共交通機関が都市における主要な移動手段であった。1950年にガソリンの配給制が廃止されてから、自家用車が爆発的に広まっていった。1971年にメルボルンでは75％の世帯が自家用車を所有し、2台以上の自家用車を所有する世帯は25％となった。そして、公共交通機関に代わって、自家用車は都市における主要な移動手段となった。

自家用車が広まることによって、メルボルンの郊外化のパターンが変化した。メルボルンでは鉄道や路面電車のいくつもの路線が都心から外側の郊外に延びている。自家用車が普及する以前、住宅地は鉄道や路面電車の路線に沿って開発されたので、メルボルンの市街地は腕が放射状に突出しているヒトデのような形をしていた。路線から離れた、路線と路線との間の地域は住宅地の開発から取り残されていたのである。ところが、自家用車が普及すると、路線と路線との間にある地域だけでなく鉄道や路面電車が敷設されていない地域へもアクセスできるようになったので、そうした地域も住宅地に変わっていった。

4分の1エーカーの郊外住宅地に平屋一戸建て住宅を所有し、そこで子育てをすることが「オーストラリア人の夢」である。ロング・ブームの時代、男性は高い給料を稼ぐことができただけでなく、多くの人々は政府の助成によって低金利で銀行から住宅ローンを借りることができた。帰還兵には特別な融資制度があり、帰還兵はその制度を使って低金利で住宅ローンを借りることができた。また、当時、住宅を購入する方が住宅を借りるよりも税制上有利であった。こうしたことから、多くの家族は郊外の住宅を購入し、その夢を実

現した (Badcock and Beer 2000: 129)。

　メルボルンでは1950年代と1960年代にスプロール化が大々的に起こり、今日のような広大な郊外が形成された。オーストラリア統計局は国勢調査のたびにメルボルンの範囲を定めているが、1947年に19万8千エーカーであったその面積は、1971年に140万エーカーとなった。この24年間に、メルボルンの面積は7倍以上広がった。広大な郊外が出現したのは、経済成長、人口増加（結婚ブームとベビーブーム、移民の増加）、自家用車の普及、政府の住宅政策（住宅購入を促す融資制度や税制）といった要因が相互に作用しあったからなのである。

　ちなみに、1960年頃から買い物の仕方が変化したことについても指摘しておきたい。かつては街角や路面電車の路線に沿って小規模な店舗がたくさんあった。人々は家の近くにあるそうした店舗に徒歩や自転車で行って、買い物をしていた。筆者は1950年代にメルボルンで子育てをした高齢女性にライフ・ヒストリーの聞き取り調査をしたことがある。その女性は二人の幼児を乳母車に乗せて、歩いて買い物に出かけていた。年上の子どもは三輪車に乗ってついてきたそうだ（野邊 2009）。1960年に広大な駐車場の付いた大型ショッピングセンターがはじめてメルボルン郊外のチャドストンに開店してから、大型ショッピングセンターがメルボルン郊外のさまざまな所に次々と建設されていった。1950年代から自家用車が広まっていたので、人々は自家用車で大型ショッピングセンターに行って、買い物をするようになった。そして、近隣の小規模な店舗で買い物をすることは少なくなった。

　それから、第2次世界大戦後における女性の社会進出にも触れておきたい。1950年代には、女性が結婚したら専業主婦となり、家事と育児に専念することは当然のこととされていた。また、役所や民間企業に勤務する女性は結婚したら退職することになっていた。この時代、家族は夫婦とその子どもからなる核家族であった。ほとんどの人々はとても若いうちに結婚して家族を作り、女性はたくさんの子どもを生んだ。夫は稼ぎ手であり、妻は専業主婦として家事と育児を切り盛りした。こうした「家族主義の時代」(the age of familism)が1940年頃に出現し、1970年まで続いた (McDonald 1995: 31-5)。

　1960年代に入った頃から、既婚女性の労働力参加率が徐々に上昇していった。そして、1966年に規定が変更されて、連邦政府の女性公務員が結婚後も正規の職員として勤務し続けることができるようになった。女性の社会進出が進むとともに、男女間の賃金も平準化していった。1969年以前、女性の賃金は同じ仕事をする男性の75％に抑えられていた。連邦強制調停仲裁委員会は1969年に「同一労働同一賃金の原則」を、1972年に「同一価値労働同一賃金の原則」を採用し、男女間の賃金の平準化を図った。その結果、男女間の賃金は平準化していった。ただし、既婚女性が男性に伍して働くようになったというわけではない。女性たちの多くは第1子が生まれると退職し、子どもたちが学校に入学した後に、仕事に復帰した。また、女性は男性よりもパートで勤務することがはるかに多かった

(VandenHeuvel 1991)。

　ロング・ブームが終わると、景気が後退し、失業率が上昇した。そこで、1970年代の終わり頃には「オーストラリア人の夢」を実現することがメルボルンではむずかしくなった。さらに、前述したように、1980年代に住宅ローンの利子率が上昇し、住宅価格が高騰した。こうしたことから、夫ないし事実婚の夫が稼ぐだけでは、家族は住宅ローンを借りて住宅を購入し、住宅ローンを返済してゆくことができなくなった[3]。そのためには、共働きをしなければならなくなった。既婚女性や事実婚の女性の労働力参加率が高くなっていった理由にはさまざまあるが、夫ないし事実婚の夫の収入だけで住宅を購入することができなくなったことは、その重大な理由の1つである。こうして、既婚女性や事実婚の女性の社会進出が一段と進み、2001年には25歳から34歳までのそうした女性でも労働力参加率は67.4％となった。このように、今日では既婚女性や事実婚の女性のうちで、就業する女性が大多数を占めるようになっている。

　最後に、メルボルンのライフスタイルを説明しておきたい。メルボルンでは子どものスポーツが盛んである。男子はクリケットやオーストラリアン・ルールズ・フットボール、女子はネット・ボールをすることが多い。子どもたちは地元のチームに加入し、主に週末に練習や試合をする。メルボルンでは、子どもたちが週末にそうしたスポーツを外でしているのをよく目にする。小学生のような年少の子どもがいる場合、両親は練習場や試合場に子どもを車で送迎する。両親は子どもの練習や試合を見ながら、他の子どもの親と知り合い、家族づき合いをするようになる。そうしたつき合いの中から、友人関係がしばしば生まれる。筆者はロング・ブームの時代に子育てをした高齢女性にライフ・ヒストリーの聞き取りをしたことがあるが、このように年少の子どもを通して、女性は他の子どもの母親と友人関係を形成していた（野邊 2007）。

2.　先行研究の検討

　マルティン（Martin 1967, 1970）は1965年から66年にかけてアデレードの郊外にある3つの地区を調査した。そのうちの中産階級の住民が居住するイーストビルとウェストビルでは、住民は次のような暮らしをしていた。

　イーストビルでは、家族の夫は専門職や管理職についていた。妻は社交のために両隣の家を訪問しあっていたが、節度を守ってつき合っていた。ところで、居住地域の外にあるさまざまな場所（例えば、親族の家、教会、スポーツクラブ、職場）では、人々は相互に結びついて、社会関係のクラスターを形成していた。夫婦のパーソナル・ネットワークは、地理的に分散したそのようなクラスターのいくつかと結びついているという形をしていた。そこで、親族関係、友人関係、職場仲間関係を主に居住地域の外で取り結んでいた。たしかに夫婦は居住地域で近所づき合いをしていたが、近隣関係はそれほど重要ではないので

ある。余暇活動は友人と一緒におこない、助け合いは親族とするなどというように、夫婦は状況に応じて親族、近隣者、友人、職場仲間を使い分けていた。ただし、夫婦は有料のサービスを利用することによって、できるだけ他者を頼らないように心がけていた。

　ウェストビルは、中産階級と労働者階級の住民が混住している地域であった。中産階級の住民の夫は不動産屋、銀行員、給与係員などをしており、イーストビルの家族の夫よりも社会経済的地位が低かった。住宅は密集して建てられており、住民は出歩いたり、自転車で出かけたりすることが多かった。そうしたときに、居住地域で近隣者にたまたま出会い、話し込むといったことが、そこでの近所づき合いであった。住民は近隣者と親しくつき合い、近隣者と日常生活で助け合っていた。夫婦のパーソナル・ネットワークは、ローカル・コミュニティの形をしていた。つまり、主に居住地域の中で親族関係、近隣関係、友人関係を取り結んでおり、そうした相手どうしは緊密に結びついていた。居住地域に親しい親族や友人がいることから、中産階級の住民は地元の教会の活動にも深く係わっていた。さらに、居住地域の外の集団で積極的に役員になり、他の中産階級の人々と交流していた。そうすることによって、自らが中産階級であることを示し、そのことを自ら確認していた。

　マルティンの研究は、1960年代半ばのオーストラリアの大都市において、住民が居住地域に深く係わっている地区とそうでない地区があったことを示している。つまり、グリアのロサンゼルス調査のように、2つの異なった「生活様式」がオーストラリアの大都市でもその当時あったということである。そして、両地区の住民は異なったパーソナル・ネットワークを取り結んでいた。ところで、両地区の住民は社会経済的地位で差異があった。そこで、両地区住民の「生活様式」での違いは、住民が切望する生活様式の相違から生まれているのではなく、住民の社会経済的地位が異なっていたことに起因するのかもしれない。

3. 調査の概要

3-1　調査地

　調査地を次のように決めた。マルティンの調査したウェストビルでは、中産階級の住民が居住地域に深く係わっていた。今日でも中産階級の住民が居住地域に深く係わっている地区があるかどうかを検証するために、調査地を中産階級の住民が主に居住する地域とした。「サバーブ」というのは伝統的にまとまりのある、だいたい2キロから3キロ四方の地域である。1つの地方自治体は複数のサバーブから構成されている。1996年の国勢調査のデータを検討して、中産階級の人々が主に居住するサバーブであるブライトン・イースト(Brighton East)とウィラーズ・ヒル(Wheelers Hill)をまず選び出した。ブライトン・イーストは、都心から南東に約11キロのところにあり、ウィラーズ・ヒルは都心から東南東に約23キロのところにある。国勢調査の結果が公表されている最も狭い地域はコレクション・ディストリクト(collection district)といい、200世帯から300世帯よりなっている。

表1 標本特性

	BE調査地	WH調査地		BE調査地	WH調査地
回答者の年齢			パートナーの年齢		
20-29歳	11.9%	16%	20-29歳	5.0%	2%
30-39歳	40.6%	15%	30-39歳	27.7%	16%
40-49歳	29.7%	43%	40-49歳	29.7%	26%
50-55歳	17.8%	26%	50-59歳	16.8%	34%
合　計	100%	100%	60歳以上	1.0%	3%
平均年齢	39.64歳	41.78歳	パートナーがいない	19.8%	19%
標準偏差	9.11	10.38	合　計	100%	100%
			平均年齢	42.33歳	47.56歳
			標準偏差	8.40	8.58
回答者の学歴					
小学校卒業	1.0%	0%	パートナーの職業		
カレッジ4年修了	2.0%	8%	管理的職業	20.8%	24%
カレッジ5-6年卒業	18.8%	24%	専門的職業	36.6%	36%
カレッジ卒業後の教育	17.8%	6%	半専門的職業	3.0%	3%
高等教育の修了証取得	11.9%	9%	技能工・生産工程作業者	8.9%	5%
ディプローマ取得	12.9%	14%	事務的職業	2.0%	2%
大学卒業	18.8%	29%	販売・サービス職業	5.9%	4%
大学院修了	16.8%	10%	機械運転作業者・運転手	3.0%	1%
合　計	100%	100%	単純労働者	0%	1%
			就業していない	0%	5%
回答者の職業			パートナーはいない	19.8%	19%
管理的職業	5.0%	5%	合　計	100%	100%
専門的職業	22.8%	23%	ANU3職業威信スコア平均	53.73	58.62
半専門的職業	5.9%	8%	標準偏差	18.45	18.43
技能工・生産工程作業者	4.0%	0%			
事務的職業	19.8%	14%			
販売・サービス職業	16.8%	15%			
機械運転作業者・運転手	0%	0%			
単純労働者	1.0%	3%			
就業していない	24.8%	32%			
合　計	100%	100%			
ANU3職業威信スコア平均	41.42	42.18			
標準偏差	18.00	18.94			

　1996年の国勢調査の結果を見ながら、オーストラリア生まれの住民ないし英語圏の国々からの移民が多く、英語を母国語とする住民が多く、住民の職業や収入がほぼ等しいコレクション・ディストリクトをブライトンとウィラーズ・ヒルの中から探した。ブライトン・イーストでは4つのコレクション・ディストリクトを合併し、ブライトン・イースト調査地とした。ウィラーズ・ヒルでは3つのコレクション・ディストリクトを合併して、ウィラーズ・ヒル調査地とした。(以下では、ブライトン・イースト調査地をBE調査地、ウィラーズ・ヒル調査地をWH調査地と省略する。)

　BE調査地には2階建ての小規模なアパートが1棟あるが、それ以外は敷地が4分の1エーカーくらいの一戸建て住宅である。それゆえ、「オーストラリア人の夢」を表現する典型的な住宅地であるといえる。BE調査地は鉄道や路面電車の路線に沿った所に開発された住宅地である。そこで、調査地から鉄道の駅に歩いて行くことができ、路面電車の駅は調査地の中にある。都心に近いので、公共交通機関や自家用車で都心に容易に出かけて行くことができる。鉄道と路面電車の駅の周りには商店街があり、徒歩で買い物に行くこと

ができる。調査地の西へ約3.5キロのところには、海岸がある。WH調査地では住宅はすべて一戸建てである。一部の住宅の敷地は4分の1エーカーくらいであるが、ほとんどの住宅の敷地はその3倍から4倍ある。庭には多くの木々が植えられており、森の中に住宅があるように見える。近くに、ジェルズ・パーク(Jells Park)という広大なオープンスペースがある。WH調査地は、自家用車の普及によってはじめて開発されるようになった住宅地である。鉄道と路面電車の駅や繁華街から離れており、4軒の小規模な店舗が調査地に接してあるだけである。この調査地では、自分用の自家用車がないと移動が大きく制約されてしまい、生活がとても不便である[4]。両調査地の住民は家族周期で違いがある。BE調査地では30歳代の若いカップルが多いのに対し、WH調査地では40歳代と50歳代のカップルが多い。20歳未満の子どもはWH調査地に多い(野邊 2000)。

　居住地域で近所づき合いを主に担うのは女性であるから、女性を調査対象者にすることにした。両調査地の中で次のように調査対象者を抽出した。まず、両調査地にあるすべての住宅の一覧表を作成した。次に、1996年の国勢調査のデータによって、両調査地に住む20歳以上55歳以下の女性の人数を調べた。この年齢帯の女性はBE調査地には620人おり、WH調査地には553人いた。両調査地に住むこれらの女性の人数に比例するように、BE調査地では270の住宅を、WH調査地では240の住宅を住宅の一覧表から系統抽出法によって抽出し、調査対象となる住宅のリストを作成した。調査は調査会社に委託した。調査員は1999年8月から9月にそのリストにある住宅を訪問し、それぞれの住宅に住む20歳以上55歳以下の女性の1人に面接調査をおこなった。BE調査地では101人の女性に、WH調査地では100人の女性に面接調査をおこなうことができた。なお、この調査はモナシュ大学の倫理委員会の審査を受けて実施した。標本である女性の属性をまとめると表1のようになる。

3-2　調査項目

　マルティンの研究では、住民は居住地域への関与だけでなく、パーソナル・ネットワークも異なっていた。そこで、本研究では、パーソナル・ネットワークと集団加入を調査した。回答者が取り結ぶ社会関係を測定するため、①回答者が入院した場合の世話、②200～300ドル(当時の為替レートで14,000～21,000円)の借金、③仕事上の話と相談、④心配事の相談、⑤失望や落胆をしているときの慰め、⑥留守のときの家の世話、⑦些細な物やサービスの入手、⑧交遊、といった8つの日常生活の状況で、サポートを仰いだり、交際をしたりする相手の名前を尋ねた。①～⑦についてはサポートを入手できる可能性にもとづいて、⑧だけは過去3ヶ月以内に交遊したという事実にもとづいて名前をあげてもらった。また、①から⑤までの質問では同居する家族構成員を含めて相手の名前をあげてもらい、⑥から⑧までの質問では、同居する家族構成員を除いて相手の名前をあげてもらった。それと、③の質問は就業している回答者にのみ尋ねた。

回答者がそれら8つの質問で相手の名前をあげたとき、その人と社会関係を取り結んでいると定義する。回答者が8つの質問で同一の人を何回もあげることがあるが、そうした相手は1人と数える。こうしてあげられた相手それぞれについて、間柄と居住場所を尋ねた。あげられた人は間柄によって、①同居家族、②(同居家族外の)親族、③近隣者、④友人、⑤職場仲間(上司や同僚)の5つに分けた。それぞれに該当する人の人数を計算して、同居家族関係数、親族関係数、近隣関係数、友人関係数、職場仲間関係数を求めた。さらに、これらの社会関係数を合計して、パーソナル・ネットワークの規模(＝社会関係の総数)を算出した。居住場所は、①歩いて15分以内の地域(以下では、「近隣地域」と呼ぶ)、②(近隣地域を除外した)サバーブ、③(近隣地域とサバーブを除外した)メルボルン、④(メルボルンを除外した)ビクトリア州、⑤(ビクトリア州を除外した)オーストラリア、⑥外国の6つのうちのどこかを尋ねた。

　個人の属性を統制しても、間柄別の社会関係数が2つの調査地の間で差があるかどうかを見るために、社会関係数を従属変数とする重回帰分析をおこなう。独立変数として、居住地に加えて、英語圏出身か否か、学歴、就業の有無、メルボルン居住年数、パートナーの有無、小学生の子どもの有無、家事手伝いの雇用を用いる。英語圏出身であるかどうかを独立変数としたのは、次のようなことからである。当然のことではあるが、オーストラリア出身者は移民よりもオーストラリアで社会関係を形成しやすい。また、オーストラリアには、イギリス、アイルランド、ニュージーランドからの移民が多いから、移民であっても、これらの国々からの移民はオーストラリア国内で社会関係を築きやすいと考えられる。そこで、両親の少なくとも一方がオーストラリア、イギリス、アイルランド、ニュージーランド生まれである回答者を英語圏出身として独立変数にする。学歴は、その資格を取得するのに必要な修学年数に置き換えた。夫の有無ではなく、パートナーの有無としたのは、次のようなことからである。事実婚が一般化しているので、夫の有無ではなく、夫ないし事実婚の夫の有無を独立変数にすることにした。本稿では、夫と事実婚の夫を一括してパートナーと呼ぶので、パートナーの有無とした。前述したように、年少の子どもを通して友人関係が形成されやすいと考えられるから、小学生の子どもの有無を独立変数にする。英語圏出身、就業の有無、パートナーの有無、小学生の子どもの有無、家事手伝いの雇用は、該当するとき1を与え、該当しないときに0を与えたダミー変数である。居住地は、BE調査地に住んでいるとき1を与え、WH調査地に住んでいるとき0を与えたダミー変数である。分析に用いる変数の平均と標準偏差を表2に示す。

表2　重回帰分析の独立変数と従属変数の平均と標準偏差

	平均	標準偏差
独立変数		
英語圏出身	0.687	0.465
学歴	14.075	2.254
就業の有無	0.716	0.452
メルボルン居住年数	28.28	14.594
パートナーの有無	0.821	0.384
小学生の子どもの有無	0.179	0.384
家事手伝いの雇用	0.194	0.396
居住地(BE=1, WH=0)	0.503	0.501
従属変数		
10キロ圏内の親族	1.602	1.778
10キロ圏外のメルボルンの親族	0.886	1.404
10キロ圏内の友人	3.209	2.297
10キロ圏外のメルボルンの友人	1.373	1.837

4. 結果

4-1 パーソナル・ネットワーク

それぞれの調査地の回答者が取り結ぶ社会関係数の平均を相手の間柄別・居住場所別に集計し、その結果を表3に示す。BE調査地の回答者は同居家族を平均1.17人あげ、同居家族以外の相手を平均10.39人あげている。そして、WH調査地の回答者は同居家族を平均1.33人あげ、同居家族以外の相手を平均9.43人あげている。回答者の社会関係数が両調査地の間で差があるかどうかを見るために、平均の差の検定をおこなった。そうしたところ、職場仲間関係数は両調査地の間で有意差があった。数値をあげると、職場仲間関係数は、BE調査地で0.79であり、WH調査地で0.30である。しかし、同居家族数、親族関係数、近隣関係数、友人関係数は両調査地の間に有意差がなかった。そして、回答者のパーソナル・ネットワークの規模も両調査地の間で有意差がない。

それぞれの間柄の社会関係数を相手の居住場所別に見てゆくと、一部で有意差がある。外国の親族関係数はBE調査地よりもWH調査地の方が多い。近隣地域の近隣関係数はWH調査地よりもBE調査地の方が多いが、サバーブの近隣関係数は逆にBE調査地よりもWH調査地の方が多い。メルボルンの職場仲間関係数はWH調査地よりもBE調査地の方が多い。相手の居住場所別に社会関係数の合計を見ると、サバーブと外国における社会関係数の合計はBE調査地よりもWH調査地の方が多いが、メルボルンの社会関係数の合計はWH調査地よりもBE調査地の方が多い。

親族関係数と友人関係数の平均は両調査地の間で有意差がなかった。回答者は過半数の社会関係をメルボルンで取り結んでいるから、メルボルンのどこで親族関係や友人関係

表3 パーソナル・ネットワークの比較 (単位:人)

	近隣地域		サバーブ		メルボルン		ビクトリア州		オーストラリア		外国		合計	
	平均	標準偏差	平均	標準偏差	平均	標準偏差	平均	標準偏差	平均	標準偏差	平均	標準偏差	平均	標準偏差
BE調査地														
同居家族	—	—	—	—	—	—	—	—	—	—	—	—	1.17	0.74
親族	0.16	0.46	0.33	0.76	2.31	1.94	0.32	0.85	0.36	0.87	0.05	0.26 **	3.51	2.22
近隣者	0.85	1.06 **	0.06	0.24 **									0.91	1.07
友人	0.22	0.61	0.72	1.02	3.57	2.07	0.23	0.71	0.34	0.88	0.10	0.36	5.18	2.79
職場仲間	0.01	0.10	0.01	0.01	0.71	1.01 **	0.04	0.24	0.02	0.20	0	0	0.79	1.08 **
合計	1.22	1.36	1.12	1.37 *	6.59	2.58 *	0.58	1.10	0.71	1.30	0.15	0.46 *	11.56	3.53
WH調査地														
同居家族	—	—	—	—	—	—	—	—	—	—	—	—	1.33	0.95
親族	0.13	0.51	0.26	0.79	1.79	2.03	0.37	0.75	0.30	0.72	0.22	0.60 **	3.07	2.29
近隣者	0.40	1.16 **	0.62	0.97 **									1.02	1.43
友人	0.44	1.08	0.78	1.24	3.43	2.80	0.12	0.46	0.16	0.42	0.11	0.42	5.04	3.49
職場仲間	0	0	0.04	0.24	0.26	0.84 **	0	0	0	0	0	0	0.30	0.89 **
合計	0.97	1.76	1.70	1.82 *	5.48	3.77 *	0.49	0.90	0.46	0.85	0.33	0.78 *	10.76	4.83

(注)ブライトン・イースト調査地の回答者は同居者を友人としていたが、その友人は近隣地域にいるとして集計した。
2調査地の対応する社会関係数について、平均の差の検定をおこなった。両側検定。** $p<.01$、* $p<.05$

表4	親族関係数と友人関係数の比較				(単位:人)		
	10キロ圏内		メルボルンの10キロ圏外		合計		
	平均	標準偏差	平均	標準偏差	平均	標準偏差	
BE調査地							
親族	2.01	1.89 **	0.78	1.15	2.79	2.14	**
友人	3.52	2.30	0.99	1.32 **	4.51	2.38	
WH調査地							
親族	1.19	1.56 **	0.99	1.62	2.18	2.24	**
友人	2.89	2.26	1.76	2.18 **	4.65	3.33	

(注)2調査地の対応する社会関係数について、平均の差の検定をおこなった。両側検定。
** $p<.01$、* $p<.05$

表5 親族関係数と友人関係数を従属変数とした重回帰分析								
	10キロ圏内の親族		10キロ圏外のメルボルンの親族		10キロ圏内の友人		10キロ圏外のメルボルンの友人	
独立変数	標準化偏回帰係数	相関係数	標準化偏回帰係数	相関係数	標準化偏回帰係数	相関係数	標準化偏回帰係数	相関係数
英語圏出身	-0.186 **	-0.097	-0.009	0.060	0.181 *	0.146 *	-0.010	-0.020
学歴	0.162 *	0.145 *	-0.009	-0.053	0.063	0.094	0.032	0.026
就業の有無	-0.013	0.027	-0.033	-0.020	-0.013	-0.005	0.100	0.086
メルボルン居住年数	0.255 **	0.229 **	0.268 **	0.274 **	-0.151 *	-0.118 *	0.015	-0.017
パートナーの有無	0.108	0.137 *	0.077	0.092	-0.054	-0.042	-0.055	-0.061
小学生の子どもの有無	-0.014	-0.012	-0.105	-0.119 *	0.169	0.173 **	-0.059	-0.067
家事手伝いの雇用	-0.092	-0.089	-0.080	-0.104	0.181 **	0.224 **	0.039	0.024
居住地(BE=1, WH=0)	0.213 **	0.231 **	-0.101	-0.074	0.125	0.139 *	-0.223 **	-0.210 **
R^2	0.172		0.109		0.139		0.064	

(注)** $p<.01$、* $p<.05$

を保有しているかを詳細に見てゆくことにする。そこで、近隣地域、サバーブ、10キロ以内のメルボルンの親族関係数を合計して10キロ圏内の親族関係数の平均を計算し、同居、近隣地域、サバーブ、10キロ以内のメルボルンの友人関係数を合計して10キロ圏内の友人関係数の平均を計算した。次に、10キロ圏外のメルボルンにいる親族関係数と友人関係数の平均も求めた。さらに、10キロ圏内と10キロ圏外のメルボルンの親族関係数を合計しメルボルン内部の親族関係数の平均を、10キロ圏内と10キロ圏外のメルボルンの友人関係数を合計しメルボルン内部の友人関係数の平均を計算した。結果を表4に示す。平均の差の検定をおこなったところ、10キロ圏内の親族関係数と10キロ圏外のメルボルンの友人関係数は両調査地の間で有意差があった。そして、BE調査地の回答者がWH調査地の回答者よりも10キロ圏内で多くの親族関係を取り結んでいるのに対し、後者は前者よりも10キロ圏外のメルボルンで多くの友人関係を保有していた。また、メルボルン内部の親族関係数は前者の方が後者よりも多かった。

　回答者の属性を統制してもそうした差があるかどうかを見るために、10キロ圏内の親族関係数、10キロ圏外のメルボルンの親族関係数、10キロ圏内の友人関係数、10キロ圏外のメルボルンの友人関係数を従属変数とする重回帰分析をおこない、その結果を表5に示す。

　10キロ圏内の親族関係数を従属変数とする重回帰分析の結果を見ると、英語圏出身、学

歴、メルボルンでの居住年数、居住地がその親族関係数に有意な影響を及ぼしている。標準化偏回帰係数の符号から、英語圏出身でなく、学歴が高いほど、メルボルンでの居住年数が長いほど、BE調査地にいると、回答者はそうした親族関係を多く保有していることが分かる。

10キロ圏外のメルボルンの親族関係数を従属変数とする重回帰分析の結果を見ると、メルボルンでの居住年数だけがその親族関係数に有意な影響を及ぼしている。標準化偏回帰係数の符号から、メルボルンでの居住年数が長いほど、回答者はそうした親族関係を多く保有していることになる。

10キロ圏内の友人関係数を従属変数とする重回帰分析の結果を見ると、英語圏出身、メルボルンでの居住年数、小学生の子どもの有無、家事手伝いの有無がその友人関係数に有意な影響を及ぼしている。標準化偏回帰係数の符号から、英語圏出身であり、メルボルンでの居住年数が短いほど、小学生の子どもがいると、家事手伝いを雇用していると、回答者はそうした友人関係を多く保有していることが分かる。

10キロ圏外のメルボルンの友人関係数を従属変数とする重回帰分析の結果を見ると、居住地だけがその友人関係数に有意な影響を及ぼしている。標準化偏回帰係数の符号から、WH調査地にいると、回答者はそうした友人関係を多く保有していることになる。

4-2 ソーシャル・サポート

表6は、8つの各状況で、それぞれの間柄の相手にサポートを期待できる回答者の割合を示している。そして、その最下欄の数値は、それぞれの状況でいずれかの相手にサポートを期待できる回答者の割合である。BE調査地の結果を上段に、WH調査地の結果を下段に示す。サポートを期待できる割合で両調査地の間に有意差があるかどうかを見るために、比率の差の検定をおこなったところ、次のような有意差があった。まず、BE調査地

表6 ソーシャル・サポートを期待できる回答者の割合の比較　　　　　　　　　　　　（単位：%）

	入院時の世話		借金		仕事上の話と相談		心配事の相談		慰め		留守時の家の世話		物・サービスの入手		交遊
						BE調査地									
同居家族	81.1	**	58.4	**	53.5		76.2	**	76.2		——		——		
親族	70.3	*	83.1	**	22.8		55.4	*	58.4	**	50.5	*	61.4		70.3
近隣者	4.0		3.0		3.0		5.9		3.0		49.5		7.9		12.9
友人	22.8		17.8	**	37.6		73.3		71.3	**	33.7		37.6		96.0
職場仲間	3.0		4.0		36.6	**	9.9	*	6.9	**	3.0		5.0		15.8
いずれかの相手	98.0	**	98.0		77.2	*	99.0	*	98.0		98.0		86.1	**	99.0
						WH調査									
同居家族	50	**	33	**	43		51	**	63	*	——		——		
親族	54	*	63	**	16		43	*	34	**	34	*	49		61
近隣者	1		1		1		2		1		49		4		10
友人	16		40	**	36		62		53	**	29		33		96
職場仲間	0		0		10	**	2	*	0	**	1		1		8
いずれかの相手	85	**	95		63	*	92		92		92		66	**	100

（注）比率の差の検定をおこなった。両側検定。** $p < .01$、* $p < .05$

の回答者はWH調査地の回答者よりも同居家族や親族に「入院時の世話」、「借金」、「心配事の相談」、「慰め」を期待できる。さらに、前者は後者よりも親族に「留守時の家の世話」を頼める。次に、後者は前者よりも友人に「借金」ができるが、逆に、前者は後者よりも友人に「慰め」てもらえる。それから、前者は後者よりも職場仲間に「仕事上の話や相談」、「心配事の相談」、「慰め」を期待できる。最後に、前者は後者よりもいずれかの相手に「入院時の世話」、「仕事上の話と相談」、「心配事の相談」、「些細な物・サービスの入手」を期待できる。

4-3 集団加入

20の集団について加入しているかどうかを調査したが、両調査地の間で回答者の加入率で有意差のある集団はなかった。(紙幅の制約から、集計結果を省略する。)加入している集団数の平均は、BE調査地で1.39(標準偏差、1.26)で、WH調査地で1.20(標準偏差、1.21)であった[5]。平均の差の検定をおこなったが、両調査地の間で有意差がなかった(両側検定、$p > .05$)。さらに、カルチャー・センターなどに通っている回答者の割合を集計したところ、BE調査地では50.5％であり、WH調査地では32％であった。比率の差の検定をおこなったところ、両調査地の間には有意差があった(両側検定、$p < .01$)。BE調査地の回答者は、とくにスポーツや趣味関係(絵画、陶芸、手芸、踊りなど)の教室および大学・大学院に通っていた。

表7 居住地の選択理由		（単位：％）
	BE調査地	WH調査地
利便性	29.7　＞	7
親族に近い	27.7　＞	11
自然環境	12.9　＜	41

(注)比率の差の検定をおこなった。両側検定。いずれも1％水準で有意差がある。

4-4 居住地選択の理由

現在の居住地を選択した理由を2つあげてもらった。①(本人またはパートナーの)親族に近い、②利便性(店舗、都心、駅、海岸に近い)、③自然環境(住宅の周囲について、木々が多い、広い、よい眺め、静寂)を理由としてあげた回答者の割合を両調査地ごとに集計すると、表7のようになる。比率の差の検定をおこなったところ、3つの理由いずれでも両調査地の間に有意差があった。利便性と親族に近いことをあげた回答者の割合はBE調査地の方が高いのに対し、自然環境をあげた回答者の割合はWH調査地の方が高い。

5. 考察

5-1 居住地域への関与の比較

表3によれば、近隣関係数は両調査地の間で有意差がなかったが、その地理的分布では差異があった。BE調査地の女性はWH調査地の女性よりも近隣地域で多くの近隣関係を取り結んでいたのに対し、後者は前者よりもサバーブで多くの近隣関係を保有していた。

この差異は、WH調査地の住宅の敷地がBE調査地のそれよりも広いことによって説明できる。それぞれの住宅の敷地が広いから、WH調査地の女性はBE調査地の女性より遠くに住む相手も親しい近隣者と見なしているのである。

表3によると、女性が取り結ぶ近隣関係数の平均は、BE調査地で0.91であり、WH調査地で1.02であった。そして、両者の間に有意差がなかった。このように、両調査地の女性ともあまり近隣関係を取り結んでいなかった。表6によると、過去3ヶ月の間に近隣者と「交遊」した女性の割合は、BE調査地で12.9％であり、WH調査地で10％である。このように、近隣者と「交遊」した女性は少なかった。多くの女性が近隣者の名前をあげたのは、「留守時の家の世話」を頼めるからであった。「留守時の家の世話」は、緊急時における負担の少ないソーシャル・サポートである。近隣者は、そうしたサポートを頼れる相手として重要なのである。これ以外の状況では、近隣者にサポートを期待できる女性の割合は格段に低かった。そして、8つのいずれの状況においても近隣者にサポートを期待できる割合で両調査地の間に有意差はなかった。これらのことから、両調査地で近隣関係が希薄であると判定できる。そして、マルティンが調査したアデレードのウェストビルと比べると、本研究のBE調査地やWH調査地で近所づき合いが活発とはいえない。

ところで、BE調査地では鉄道や路面電車の駅に歩いて行くことができ、商店街が近くにある。その住民は居住地域を歩き回る機会が多いから、WH調査地よりもBE調査地で女性は多くの近隣関係を取り結んでいると予想できる。ところが、予想に反して、WH調査地だけでなくBE調査地でも女性があまり近隣関係を保有していないという結果であった。このように、両調査地とも近隣関係が希薄であることは注目に値する。

筆者はメルボルンの中産階級の住民が多く居住する他の地域で聞き取り調査や参与観察をしたことがあるが、近所づき合いはやはり盛んでなかった。そして、聞き取り調査によれば、1950年代のメルボルンで近所づき合いは活発であったが、1960年代に入ると、近隣関係はしだいに衰退していったという。インフォーマントは、その変化が起こった理由として、次の4点をあげた(野邊 2002)。

第1に、既婚女性や事実婚の女性が社会進出するようになったことである。前述のように、1960年に入った頃から、既婚女性の労働力参加率が徐々に高くなっていった。女性は結婚や同棲をしても働き続けようになり、平日の昼間に自宅にいなくなった。また、就業するそうした女性は家事を週末におこなうようになったので、週末でも近所づき合いのために時間を取れなくなった。

第2に、自家用車の普及である。自家用車が家庭に広く一般に行き渡るようになっただけでなく、夫婦(カップル)それぞれが車を持つようになった。これによって、駐車場の付いた大型のショッピングセンターに車で行って買い物をするようになり、近くの小規模な店舗で買い物をすることが少なくなった。また、子どもの送迎を車でおこなうことが多くなった。こうして、住民が居住地域を歩くことが少なくなった。

第3に、テレビの普及がある。オーストラリアでは1956年にテレビ放送が始まり、多くの家庭が1960年代にテレビを購入した。家庭でテレビを見ながら一家団らんをおくることが多くなり、近所の人々とつき合わなくなっていった。また、家族でテレビを見ている家庭を訪問することは一家団らんをじゃますることになるから、近所の人々を訪問することを差し控えるようになっていった。

　第4に、両親は子どもを近所で遊ばせなくなったことである。子どもをきっかけに、近所に住む親どうしが知り合いになることが多い。しかし、子どもへの性的いたずらが増えたので、親は子どもを家の前の歩道などで近所の子どもたちと遊ばせなくなった。そこで、子どもを介して親どうしが知り合いになることが少なくなった。

　これら4つの理由から、聞き取り調査をした地域では1960年代に入ると親密な近隣関係が徐々に消失していった。こうした変化がメルボルンの他の地域でも起こり、近隣関係は全般的に希薄となってしまった。そこで、女性の近隣関係でBE調査地とWH調査地の間に差異がなかったと考えられる。

　両調査地の女性が過半数の社会関係を形成していた場所は、近隣地域やサバーブを越えたメルボルンであった。回答した女性の71.6％が就業し、2.5％が学生であったから、大半の女性は平日の昼間に居住地域の外（職場や学校）にいる。また、回答した女性の98.5％には自由に利用できる自家用車があったから、メルボルンの中を自由に移動できる。その上、電話、ファックス、電子メールなどの通信手段が発達しているから、離れた人々とも連絡を取り合うことができる。こうしたことから、女性はメルボルンで過半数の社会関係を組織していたと解釈できる。

　ところで、それぞれの集団がどこで組織されているかを調査で尋ねてはいないが、女性が加入する集団数はそもそもとても少ないから、BE調査地でもWH調査地でも女性は居住地域の集団にあまり加入していない。また、両調査地の間に加入率で差がある集団はなかった。したがって、居住地域の集団の加入でも両調査地の間に差異がないと推論できる。

5-2　パーソナル・ネットワークの比較

　表4によれば、BE調査地の女性はWH調査地の女性よりも10キロ圏内で多くの親族関係を取り結んでいたのに対し、後者は前者よりもメルボルンの10キロ圏外で多くの友人関係を取り結んでいた。このことは、女性の属性を統制してもいえた（表5）。メルボルン内部で取り結んでいる親族関係は、前者の方が後者よりも多かった。また、前者は後者よりも多くの職場仲間関係を取り結んでいた。そして、前者は後者よりもいくつかの状況で親族や職場仲間にソーシャル・サポートを期待できた（表6）[6]。

　パーソナル・ネットワークのこうした違いは、居住地を選択した理由によって説明できる（表7）。BE調査地に住む多くの女性は、親族が近くにいるという理由から居住地を選んでいた。そのため、その女性は10キロ圏内で多くの親族関係を取り結び、親族にサポ

ートをより期待できた。また、BE調査地に住む多くの女性は生活の利便性から居住地を選択していた。親族からサポートを入手しやすく、居住地で暮らしやすいから、仕事により専念できる。このこともあって、その女性はWH調査地の女性よりも多くの職場仲間関係を保有していた。さらに、BE調査地の女性はWH調査地の女性よりもカルチャー・センターなどに通っていた。BE調査地は都心や繁華街に近いから、カルチャー・センターなどにも通いやすいのである。これに対し、WH調査地の女性は親族への近さや生活の利便性に重きをおかず、自然環境を重視して居住地を選択していた。それゆえ、その女性は10キロ圏内で保有する親族関係はBE調査地の女性よりも少なかったし、10キロ圏外のメルボルンでより多くの友人関係を取り結んでいた。付け加えれば、両調査地の女性はそれぞれの生活に満足をしていた。女性の100点満点での生活満足度の平均を示すと、BE調査地で81.37点(標準偏差13.05)、WH調査地で79.14点(標準偏差15.22)であった。こうして見ると、両調査地の女性は自ら望む「生活様式」を実現できるように居住地を選択しているといえる。

　さて、約半世紀前のグリアのロサンゼルス調査やマルティンのアデレード調査では、居住地域に深く係わる住民が居住する地区とそうでない地区があった。本稿の分析では、メルボルン郊外の2つの調査地に住む女性は近隣関係をあまり取り結んでおらず、居住地域で集団にあまり加入していなかった。したがって、かつてのロサンゼルスやアデレードにあった、居住地域に深く係わっている住民が住む地区をメルボルン郊外で見出すことができなかった。同時に、今日のメルボルン郊外では別の点で異なる「生活様式」の住民が居住する地区が存在していることが本稿の分析で判明した。そうした点というのは、親族関係や友人関係の地理的分布、職場仲間関係数、カルチャー・センターなどへの参加、居住地選択の理由である。BE調査地では女性は自らを親族ネットワークの近くに置き、都市の整備された施設やサービスを活用して、仕事に専念したり、カルチャー・センターなどに通ったりしていた。これに対し、WH調査地では女性は居住地における良好な自然環境を享受していた。「生活様式」の差異がこのように変化した理由として、性別役割分業の崩壊や自家用車の普及などが考えられる。

　この結果は次のことを示唆している。メルボルン郊外の2つの地区とも、近隣関係は衰退していたが、居住地域の外で多くの友人関係が結ばれていた。ウェルマン(Wellman 1979)の整理によれば、こうしたパーソナル・ネットワークはコミュニティ解放論と分類される。本稿の結果と筆者による過去の聞き取り調査から、メルボルンに住む中産階級の女性はコミュニティ解放論にあたるパーソナル・ネットワークを今日では取り結ぶようになったと推論できる。そうした女性の中に、多様な生活様式の女性が出現してきており、自ら望む生活様式を実現できる地区を選んで居住している。

5-3　親族関係数と友人関係数に影響を及ぼす要因

　親族関係数に影響を及ぼす、居住地以外の要因をまとめておきたい。まず、英語圏出身でない女性は10キロ圏内に多くの親族関係を保有していた。そうした女性は社会関係を取り結びにくいから、親族の近くに居住することによって、孤立しないようにしていたと解釈できる。次に、学歴が高いほど、女性は10キロ圏内に多くの親族関係を保有していた。先行研究では、親族関係は社会経済的地位の低い人にとって重要な役割を果たしていた(例えば、Fischer 1982)。そうすると、分析結果は先行研究の結果に反していることになる。この食い違いは、本研究の標本が主に中産階級の女性であり、労働者階級の女性がほとんど含まれていなかったからであろう。中産階級の女性の中では、社会経済的地位が高いほど、多くの親族関係を保有していると解釈できる。それから、メルボルンでの居住年数が長いほど、女性は10キロ圏内や10キロ圏外のメルボルンで多くの親族関係を取り結んでいた。メルボルンで長く居住するほど、例えば、子どもやきょうだいが結婚することなどによって、メルボルンでの親族が増える。そこで、メルボルンでの居住年数が長いほど、そうした親族関係が増加したと解釈できる。

　友人関係数に影響を及ぼす、居住地以外の要因をまとめておく。まず、英語圏出身の女性は10キロ圏内に多くの友人関係を保有していた。そうした女性は母語が英語であるだけでなく、文化を共有する同じ民族出身者がメルボルンに多くいるので、友人関係を形成しやすいのである。次に、メルボルンでの居住年数が長いほど、女性が取り結ぶ10キロ圏内での友人関係が少なかった。居住年数が短い女性は、近くで友人関係を取り結ぶけれど、居住期間が長くなると、相手の居住場所にとらわれることなく友人関係を組織すると解釈できる。それから、小学生の子どもがいる女性は、10キロ圏内で多くの友人関係を保有していた。小学生の子どもがいると、子どもを通して友人関係が増えてゆきやすいと解釈できる。最後に、家事手伝いを雇用する女性は、10キロ圏内に多くの友人関係を保有していた。そうした女性には自由時間が多くあるから、友人とのつき合いに時間をさくことができ、多くの友人関係を取り結んでいたのである。

6.　結論

　約半世紀前に実施されたグリアのロサンゼルス調査やマルティンのアデレード調査では、住民が居住地域に深く関与している地区とそうでない地区があった。本稿の目的は、住民の居住地域への関与で異なる地区が欧米の大都市に今日でもあるかどうかを探究することであった。メルボルンの郊外にある2つの調査地(BE調査地とWH調査地)において女性を対象に調査をおこない、そのデータの分析によって、次の2点を明らかにした

　(1)両調査地では、女性はあまり近隣関係を取り結んでいなかった。また、両調査地では、居住地域の集団にもあまり加入していないと推論できる。したがって、かつてのロサンゼ

論文

ルスやアデレードにあった、居住地域に深く係わっている「生活様式」の住民が住む地区をメルボルン郊外で見出すことができなかった。

(2)今日のメルボルン郊外では、居住地域への関与以外の点で異なる「生活様式」の住民が居住する2つの地区が存在していた。そうした点というのは、親族関係や友人関係を取り結ぶ地理的分布、職場仲間関係数、カルチャー・センターなどへの参加、居住地選択の理由である。BE調査地では、女性は自らを親族ネットワークの近くに置き、都市の整備された施設やサービスを活用して、仕事に専念したり、カルチャー・センターなどに通ったりしていた。これに対し、WH調査地では女性は居住地における恵まれた自然環境を楽しんでいた。性別役割分業の崩壊や自家用車の普及などによって、「生活様式」の差異がこのように変化したと考えられる。

注
(1) 本稿の第1節は、筆者がこれまでに執筆したオーストラリアの家族やメルボルンについての論文(野邊 2011, 2013)をまとめたものである。これらの論文では出典を示したが、本節では紙幅の制約から出典をあげていない。
(2) 平均初婚年齢は1940年から徐々に低下してゆき、1974年には男性が23.3歳、女性が20.9歳となった。そして、ロング・ブームの時代、ほとんどの女性は結婚をした。1933年から1943年生まれの女性はロング・ブームの時代に20歳代をおくったが、このコーホートの女性は生涯未婚率が4％と低かった。合計特殊出生率はだんだんと上昇してゆき、1961年に3.55となったが、その後、低下した。それでも、1971年には2.95であった。
(3) 1970年代に入ってから事実婚が増えている。そこで、本稿では、事実婚の相手を含めて、夫の代わりにパートナーという言葉を、夫婦の代わりにカップルという言葉を用いる。
(4) 2001年の国勢調査によれば、メルボルンの人口の78.1％が一戸建て住宅に居住していた。一戸建て住宅に居住することが一般的なので、主に一戸建て住宅からなる2地区を調査地として選んだ。
(5) 集団の参加の程度を質問し、「たいていの会合に参加」あるいは「いくつかの会合に参加」と回答している場合、集団に加入しているとした。名目的な加入は、集団に加入しているとはしなかった。なお、調査票のすべての質問について、BE調査地とWH調査地に分けて回答を集計し、別の論文に発表した(野邊 2015)。
(6) 「仕事上の話と相談」以外の状況で、BE調査地の女性はWH調査地の女性よりも同居家族にサポートを期待できた。サポートを頼る同居家族はほとんどがパートナーであり、WH調査地には50歳以上のパートナーが多かった(表1)。WH調査地ではパートナーの年齢が高いために、女性はパートナーにサポートを期待できなかったので、同居家族にサポートを期待できる割合はBE調査地の方が高かったと考えられる。

文献
Badcock, Blair and Beer, Andrew, 2000, *Home Truth: Property Ownership and Housing Wealth in*

Australia, Carlton South: Melbourne University Press.

Fischer Claude S., 1982, *To Dwell Among Friends: Personal Networks in Town and City.* University of Chicago Press. (＝2002, 松本康・前田尚子訳 『友人のあいだで暮らす――北カリフォルニアのパーソナル・ネットワーク』未来社)

Greer, Scot, 1956, "Urbanism Reconsidered: A Comparative Study of Local Areas in a Metropolis," *American Sociological Review,* 21(1): 19-25.

Martin, Jean I., 1967, "Extended Kinship Ties: An Adelaide Study," *Australian and New Zealand Journal of Sociology,* 3(1): 44-63.

Martin, Jean I., 1970, "Suburbia: Community and Network, " Davis A. F. and Encel S., (eds.) *Australian Society: A Sociological Introduction,* Second Edition, Melbourne: Cheshire Publishing, 301-39.

McDonald, Peter, 1995, "Australian Families: Values and Behaviour," Robyn Hartley (ed.) *Families and Cultural Diversity in Australia,* St Leonards: Allen and Unwin, 25-47.

野邊政雄, 2000「『メルボルンに居住する女性のパーソナル・ネットワーク調査』の基礎分析」,『岡山大学教育学部研究集録』no. 115: 29-55.

野邊政雄, 2002「メルボルンの住民の暮らし――参与観察による研究――」,『岡山大学教育学部研究集録』no. 121: 207-14.

野邊政雄, 2007「グレン・アイラ市に住む高齢女性の暮らしとライフヒストリー(その２)」,『岡山大学教育学部研究集録』no. 135: 17-27.

野邊政雄, 2009「グレン・アイラ市に住む高齢女性の暮らしとライフヒストリー(その６)」,『岡山大学教育学部研究集録』no. 140: 19-32.

野邊政雄, 2011「オーストラリアの家族の変化(その１)」,『岡山大学大学院教育学研究科研究集録』no. 146: 7-17.

野邊政雄, 2013「メルボルン小史(その１)」,『岡山大学大学院教育学研究科研究集録』no. 152: 75-84.

野邊政雄, 2015「『メルボルンに居住する女性のパーソナル・ネットワーク調査』の基礎分析――２つの調査地間の比較――(その１)」,『岡山大学教育学部研究集録』no. 158: 90-101.

VandenHeuvel, Audrey, 1991, "The Most Important Person in the World: A Look at Contemporary Family Values," *Family Matters,* no. 29: 7-13.

Warner, W. Lloyd, 1949, *Democracy in Jonesville: A Study in Quality and Inequality,* New York: Harper and Brothers.

Wellman, Barry, 1979, "The Community Question: The Intimate Networks of East Yorkers," *American Journal of Sociology,* 84(5): 1201-31. (＝2006, 野沢慎司・立山徳子訳「コミュニティ問題――イースト・ヨーク住民の親密なネットワーク」野沢慎司編・監訳『リーディングス　ネットワーク論――家族・コミュニティ・社会関係資本』勁草書房, 159-200)

Wirth, Louis, 1938, "Urbanism as a Way of Life," *American Journal of Sociology,* 44(1): 1-24. (＝1965, 高橋勇悦訳「生活様式としてのアーバニズム」鈴木広訳編『都市化の社会学』誠信書房, 127-47)

　本稿は、科学研究費補助金(国際学術研究、基礎研究(B)、「オーストラリアの大都市における社会参加の研究」、研究代表者　野邊政雄、研究課題番号：100417074、1998年度〜2001年度)による研究成果の一部です。レフリーの洞察深いコメントで、論文の内容が大幅に改善されました。レフリーに深謝いたします。

A second thought about S. Greer's "Urbanism Reconsidered":
A Study on Personal Networks and Group Participation of Women in the Suburbs of Melbourne

Masao NOBE

    S. Greer had found two different areas in the involvement of residents in their residential area in Los Angeles in the 1950s. The purpose of this paper is to confirm whether there exist such different areas in present-day large Western cities or not. For this purpose, I conducted a survey of women aged between 20 and 55 in two research areas in the suburbs of Melbourne in 1999. The analysis of the data revealed the following two points: Firstly, women in both research areas did not have much neighbourhood relationships and participated in very few groups. Therefore, I could not find such an area where residents were deeply involved in their residential area – an area which had existed in Greer's Los Angeles study and Martin's Adelaide study about 50 years ago. Secondly, the two research areas in Melbourne were different in terms of the geographical distribution of kinship and friendship relationships, the number of workmate relationships, the attendance to self-improvement classes, and the choice of their dwelling place. Involving themselves in near-by kinship networks and exploiting good facilities and services of the city, women in one area were devoted to their work and attended to self-improvement classes. Unlike women in that area, women in the other area enjoyed the good natural environment of their residential area. The difference in the "way of life" had changed since Greer's and Martin's studies, because of the increase of workforce participation of women and the diffusion of cars.

◆論文

被災外国人支援におけるカトリック教会の役割と意義
——東日本大震災時の組織的対応とフィリピン系被災者への支援活動の事例より——

徳田　剛

1. はじめに

　海外からやってきて日本に滞在・定住する者の数は、2008年のリーマンショック後の不況や2011年の東日本大震災後の帰国ラッシュの影響で一時減少はしたものの、依然として相当数にのぼっており、2013年末現在の在留外国人数は206万6445人(前年より1.3％増加)を数えている(法務省調べ)。こうした人々の存在は、とりわけ製造業の下請け部門や農漁業などの基幹労働力としてもはや日本社会にはなくてはならないものとなっているが、その一方で、国や各自治体において「多文化共生」等の理念が掲げられ、それなりの努力が進められてはいるものの、実際のところでは、入国や在留資格、職場や家庭、地域社会での処遇など様々な面で取り組むべき課題は多い。こうした懸案は、地震や津波、台風・集中豪雨などの激甚災害下においてはさらに大きな問題となってくる。

　本稿では、日本社会における外国人支援の一翼を担ってきたカトリック教会のこれまでの活動を振り返りながら、とりわけ近年の災害時の被災外国人の支援ニーズと外国人住民の「非集住地域」の状況を踏まえたうえで、カトリック教会の被災外国人支援セクターとしての特性と今後の課題を明らかにする。

2. カトリック教会による外国人支援活動

2-1　カトリック教会による外国人支援活動の歴史

　カトリック教会による外国人住民への支援活動の歴史は長く、とりわけニューカマー系の外国人移住者・滞在者については1970年代のインドシナ難民の定住化支援、1980年代のフィリピン人女性への人道的支援、1990年代以降に中南米から大挙来日した日系人労働者へのサポートなどの諸課題に積極的に取り組んできた。急増するフィリピン系、ベトナム系、中南米出身者等のカトリック教徒の受け入れによって日本各地のカトリック教会の「多文化化」が進行している現状を受けて、カトリック教会全体による滞日外国人に対する取り組みとそのための組織整備が教団の重点課題として位置づけられていく。1992年

論 文

には「国籍を超えた神の国をめざして」というメッセージが発表され、教会の多文化化および外国人信徒への積極的な支援の遂行が推奨されている。そして上記のような外国人住民や移住者に向けた教会の活動は、現在では「日本カトリック難民移住移動者委員会」を中心として取り組まれている(谷ほか2008：34)。また、2008年以降のリーマンショック後の不況下での支援活動については、特に北関東・東海・中部などの製造業が集中するエリアで非正規雇用の外国人労働者が大量解雇されるという事態が頻発し、そうした地域にあるカトリック教会において、失業した外国人労働者への支援活動が大々的に展開された[1]。

　カトリック教会がこうして外国人支援活動に注力し続けてきた背景には、イエス・キリストの説いた教えやその実践に基づく「社会的弱者に寄り添う」という行動指針があると言えるだろう。山田經三はキリスト教における社会実践の元となっている行動目標を「社会の福音化」と呼び、その要諦は「キリストの視点から社会を見ること」、とりわけ「常に自ら社会のもっとも弱い立場におかれている人々、不正義によってしいたげられている人々のところに身をおき、その立場から問題を見ること」にあると述べる(山田1999: 171)。敗戦直後には、カトリック教会による救貧活動や高齢者・障害者等への支援活動が長年にわたって行われてきており、上記のような滞日外国人支援はそうした活動の蓄積の上に実施されてきたものと言えるだろう。こうした社会的弱者へのまなざしや支援実践への志向性は、1962年から65年にかけて当時の教皇であるヨハネ23世の呼びかけに応じて開かれた「第二ヴァチカン公会議」の公文書「現代世界憲章」などで強調されている(山田1999: 219-222)。このような現場での実践や社会問題への解決に向けた努力への志向性の高まりが、その後の時代にいっそう顕著となった国際化・グローバル化に伴い、各地で増加していった外国人住民・移住者(とりわけ、家庭内などでの人権侵害にさらされやすい国際結婚移住者、劣悪な労働環境におかれたエンターテイナーとして来日したフィリピン人女性や研修生・技能実習生など)への積極的な支援活動を後押ししたと言えよう。

2-2　カトリック教会内の外国人支援セクターの設立

　次に、外国人支援等の活動を担うカトリック教会の組織内部での専門的なセクションについて見ておきたい。まず、カトリック教会による社会的な支援活動全般を担う組織として、カリタスジャパンを挙げることができる。この組織は日本カトリック司教協議会の委員会の一つであると同時に、国際カリタスの日本支部という位置づけをもつ。国際カリタスとは、1951年に当時の教皇ピオ12世によって認可された国際NGO組織で、1948年に日本カリタス会という名称で発足し、1970年より現在の名称のもとに活動しているカリタスジャパンは国内外の援助活動や啓発活動に取り組んでおり、東日本大震災などの激甚災害に対する支援活動においても中心的な役割を果たしている(カリタスジャパン編2014)。

　また、対象地域内に多くの外国人信徒を抱えるところでは、それぞれの教区内に外国人支援セクターを設けているところもあり、1990年に東京大司教区内に設立された「カトリ

ック東京国際センター(以下CTIC)」はそのうちの一つである。このセンターは、現在は東京都品川区のカトリック目黒教会の敷地内にあり、海外からの移住者や難民、そして急増していた外国人労働者の人たちへの支援を主目的として、教会ごとに対応していた外国人への司牧と生活面でのケアを引き受け、専従スタッフや外国語の可能な司祭やシスターによるサポートを行ってきた[2]。このセンターの主要な業務は、1）労働・生活・ビザなどの一時滞在の外国人向けの相談業務(結婚・離婚の手続き業務や高齢となった外国人・移住者の生活・医療・福祉面での支援も含む)、2）成田空港で日本に入国できずに収監されている難民の支援(日用品の世話、相談、心のケアなど)、3）キリスト教の信仰面でのサポート(新婚のフィリピン人と日本人のカップルへの指導、小さい子どもを抱えた母親への信仰面の支援、思春期を迎えアイデンティティ・クライシスに陥りがちなティーンエイジャーのサポートなど)、4）エスニック・コミュニティのリーダー養成といったことが挙げられる(CTICスタッフへのインタビューより、2013年10月9日、CTIC内にて実施)。

　以上において、平常時からの日本のカトリック教会および各教区の信徒たちによる活動の概況を整理した。ここでもう一つ踏まえておくべきは、今回の東日本大震災の被災地域の多くがそうであったような、外国人住民の「非集住地域」における問題の所在とそこでのカトリック教会の支援活動の「強み」についてである。

2-3　「非集住地域」在住の外国人移住者・滞在者が置かれた状況と生活課題

　ここでは、日常時および災害時において外国人住民の「集住地域」と「非集住地域」では異なる問題が起こりうることを確認する。ここでいう「集住地域」とは、特定の地域に一定数以上の外国人住民・移住者が暮らしているような地域や都市を指しており、「非集住地域」は、地域内の外国人住民・移住者の数が相対的に少なく、各地に分散居住していることにより特定のエスニック人口の集住も見られないような地域を指している。

　グローバルな人口移動や経済活動が活発な大都市や、下請け労働として外国人労働者を多く必要とする製造業の集積地帯など、雇用口やビジネスチャンスの多いこうした地域では、外国からの移住者や一時滞在の労働者が多く住むことになり、いわゆるエスニック・コロニーが形成されることがある。そうした状況下では、外国人移住者・滞在者と地域社会・住民が「マジョリティ集団」対「マイノリティ集団」といった構図の集団間関係のもとに向き合うことになる。そして、外国人に関するホスト社会側のリアクションとして、行政・地域住民組織・国際交流協会などの公的団体・学校や教育委員会(移民の子どもたちへの対応)・福祉関係の諸団体(高齢者・要介護者への対応)などによる組織的な対応や体制整備が行われることとなる。

　それに対し、外国人住民や移住者が少数にとどまる「非集住地域」の場合は様相が全く異なる[3]。過疎地域の「嫁不足」解消のために招聘され来住した国際結婚移住者や、農漁業やそれらの生産物の加工業などの「基幹労働力」として導入される「研修生・技能実習生」が海

論　文

外からの移住者・滞在者の多くを占めるような地域では、人口分布や産業の立地に伴って「分散型」の居住パターンを取ることになる。そうした地域において数的には圧倒的に少数である彼ら・彼女らが同国・同郷の出身者との出会いやつながりをもつ機会は限られ、職場や(日本人と結婚している場合)家族・親族集団、地域社会などでは圧倒的多数のネイティブの人たち(日本人)の中で埋没しそうになりながら、「個人」もしくは「少数集団」のみで対峙しなければならない。いわば「個」としてのマイノリティ外国人と圧倒的な「多数派集団」としての地域住民・日本社会、という構図となるのである[4]。

　また、多数派を構成する地域住民の目から見れば「うちの地域に外国人はほとんどいない」「めったに見かけない」といった地域イメージを持つことになりやすく、外国人へのサービスや便宜といった課題は、行政や地域社会の優先順位としては低いものになりがちである。外国人住民の側も日々の生活や就業に際して接するのはほとんどが日本人で、困った時に助け合えるような「先住者」や「仲間」の不在状態で生活せざるをえない。もちろん、そうした「非集住地域」にあっても優れたリーダーが存在したり、何らかの理由で外国人どうしのネットワークが存在したりして、小規模だが凝集力の高いエスニックな集まりが形成されることはあるが、その運営や維持は決して容易ではない。

　そうした状況を踏まえたうえで「非集住地域」における「外国人住民の支援セクター」としてのカトリック教会を見た場合、何らかの生活上の困難に遭遇した場合にしばしば「孤立」しがちなこうした地域にあって、その存在は高い希少価値をもつものと位置づけられる。カトリック教会は、その堅固な組織体制とヴァチカンの法王庁を頂点として世界各国をたばねるグローバルなネットワークと、日本国内はもとより世界各国において主要都市のみならず中小都市にも活動拠点としての教会(小教区)を有している。各地域にある教会は、地域在住のカトリック信者への司牧を日常的に行いながらも、地域に常設された施設・組織としてその存在と活動が地元社会に認知されており、当該地域が災害に見舞われると、被災地域内にある各教会は、被災者の一時避難場所、支援物資の集積場、情報の収集と発信の拠点、ボランティアの受け入れ拠点の設置などの被災地支援の拠点としてすぐさま活動を始めることができるのである。1980年代以降の滞日外国人信徒の増加によって海外出身のカトリック信徒が多く地域のカトリック教会を訪れることになるが、そのように平静時より「外国人」が出入りしているような場所は「非集住地域」において他に存在しないことが多く、災害時や経済危機など非常時における地域在住の外国人の支援拠点としての役割が期待されることになる。次節では、実際の災害発生時におけるカトリック教会の被災外国人支援活動の展開について概観する。

3. 被災外国人に対するカトリック教会の支援活動の展開とその概要

3-1　激甚災害下の被災外国人の支援ニーズ

　まず、外国人住民や海外からの移住者が日本で暮らすにあたってどのような支援ニーズを抱えており、それらが災害発生時にはどのような生活上の課題として現れるのかについて確認する。田村太郎は、外国人住民が日本社会に参加・融和していく際の課題について「3つの壁」という表現で示している。一つは、「言葉の壁」であり、第二言語（日本語）での情報の収集や理解が困難であったり、自らの意志や主張をうまく表現できなかったりすることによって不利益が生じる局面が多々存在する。二つ目は「制度の壁」であり、国籍の違いや在留資格がいずれかによって日本国籍を持つ人と同じような行政サービスが受けられなかったり権利が保障されていなかったりする。そして三つ目が「心の壁」であり、外国人に対する偏見や差別の意識を周囲の日本人や日本社会そのものが持っていることによって、様々な不利益が発生するというものである（田村2000：33-36）。

　ここで確認した「3つの壁」は、激甚災害時にはどのような形をとって現われるであろうか。「言葉の壁」においてもっとも大きな問題は、日本語ネイティブでも理解が容易ではない災害に関する専門用語の理解である。「リサイショウメイショ」「ギエンキン」「ヒナンカンコク」「カセツジュウタク」その他の用語は災害時の避難やその後の対応、生活再建においてきわめて重要なものであるが、日本語がネイティブでない人たちにとってはとりわけ理解が困難なものである。「制度の壁」については、先述の通りの国籍や在留資格によって災害時のサポートの中でも受けられないもの存在するし、パスポートや在留資格の書類などを災害時の混乱で紛失してしまった時の対応や、被災地在住の外国籍住民の母国への緊急避難（および大使館や支援団体等によるそれらの支援へのアクセス）など、外国人移住者・滞在者特有の案件や支援ニーズが存在する。最後に「心の壁」については、関東大震災時（1923年）の朝鮮人虐殺事件等に代表されるように、激甚災害などの非常事態においては日ごろからの偏見や差別の意識が増幅されたり、なじみの無い人や良く知らない人に対する警戒感や不信感が高まったりすることが往々にして起こりうる。

　鈴木江理子は、東日本大震災の被災地における外国人の分布について次のように整理している。災害救助法の適用対象となった青森・岩手・宮城・福島・茨城5県にある市町村の外国人登録者数は75,281人であり、その地域的特徴として（特に仙台市を除く宮城県と他の東北各県は）全国的に見ても外国人の「非集住地域」にあたること、女性の移住者が多いこと、中国や韓国・朝鮮籍が多くブラジルやペルーなど南米系の移住者が少ないこと、在留資格では国際結婚移住者を指すと思われる永住者の割合の高さを統計データから読み取ることができるという（鈴木2012：15-16）。この震災における外国人移住者・滞在者への支援活動については駒井ほかの著作の各章において詳述されている（駒井・鈴木ほ

か(2012))。そこでは活動例としては安否情報の確認と発信、多言語による情報提供やニーズ調査、エスニック料理による炊き出しや物資等の支援、法律面での知識提供や手続きの支援、生活再建や再就労の支援など多岐に渡っているが、上記の「3つの壁」によって外国人移住者・滞在者たちが災害時に直面するであろう諸問題について、地元および被災地外の各支援セクターがすぐさま対処した様子がうかがえる。災害発生直後からのこうした東日本大震災被災地での支援活動の展開をみるにつけ、すべてが手さぐりで始まった阪神淡路大震災の頃と較べると隔世の感があるが、東日本大震災の被災外国人支援に特有の問題として、原発事故による放射能汚染のことが海外でセンセーショナルに報じられた結果、首都圏を含む東日本に暮らす外国人移住者・滞在者のかなりの数が母国への避難・国外退去を企図し、各国政府や大使館も帰国支援に対し迅速に対応したこと等が挙げられる(大村2012:50-53)。

　こうした被災地での外国人支援の一連の動きの中で、カトリック教会もまた、これまでの滞日外国人支援セクターとしての活動の蓄積と組織的な特性を生かした形で、広域にわたる東日本大震災の被災地域に対する支援活動を展開していったのである。

3-2　カトリック教会による被災外国人支援活動―阪神淡路大震災から東日本大震災へ
　第2節で見てきたカトリック教会による外国人支援の活動は、あくまで平静時において何らかの苦境にある外国人支援に関わるものであったが、カトリック教会が災害被災地において外国人を支援する活動を大々的に行う最初の契機となったのは1995年の阪神淡路大震災であった。この震災では、神戸市・芦屋市・西宮市等の阪神間にある多くの教会が被災地に含まれており、そのうちのいくつかでは教会の建物にも被害が出たが、その後のカトリック教会による被災者支援活動の拠点とされた。

　阪神淡路大震災による激甚被災地を管轄地域内にもつこととなったカトリック大阪司教区では、この災害に際し、支援物資やボランティアの受け入れかつ震災復興支援の活動拠点として、西から鷹取、中山手(現在の神戸中央)、住吉の3教会が指定された。中でも、中小工場が多く集積するエリアに火災や倒壊による甚大な被害が発生し、そこに住む多くの外国人住民が被災した神戸市長田区に位置するカトリック鷹取教会(当時)は、震災前から教会に通っていたベトナム人信徒の避難先や相談窓口となったが、各地から集まってきた災害ボランティアの活動拠点ともなり、その後の長きにわたる地域復興の過程において重要な役割を果たすことになる[5]。

　こうした阪神淡路大震災時の被災地支援を通じてカトリック教会が得た経験とノウハウはその後の国内外の災害支援活動に生かされ、さらなる活動の蓄積をみた。そうした中で2011年3月に発生した東日本大震災では、カトリック教会は被災地支援活動の蓄積と組織としての特徴を生かした被災地支援活動を展開していった。その特徴として挙げられるのは、一つは岩手・宮城・福島の三県の激甚被災地に位置する教会を、周辺地域の復興支

援拠点（ベース）として位置づけ、広域にわたる被災地に支援活動の拠点を効果的に配置し、それぞれのベースを全国の各教区が分業する形で支える「教区分担制」を敷いたことである。そしてもう一つは、同じカトリック信徒、あるいは日本社会のメンバーとして被災した人たち（とりわけ同じ国や地域の出身者）を支えようとする日本人および外国人のカトリック信徒の積極的な支援活動への参加が見られ、教会がそれらを下支えしたことである。

　以下においては、大規模広域災害としての東日本大震災への対応に強みを発揮した教区分担による支援拠点の設置と活動の経過について概観し、続いて後者の例として、首都圏のフィリピン系カトリック信徒による同胞支援とそれに対するカトリック教会の外国人支援セクターの後方支援活動について取り上げる。

3-3　東日本大震災時のカトリック教会の支援活動―教区分担制による広域支援体制の構築

　表1は、カトリック教会による各支援ベースの設置の流れを時系列に示したものである。岩手・宮城・福島の太平洋岸三県には、北から宮古、釜石、大船渡、大槌、米川、石巻、原町、いわきにそれぞれベースや現地活動拠点が設けられ、それぞれを日本各地の教区が分担して支える形が取られた。そして、被災地の各ベースに対する後方支援的役割を果たしたのが震災直後の3月16日に仙台市の元寺小路教会内に設置された「仙台教区サポートセンター」であり、被災地の被害状況や支援ニーズ等に関する情報のとりまとめと他地域への発信、および支援物資の振り分けや地域外からのボランティアの登録・送り出しなどの役割を担っている（同センタースタッフへの電話インタビューより。2014年2月10日）。

　また、被災外国人への支援に特化した組織としては、主に「外国人花嫁」として日本人の家庭に嫁いできた外国人女性が散住する三陸地方に設置された「滞日外国人支援センター」がある。このセンターは2011年11月に大船渡ベースに併設されたが、大船渡教会に赴任した外国人の司祭が地域の避難所や仮設住宅をまわって慰問し、次第にネットワークが形成され、センターの設置に至ったという。このセンターの主な業務としては、ホームヘルパー2級の取得支援や日本語学習支援の諸活動と関連の事務作業などが主な仕事であり、

表1「教区分担制」によるカトリック教会の支援活動の展開

2011年3月16日	「仙台教区サポートセンター」の設置　ボランティアの受け入れ・派遣・宿泊支援、物資提供、情報発信
20日	東京教区でカトリック東京国際センターを中心に被災外国人支援
21日	塩釜教会を拠点としたボランティア活動の開始
24日	石巻ベースの活動開始
4月2日	釜石ベースの開設　同30日に米川ベース開設
22日	札幌教区が宮古市に、宮古ベースを開設
8月22日	長崎教区、大槌町の支援開始　12月13日に大槌ベース開設
10月1日	大阪教区、大船渡市の拠点にて活動を開始。12月大船渡ベース開設
12月23日	さいたま教区、「いわきサポートステーション もみの木」を開設
2012年6月1日	東京教区、避難区域再編に伴い、原町ベースを開設

（仙台教区サポートセンター2014をもとに筆者が作成）

週末は仙台のオフィスでの外国人コミュニティづくりに関わっている。また、所用により外出する若い母親から適宜子どもを預かったりすることもあるという（滞日外国人支援センタースタッフへの電話インタビューより。2014年2月18日）。

　以上がカトリック教会による被災地への「直接支援」に関わる活動の概要である。続いて、もう一つの活動内容といえる首都圏のフィリピン人コミュニティによる被災フィリピン人支援活動と、それに対する「間接支援」の展開について明らかにする。

3-4　首都圏のフィリピン系コミュニティの被災地支援活動とカトリック教会の「間接支援」
　次に、東日本大震災時に展開されたカトリック教会の支援活動の中でもユニークなものといえる、首都圏在住のフィリピン系信徒のコミュニティによる同胞支援活動と、この自助的な活動をサポートした東京国際カトリックセンター（CTIC）の動きを見ていきたい。
　CTICの通常業務の一つに、外国人信徒のコミュニティづくりのサポートがあることはすでに確認した。GFGC（Gathering of Filipino Groups and Communities）は、東京教区（東京都・千葉県）内の教会にあるフィリピン人共同体とその他のフィリピン人グループの代表が集まって、それぞれが抱えている問題を共有し、解決に向けた協力や、日本社会や東京教区への貢献について検討する集まりであり、CTICのコーディネイトで2003年から始まった。主な活動は、チャリティーコンサートの企画運営、研修会、スポーツデーの実施などである。以下に見るフィリピン系被災者の帰国支援や被災地ボランティアツアーの活動の母体となったのはこのGFGCであり、CTICの支援のもと、震災直後には被災地域から成田を経由してフィリピンに帰国する人たち（主に若い母親と子どもたち）への支援を行い、その活動が収束したのちは、東北の被災地に残ったフィリピン系被災者の人たちへの現地支援へと活動を展開させていったのである。
　2011年3月11日の震災発生直後にCTICが最初に行ったのは、避難してきた被災外国人の受け入れと通常業務の中で付き合いのある外国人信徒の安否や被害状況の確認であった。次に、東北地方や首都圏の避難者の受け入れ体制の整備に取り組むことになり、「東日本大震災外国人被災者支援センター」を設置し、都内の24か所の教会や修道院に避難所を設置し、300人の避難者への受け入れが可能な状況となった。そうした中でフィリピン大使館からCTICへ「東京に避難してきたフィリピン系の被災者を成田から帰国させる事業の支援をお願いしたい」という要請があり、六本木のチャペルセンターに帰国者支援のための避難所を設置することになった。日ごろから構築されていたFacebookなどのツールによる情報ネットワークによって互いに連絡を取り合いながら、上述の首都圏のフィリピン人コミュニティ（GFGC）を中心とした帰国者支援活動と避難所運営が開始された。この活動の主な対象は、放射能不安などで子どもを連れてフィリピンに帰国する若年の母子が多く、帰国のための諸手続きの支援や日中の子ども預かり支援、その間の滞在に必要なサポートが主な業務となった（CTICスタッフへの面接インタビューより。2013年10月9日、CTIC

表2 六本木チャペル内のフィリピン人避難者のための避難所の概要

〔設置時期〕震災発生後から2週間程度
〔受け入れ人数〕延べ452人
〔避難所ボランティアの仕事〕料理、掃除、受付（訪問者のチェック等）、
　　子どもの世話（秋葉原の遠足等も含む）レクリエーション（マジック、尺八演奏ほか）
　　法的手続きのサポート、大使館・法務局・航空会社等への送迎　など
〔支援内容〕
　　物的支援…食料品、粉ミルク、衣類、衛生用品（シャンプー、石鹸、化粧品等）
　　　　　　　紙オムツ、スーツケース、お土産　など
　　経済的支援…パスポート発行料、書類の取り寄せ料、旅費　など
〔一日のスケジュール〕
　　7時起床　～　8時朝食　～　9時-朝の祈り・活動　～　11時 掃除　～　12時-昼食と昼寝　～
　　4時 個人の時間　～　6時 夕食　～　9時 ミーティング　～　10時 消灯

（CTIC提供の資料をもとに筆者が作成）

内にて実施。避難所の運営概要や支援内容については表2を参照）。

　そして、この帰国者支援の活動がおおよそ落ち着いた3月下旬ごろから、首都圏のフィリピン系市民による被災地の同胞への支援活動への機運が高まってくる。彼ら・彼女らが三陸地方のフィリピン人リーダーと連絡を取り合う中で、「フィリピン人向けのタガログ語ミサを開催してほしい」というニーズが現地より伝えられた。そこで、現地のフィリピン人をぜひ慰問したいというコミュニティメンバーの希望により、CTICの支援のもとGFGCメンバーのボランティア志願者がチャーターされたバスに乗って、仙台、大船渡、気仙沼、陸前高田、福島などへの「ボランティアツアー」が2011年4月以降に計10回以上実施された。行程としては、深夜に目黒教会を出発して途中の教会でフィリピン料理を準備し、現地入りした後は、被災したフィリピン人とのミーティングやミサの開催、その後の食事会を通じて、首都圏と被災地のフィリピン人どうしが親交を温めた。

　フィリピン系の支援者や被災者へのサポートを担当したCTICスタッフによれば、東北地方、とりわけ三陸沿岸の諸地域ではフィリピン人が集まって何かをするといった機会は震災前まではあまりなく、教会に通う人もさほど多くなかったという。まさに震災によって初めて、移住先で母国語によるミサが実現し、石巻・気仙沼・大船渡などで現地のフィリピン人が集い、それを他地域在住のフィリピン人（とそのグループ）が支えるという、まさに自助的な支援活動の展開がみられたとのことである。

　上記のカトリック教会による被災地支援活動は、各教区が主体のものや現地のベースや教会独自での活動も含めれば多岐に渡っており、カトリック教会関連の活動の一部を記述したに過ぎない。次節においては、これらの被災地支援活動を踏まえて被災外国人支援セクターとしてのカトリック教会の特徴と課題について整理し、本稿を閉じることとしたい。

論　文

4．被災外国人の支援セクターとしてのカトリック教会の評価と今後の課題

4-1　被災外国人支援セクターとしてのカトリック教会の特徴

　本稿では、カトリック教会によって東日本大震災の被災地（とりわけ外国人移住者・滞在者）を支援するために行われたいくつかの重要な活動をとりあげたが、被災外国人の支援セクターとしてのカトリック教会はどのような特徴をもって位置づけられるであろうか。
　多文化社会におけるカトリック教会の活動体としてのポテンシャルについて考察した寺尾寿芳によれば、カトリック教会の組織原理として「教皇を頂点とするピラミッド型組織と、キリストの神秘体へと参与する交わりの共同体という二つの位相」を見て取ることができるという（寺尾2003:129）。カトリック教会の長い歴史において、前者のヒエラルヒー的な組織構成は、先に見たグローバルかつローカルな資源動員を可能とすると一方で、宗教改革時のプロテスタント諸派による批判において強調されたように、権威主義的で上意下達式の権力構造をもたらすものとしてしばしば批判の対象とされてきた。それに対し、前者のピラミッド型組織が後者のキリスト者としての信徒の共同体的なつながりを併呑するような当時の教会のあり方について、先述の第二ヴァチカン公会議を機に内部からの見直しが図られ、「churchからcommunityへと重点を移しながら、両相の均衡確保が志向されるように」なったと寺尾は説明する（ibid.）。ある意味で、これまでは批判対象とされがちであったカトリック教会全体の組織がもつスケールメリットが現場のニーズへの対応と信徒たちの自発的な活動を下支えするような形でうまく補完し合うような体制へと再構築されつつある中で、カトリック教会による大災害への対応が進められたといえる。
　こうした評価に関して、阪神淡路大震災時にカトリック鷹取教会の責任司祭であった神田裕氏は次のように述べている。「災害支援におけるカトリック教会の強みは、何といっても・組・織・力・と・ネ・ッ・ト・ワ・ー・ク。東北の各地の教会や仙台教区だけではどうしようもないが、それを8つの拠点をつくって全国の教会が被災地の支援エリアをカバーするという体制を取ることができた。それと、長期戦に強いこと。特に、放射能汚染の影響がある福島は今後数十年単位での支えが必要になる。『放射能は怖いけれど、高齢だから構わない』とシスターたちが福島のコミュニティを支援する活動を支えてくれているが、現地の教会にずっといる人による支援だからこういったことが可能になる」（カトリックたかとり教会での訪問インタビュー調査より。2013年9月21日、同教会内にて実施。強調引用者）。
　この語りの中からも、カトリック教会の支援セクターとしてのスケールメリットが強調されながらも、そうした組織としての特徴が先の寺尾の記述にあるような「社会的弱者や苦境にある者に寄り添う」というイエスの教えの実践を志す者たちの「共同体」とも呼べるような、現場の支援者の意志に基づいた活動の展開とうまくかみ合っている様子を見て取ることができる。とりわけ、カトリックを信仰する滞日外国人にとっては、寺尾が

網野善彦の「アジール(避難所、平和領域)」という語を援用して説明しているように(寺尾 2003:135)、とかく弱い立場や独力では解決困難な生活課題に直面しがちな中で、カトリック教会の存在に日常生活で直面する諸課題を理解し改善・解決していくための場としての、まさに「アジール」としての特性を見て取ることもできよう。

そして、神田氏が「長期戦に強い」と指摘したゆえんは、各地の教会が災害発生の前から地域の中に存在し続けてきた点にある。被災地の外部からやってきたボランティアや支援団体の悩み(いつまで活動を続けるか、どのタイミングで引き上げるか)に煩わされることなく、これまで通りに日常のタスクに取り組みつつ息の長い被災地・被災者への支援活動に取り組むことができる点が長期的な被災地支援に携わるうえでのカトリック教会の利点であり、小都市や人口の少ない地域にまでそうした活動拠点を有している組織は、仏教各派や一部の宗教団体を除いてそう多くはない。

ただしその一方で、災害支援におけるカトリック教会の「弱点」として、神田氏は「動き出すのに時間がかかること」と「現場の裁量や自由が決して多くはないこと」を挙げており、カトリック教会の巨大な官僚制的な組織特性に由来する課題が存在することも同時に指摘されている。また、カトリック教会の地元の支援拠点としての教会(小教区)を見た場合、人口減少や高齢化が進む地方部にある教会においては慢性的な「マンパワーの不足」を指摘することもできよう。非常時の人道的支援活動の拠点としての役割をいずれかの教会が負う場合、その中心的な役割を担うのは司祭や修道者(シスター)、そして普段から教会に通ってくる一般の信徒たちであり、こうした人たちのボランタリーな活動によって支えられることになる。しかし、各地のカトリック教会の日本人信徒の減少および高齢化も指摘される中で(谷ほか2008:25-29)、長期にわたって被災地域のニーズを支え続けることは決して容易ではない。とはいえ、筆者が以前に行った愛媛県の宇和島教会の担当司祭へのインタビューにあるように、クリスマスイベントなどでは若い外国人信徒やその子どもたちが積極的に役割を果たし、教会が活気づいているという例もある(徳田2012:24)。かつては「お客様」「新参者」といった扱いとなりがちであった日本の教会に通う外国人信徒が、本稿で見た首都圏のフィリピン系信徒の事例にあるように、同胞や日本人信徒を主体的にサポートするような立ち位置を取るようになってきている点も指摘しておきたい。

4-2　結びにかえて

本稿では、カトリック教会という宗教組織がもつ「外国人支援セクター」としてのポテンシャルを明らかにするため、その活動の歴史と阪神淡路および東日本という二つの大震災時の被災外国人支援の動きとその前史や背景要因を見てきた。そこでは、社会的弱者に寄り添いながら支援してきたカトリック教会における活動経験の蓄積と、とりわけ東日本大震災の被災地の支援で効力を発揮した広大かつ被害甚大な被災地域への広域支援を可能とするような組織特性の存在を確認することができた。

論文

　東日本大震災の発生から4年が経過した現在、被災地の復興は依然道半ばとはいえ、初期の「避難・復旧」を支援する段階から次の「地域復興・生活再建」に向けて取り組んでいく段階へと入りつつあり、そこで求められるのは、各地域に長期的な視点で関わっていくような地道な支援活動である。災害発生のはるかに前から地域に根を下ろして司牧活動を展開してきた被災地各地の教会を拠点とすることで可能となるような「細く長く」続けていく支援活動、キリスト教の社会活動の本領ともいえる被災地で苦境にある人たちへの「見守り」・「寄り添い」といったタイプの活動がいっそう主要なものとなっていくであろう。

　本稿では、上記のようなカトリック教会の組織的活動の特徴を踏まえながら、とりわけ「非集住地域」に暮らす外国人住民・移住者の支援拠点としての有効性について確認した。とはいえ、聞き取りを行った対象はカトリック教会の組織メンバーでもっぱら「後方支援」を担当するスタッフであることから、実際に活動に参加した人たち（とりわけ支援対象者あるいは支援者である外国人信徒）にとってこれらの活動がどのような意義を持ったかをさらに明らかにしていく必要があるが、今後のさらなる調査研究の課題としたい。

注
(1) リーマンショック後の（主に南米日系人への）支援活動を活発に行った教会の一つにカトリック浜松教会を挙げられる。同教会の活動については白波瀬・高橋(2012)を参照。
(2) CTICの設立の経緯については、川口(2008)に詳しい。
(3) 宮城県国際交流協会の大村昌枝は、外国人問題でとかく注目される「集住地域」は日本全国で見た場合には逆に少数派であること（外国人集住都市会議を構成する市町村は、2011年時点の1723のうち28にすぎない）、そして外国人の「散住地域」（本稿では「非集住地域」という呼称を使用）における多文化共生のあり方については「集住地域」のそれとは異なったとらえ方が必要であると指摘しており、岩手・宮城・福島の被災三県での取り組みにその典型例を見出そうとしている（大村2012:35）。ここに大村が示した「非集住地域」特有の状況を強調する立場は本稿と軌を一にするものである。
(4) エスニシティをめぐる言説において「散在地域」（＝「非集住地域」）において「個」の単位で日本社会と向き合わざるを得ない外国人住民や移住者の実情をエスニックな結びつきや集まりからの「排除」や「孤立」としてネガティブにとらえ、「非集住地域」にあっても同一のエスニック・コミュニティの結成とそこへの「包摂」を良しとする論調が多くみられる。それに対して大村昌枝は、同胞による連携やコミュニティの形成が「不十分」な東北の被災地においてはかえって日本人と外国人の間のトラブルがほとんど報告されておられず、「宮城県内の避難所で、外国人と日本人の間に起こったわずかな摩擦の事例は、外国人が『集団』の場合だけであったと記憶している」と述べる（大村2012:54）。その一方で大村は、メディアなどにしばしば取り上げられる三陸のフィリピン系女性たちのコミュニティの扱われ方に対し、彼女らの地域・家庭内での微妙なポジションやコンテクストを踏まえずに「外国人の連帯」という側面が強調されることによって「集団」として地域社会から浮き上がってしまうことへの危惧を示している（大村2012:53）。本稿の立場は、「散住地域」において「集団」としてではなく「個」の単位で日本社会と向き合っている（向き合わざるを得ない）外国人移住者・滞在者をめぐる状況に、「集住地域」のありようを念頭に置いた多文化共生社会論

や移民・エスニシティ研究が陥りがちな隘路に対する「突破口」を見出そうとする大村の提言を高く評価するものである。
(5) 災害時のカトリック大阪教区の対応とその後のたかとり教会およびそこに活動拠点を置いた市民団体等の動きについては小田(2013)、金(2012)、吉富(2013)を参照。

参考文献
カリタスジャパン編, 2014『カリタスジャパン　東日本大震災活動報告書』.
川口薫, 2008「インタビュー記録2　カトリック東京国際センター(CTIC)の活動」『上智アジア学』第26号, pp. 113-134.
金千秋, 2012「阪神・淡路大震災から東日本大震災へ　多文化共生の経験をつなぐ──地域における多言語放送が多文化共生社会構築に果たせる可能性──」東北大学グローバルCOEプログラム「グローバル時代の男女共同参画と多文化共生」編『GEMCジャーナル』No.7 , pp. 36-47.
駒井洋監修・鈴木江里子編著, 2012『東日本大震災と外国人移住者たち』明石書店.
大村昌枝, 2012「未曾有の大災害、外国人散住地域では、なにが起きたのか──地域における「共生」を問う」駒井洋監修・鈴木江理子編著『移民・ディアスポラ研究2　東日本大震災と外国人移住者たち』明石書店, pp. 34-55.
小田武彦, 2013「震災で育てられた共同体──阪神淡路大震災とカトリックたかとり教会」関西学院大学キリスト教と文化研究センター編『ミナト神戸の宗教とコミュニティ』神戸新聞総合出版センター, pp. 243-271.
仙台教区サポートセンター, 2014「東日本大震災支援活動 カトリック教会の歩み──寄り添いながら明日へ」.
白波瀬達也・高橋典史, 2012「日本におけるカトリック教会とニューカマー──カトリック浜松教会における外国人支援を事例に」三木英・櫻井義英編著『日本に生きる移民たちの宗教生活──ニューカマーのもたらす宗教多元化』ミネルヴァ書房, 55-86.
鈴木江理子, 2012「東日本大震災が問う多文化社会・日本 ──『共に生きる』ために」駒井洋監修・鈴木江理子編著『移民・ディアスポラ研究2　東日本大震災と外国人移住者たち』明石書店, pp. 9-32.
田村太郎, 2000『多民族共生社会ニッポンとボランティア活動』明石書店.
谷大二ほか共著, 2008『移住者と共に生きる教会』女子パウロ会.
寺尾寿芳, 2003「カトリック教会共同体の多文化主義的マネジメント－現代日本における可能性」『宗教研究』77号(2), pp. 369-391.
徳田剛, 2012「地域社会のグローバル化におけるカトリック教会の役割──愛媛県の教会における英語ミサの実践例から」, 聖カタリナ大学キリスト教研究所『紀要』第15号, pp. 17-30,
山田經三, 1999『アジアの隣人と共に生きる日本の教会 ── 二十一世紀に扉をひらいて』新世社.
吉富志津代, 2013『グローバル社会のコミュニティ防災──多文化共生のさきに』大阪大学出版会.

　　(付記)
　　本稿は、日本カトリック大学連盟・2013年度研究助成の研究成果をとりまとめたものである。研究の遂行にあたっては、カトリック東京国際センター、カリタスジャパン仙台教区サポートセンター、大船渡教会・滞日外国人支援センター、カトリックたかとり教会およびたかとりコミュニ

ティセンターの関係者に多大なご協力をいただいた。また、本稿のとりまとめにあたって、地域社会学会会報185号に記された本稿の元となる筆者の学会報告に対する浅野慎一会員のコメント、および本誌の2名の査読者からの助言・提言により多くの貴重な示唆を得た。以上の関係諸氏に対し、ここに篤く御礼を申し上げます。

The Role of the Catholic Church in the Support Activity for the Foreigner Residents in Disaster Area:
The Case Study of its Systematic Reaction and the Support Activity for Filipinos Immigrants after the East Japan Great Earthquake

Tsuyoshi TOKUDA

This paper aims to show the importance as the sector to help foreigners in Japan, especially when the big disaster (earthquake, tsunami, typhoon, and so on) occurs. I explain 1) the history of the activity and its organization process to foreigners in Japan by the Catholic Church, and 2) how it supports the foreigners after East Japan Earthquake.

The Catholic Church as a support sector in disaster area has some priorities: 1) the Catholic Church has the global network in the world and, when the disaster occurs somewhere, the Catholic churches and people all over the world can support sufferers. 2) It has a lot of churches in small city or town, and can use them as stronghold of support activity for the disaster areas. Especially, for Filipino immigrants living in countryside of Japan, such activities by the Catholic churches are valuable.

This paper explain the process and its effort of the support activity by the Catholic Church after the East Japan Great Earthquake, especially shelter to Filipino's refugees from Fukushima and the Volunteer tours to Sanriku-area managed by Filipino's community in Tokyo area and CTIC (Catholic Tokyo International Center). These cases show the significance of the activity by the Catholic Church in non-collective residential area of foreigners in Japan.

◆自著紹介

岩崎信彦・鰺坂学・上田唯一・髙木正朗・広原盛明・吉原直樹編
『増補版　町内会の研究』
(御茶の水書房　2013年　607頁)

岩崎信彦

　『町内会の研究』(第1版)が出版されたのが1989年であった。町内会は戦時中に「総動員体制」の末端となったことから、否定的な評価が主流を占めていた。しかし、本書では町内会に「住縁アソシエーション」という規定を与えた。マッキーバーが「一般的な共同関心に対応するアソシエーション」として「社交と友愛のアソシエーション、クラブ等」を規定していることを町内会に援用したのである。町内会の「包括的機能」という要素がアソシエーション規定を妨げているのを突破し、それによって町内会の自発性を救い出した。「住縁」は住まうという人間の根源的な営為、という含意である。そして、マッキーバーのいうコミュニティは「アソシエーションのなかへと泡立っている」ものであるとし、政策による「コミュニティ」とは似て非なるものである、とした。

　「第4部 地域の社会変動の中で苦闘する町内会」が新たに増補された事例研究である。第10章「パートナーシップ型、『平成の大合併』と町内会」では、パートナーシップ型行政の横浜市を事例として「知縁型コミュニティ」「中間的なしくみ」「区役所の役割」が注目されたが、「新自由主義によるマクロな攻撃には案外脆かった」(485頁)。また、「平成の大合併」において上越市安塚地区を事例として地域組織の再編の問題を追った。28自治会を束ねて9町内会をつくる腐心をしながら、さらにその上に「地域協議会」を設立している。それを通じて住民の旧来の自治の保持と発展の課題を考察している。また、町内会と防災活動について2005年から10年にかけて東北6都市で行われた町内会調査の結果を分析している。行政による安易な町内会の利用には危うさもあることを指摘している。

　第11章「衰退する町内会と再生の努力」では、第1節で、「小京都」と呼ばれる津山市の商店街とその町内会が壊滅的に衰退してしまったこと、逆に京都市唐橋学区において自治会と社会福祉協議会が連携して引きつづき健在な活動を続けていること、1995年の阪神大震災に遭遇した神戸市真野地区が自治会のたゆまぬまちづくり活動を通じて被害を最小限に抑えたこと、2011年の東日本大震災において釜石のある町内会がやむをえない事情で不適切な防災訓練を行なったために大きな被害を生んだこと、などを概観する。

　「都心回帰のなかの大阪市」は、マンションの増加による地域の変化に対応する旧住民の苦闘とマンション住民が新たに参加してくる可能性を多様な地域特性にそくしてとらえている。「その後の寝屋川市萱島地区」は、木造住宅密集地域の再開発の課題が、零細地権者の不在地主化、貧困住民の増大などにより、達成されにくい状況を考察している。

　第12章「マンション・集合住宅の増加と町内会・自治会」では、京都都心部を事例に、新

しいマンション住民を町内会がどのように受け入れるかの諸形態を考察しながら、たとえば町内会が地域の歴史を掘り起こし、それをマンション住民に知らせながら巻き込んでいくなど、長い住民自治の歴史の新しい前進を示す。同じく京都では、都市再生の重要な課題としてマンションの「管理評価」の方法論を構築しNPO「評価機構」を設立し、自治力のあるマンションが追求されている。またあるコーポラティブハウスの27年を振り返り、住民にとって「ふるさと」になるまでの努力と学区(自治連合会)における積極的な活動を紹介している。

現今、単位町内会が衰退あるいは解散し連合町内会に権限移譲するケースも増えている。一方で、京都市唐橋学区(520頁)、大阪市東平地区(539頁)、広島市東観音台団地(523頁)など学区の範囲で自治的活動が展開している。地域社会の一つのまとまりをその範域に見ることができる。

それを行政的に育成しようとしてきたのが「コミュニティ」政策であった。40年という年月のなかで、「コミュニティ」が施策対象から一つの地域生活の重要な組織になりつつあることも一つの現実である。どれほど「住縁アソシエーション」として住民の生活のなかにねざしてきているか、「福祉コミュニティ」あるいは「防災コミュニティ」と銘打たれた役割は果たせているか、など検証すべき課題は多い。それを果たそうとした研究では次のように言われている。「コミュニティは新たな展開を求められ、ひとつの方向として、NPOなどの多様な市民活動組織との連携といった、新しい原理による組織化(制度化)が模索されている。他方で、合併によって自覚化されてきた自治体内分権の推進は、分権の担い手としての地域自治組織の確立をますます強く要請している。…その際にも、基盤となる地縁型の組織がその実態を維持しえているかどうかがカギとなることはいうまでもない。」(山崎仁朗編著『日本コミュニティ政策の検証』東信堂、2014年、202頁)。

このような課題は、町内会の水位から地域社会を見上げた場合でも同じであろう。連合町内会にしろ、「コミュニティ」にしろ、地域協議会にしろ、課題は収斂している。今、時代は、資本主義そのものが災害であるという意味を含めて「災害資本主義 disaster capitalism」の時代である。地域社会の衰退は、資本主義の行きづまりならびに国家危機と深く連動している。過去の関東大震災と第2次大戦、今日の東日本大震災・福島原発事故と「災害資本主義」。はたして、10年タームの将来展望で生じるであろう社会解体的危機において、これらの中間的地域組織は自治的に持ちこたえられるのか、あるいは「総動員体制」のなかに取り込まれていくのか、はそれほど大げさなテーマではなくなってきている。

国家崩壊は、その正統性の、すなわち市民が求める外交=防衛、治安、暮らしの保障と徴税、財政の機能の不全からくる。そうなったときの地域社会は、大震災が襲った時の状態と同一である。自助と共助しか機能せず、公助は不全である。はたして、どのような地域社会を今から形成していけばよいのか。課題は深い。『増補版』を出し、玉野氏の書評に対応するなかで感じられた、これからの課題である(『都市社会学会年報』32での玉野氏の書評と岩崎の書評リプライ、参照)。

山下祐介・市村高志・佐藤彰彦
『人間なき復興――原発避難と国民の「不理解」をめぐって』
(明石書店　2013年11月)

佐藤彰彦

　本著は、東日本大震災とそれに伴う東京電力福島第一原子力発電所(以下「原発」)の事故から2年半のあいだに、福島県やその他の地域から避難を余儀なくされた人々や原発被災地域に生起している現実と復興に向けた課題を、被災当事者をも含むさまざまな立場の人たちの「不理解」というキーワードに着目して読み解いたものである。被災地や被災者たちを苦しめてきたさまざまな「不理解」を「理解」していくプロセスのなかにこそ、人間なき復興からの脱却の可能性を見いだせるのではないだろうか。以下、本著の内容を抜粋するかたちで紹介したい。

　原発事故によって人々は何を失ったのだろうか。「(元の地域は)汚染されて住めないんだから、帰還をあきらめて新しい場所に引っ越せばいいのに」――こうした発言は、被災者が周囲から言われる代表的な「不理解」のひとつである。しかし、被災元地域にあった暮らしは、その空間と時間のなかで積み重ねられてきた歴史や社会関係の総体である。彼らの暮らしはその社会関係のなかで、周囲の人々や組織等とかかわりを持つことで成り立っていた。だから、そこから個々人や家族の暮らしだけを切り取り、新しい場所に引っ越すことは、本来的な生活再建とは言いがたい。避難を強いられた人たちにとっては、これまで「積み重ねてきた人生」、言うなれば「人間としての尊厳」が奪われたことにほかならないのであり、こうしたことは彼らのなかに老若男女を問わずに存在するのだ。

　家も職場も奪われ、大切な家族や友人たちとも離ればなれに暮らさざるを得なくなる。仕事に就くにも年齢や専門性等の問題から知識や技術、やる気があっても自力で収入を得る道が断たれてしまう。これまでの生活の支えとなっていた地域の社会関係すべてから切り離され、周囲に助けを求めることもできない。「賠償もらって生活しているんでしょ」「どうせ地元に戻るんでしょ、うちでは雇えませんよ」――当たり前の生活を取り戻そうとするたび、新たな人生を再スタートさせようと試みるたびに、被災者であることがマイナスに働く。積み上げてきたものすべてが奪われ、いつまで経っても現状の打開策が見いだせない泥沼に陥っていく。こうした被災地域・被災者が直面している現実を、果たしてこの国のどれだけの人たちが理解しているだろうか。

　「土地・空間から切り離されること」の意味も周囲からは理解されづらいことのひとつだ。とくにこれまで何代にもわたってその地に暮らしてきた人たちにとって「土地」の持つ意味合いは、都会に住む我々と大きく異なる。「自分の土地に住むことも離れることも本人の決断次第」とは考え難い場合もあるのだ。土地は先祖から受け継いでいるもので、周囲の環

境からも恩恵を受けて暮らしてきた。先祖がしてくれたように、自分たちもこの土地を次の世代へと繋いでいく責任がある。こうした考えを当たり前にもっている人たちも少なくない。被災地でいまだに耳にするのは、「子や孫たちの代に戻れる環境を遺しておきたい」という声だ。現実には今後の復興政策の進展や放射能汚染の軽減度合いなどによって、そうした考えも変容する可能性はあるだろう。しかし、彼らのなかには、「数年のうちには帰還して安心して暮らせる環境が取り戻せない」という理由だけで、移住選択を受け入れられない人たちも存在する。その土地には自分らが生きてきた証があり、その証は何世代にもわたって受け継がれてきた歴史や環境の上に成り立っていたものだからだ。原発事故によって奪われた暮らしや人生は、いまを生きる個人や家族だけのものではなく、その土地・空間に脈々と受け継がれ、そして将来にわたって続いたであろうさまざまな社会関係とともに積み上げられてきたものでもあるのだ。

こうした実情の一方で、とくに国県レベルにおける復興過程の現実をみる限り、被災当事者が直面している問題が、さまざまな「不理解」やその上に成り立っている政策によって解決される状況に至っておらず[1]、そこにはこの国の民主主義に根ざす問題[2]が内在していることも指摘できる。したがって、問題は原発事故からの復興にとどまらず、この国の将来をも左右するであろう根深い構造的欠陥に基因しており、こうした問題が噴出したいまこそ、我々はその本質的解決に向けて対処していかなければならない。

ここまで、原発避難を取り巻く現実にかんして代表的な「不理解」を例に捉えてきたが、今後、原発被災地域の復興やこの国の行方に対して私たち国民一人ひとりにできること、すべきことは何だろうか。それは「不理解」を「理解したつもり」で過ごすことではなく、問題を「理解」するよう努めること。その上で政治参加という国民としての義務を果たすべく、自分たちの暮らしや社会にきちんと向き合い、かかわっていくことに他ならない。そうしたかかわりがやがては私たちや将来世代の未来をかたちづくっていくに違いないのだから。

注
(1) 本著の執筆に用いたデータ分析からは、たとえば、早期の帰還・復興を柱とする現行政策が被災地域・被災者の実情を十分ふまえたかたちになっていないこと、また、当事者の人生あるいは家族・世代といったタームを考慮した長期的な制度設計は、決して国県が掲げる現行政策を否定するものでなく、結果的に被災地域・被災者のニーズをも一定程度満足させる可能性が高いことなどが導出されている。
(2) ここでは詳しく論じないが、本著で扱った被災当事者の語りデータにはそうした意識や意見が顕著にみられる。

高橋誠・田中重好・木股文昭編
『スマトラ地震による津波災害と復興』
(古今書院　2014年)

高橋　誠

　2004年12月26日の朝8時頃(現地時間)、インドネシアのスマトラ島西方沖を震源とする、マグニチュード9.1(アメリカ地質調査所)と推計された超巨大地震が起こった。地震に伴って津波が発生し、インド洋沿岸国を中心に死者・行方不明者22万人以上、被災者200万人以上という、少なくとも20世紀以降の世界で最悪の地震災害をもたらした。死者の多くはスマトラ島北部のアチェ州に集中し、国連によれば、この地域だけで17万人近くが命を落とした。最大被災地はアチェ州北端に位置するバンダアチェであり、そこでは当時の推計人口26万5千人ほどのうち7万人近くが犠牲になった。

　この世紀の大災害に関して、名古屋大学では、大学院環境学研究科を中心に調査団を結成し、2005年2月初旬に緊急調査を始めた。それ以降8年半の間、バンダアチェとその周辺地域における私たちの現地調査は20回近くを数え、被害から復興のようすについて観察を続けてきた。この間、7冊の調査報告書とともに、一般向けの日本語書籍2冊、英語の研究論文集、インドネシア語の啓蒙書を刊行した。本書は、それらに私たちが書き留めてきた現地調査報告を集成した大災害のモノグラフである。

　本書の最初の章では、広い意味で「災害」を指し示す二つの言葉の違いに着目し、自然ハザードが地域の社会的文脈との相互作用によって災害に変換される自然－社会のメカニズムについて概念的に議論するとともに、被災地の地理的・社会的特性を踏まえた上で、本書の課題を提示した。それに続く四つの章では、災害を被災から復興に至る時間的プロセスと捉え、発災直後、被災1年後、被災3～5年後、被災8年半後の現在という四つの時期ごとに、地震や津波の実態、物的・人的被害の状況、緊急対応と避難行動、集落や住宅の復興、家族やコミュニティの再編、外部支援とその調整、都市構造の変化、防災制度の再編、被災経験と災害文化など、それぞれ鍵となったトピックスを議論した。最後に、研究者による調査実践の地元社会との関わり、外国における調査経験の東日本大震災に対する示唆について、それぞれの執筆者が自省する2章を付け加えた。

　スマトラ地震の発生当時、超巨大地震や大津波の地球物理的メカニズムや自然地理的実態はよくわかっていなかった。また、大災害の社会的側面、例えば地域社会の対応やその後の社会変動などについても十分に理解されていなかった。超巨大地震と大津波は、低頻度・大災害の典型である。一方で、災害研究は基本的に経験科学であり、実際の出来事からしか学べない。私たちは、一つの地域で見れば低頻度であっても、毎年のように世界のどこかで起こる大災害の経験をきちんと書き残して共有することが、学術上のみならず防

災上も必要だと感じていた。このことは、当時日本の国際貢献の柱の一つとして防災分野に焦点が当たりつつあり、スマトラ地震災害が被害の広がりという点でも支援の広がりという点でも「グローバルな災害」と指摘されたこととも関わる。

　自然災害は、巨大になればなるほど、その影響が広大な地域の様々な側面に及び、また長期間にわたる。それゆえ、私たちの見方では、大災害の研究は本来総合的かつ長期的なものであるべきだ。こうして調査団の参加者の専門は、いわゆる理系分野のみならず人文社会科学も含む広範な分野にわたった。緊急調査として始まった現地調査は、その後いくつかの研究助成を得られたこともあり、結果として長期復興プロセスや将来の災害に対する備えのようなテーマに軸足が移っていった。とは言え、実は、調査団の中にはインドネシアの社会や地域に関する専門家は一人しかいなかった。また、それまでに自然災害の調査経験をもっていた研究者ばかりではなかった。統計や文書の不備という事情もあり、いわば必然的に現地研究機関との国際共同研究のかたちをとることになった。そして結果的に、私たちのアプローチは、バックグラウンドの異なる研究者が同じ場所で同じ壊れたものを見ながら、現地にあるコーヒーショップで議論を繰り返し、実際の出来事やその背景について相互の想像を擦り合わせるというボトムアップのものになった。

　スマトラ地震災害の特徴は何かと問われれば、私見では、大きく次の3点にまとめられる。第一に、千年に1度とも言われる超巨大地震が、災害への備えという点において世界で最も脆弱な人口稠密地域の一つで起こったこと、第二に、壊滅とも言えるほどの物理的破壊のみならず、家族やコミュニティ、政府機構などに一時的な「死」がもたらされたこと、第三に、復興のための資源が、国連組織や国際NGOといったグローバル主体とコミュニティ組織などのローカル主体とが直接結び付くことで大量に流入し、そのことが被災後社会の性格を決定づけたことである。これらの結果、地域社会は少なくとも一時的に大きく変動したが、それが構造変化と呼べるほどのものなのかどうかを考えるには、もう少し長期的な観察を必要とする。また、過去30年間の軍事紛争、中央集権的な地方自治制度とその分権化などの影響が被災経験にどのように重なり合ったのかという問題は、本書では十分に考察できなかった。もちろん、世界有数の人口稠密地域で起こった、もう一つの超巨大地震による東日本大震災との比較研究も必要である。

　最後に、災害研究の方法論に関わる課題を一つだけ挙げておけば、本書は全体として文理連携という構成になっているが、松多信尚が『地理学評論』(87-5)の書評で指摘するように、例えば、地震ハザードの自然科学的研究とコミュニティの再構築に関する人文社会科学的研究とは一つの論考として十分に結び付けられていない。この指摘に応えるためには、自然災害を、破壊から再生をめぐる空間と社会との相互作用から捉える理論的枠組みが必要であり、このことは地理学あるいは地域社会学にとっても重要な課題である。

◆書評

内藤潔著
『建築する人々のエスノグラフィー──ある高齢者施設の建築における共同と葛藤の記録』
(ハーベスト社　2012年)

丸山真央

　本書は、設計事務所を経営する一級建築士である著者が、自らかかわった首都圏郊外での高齢者向け民間介護福祉施設の建築プロジェクトを克明に記録したエスノグラフィである。その建築をめぐってくりひろげられた関係者の行動や思惑を、ホーマンズらの交換理論から記述・説明する社会学書であり、2段組みで500ページ近くにおよぶ大著である。

　「はじめに」と「結び」を除く13の章は、建築プロジェクトの時間的な流れに沿って構成されている。第1章「仕事の始まり」、第2章「事業計画づくりとメンバー集め」、第3章「資金調達と施設の開設者」、第4章「申請と行政の壁」、第5章「建設業者の選定と着工」、第6章「近隣と建築」、第7章「運営者のプロジェクト離脱」、第8章「運営者探しにおける苦戦」、第9章「設計と現場工事という仕事」、第10章「プロジェクトの迷走と工事停止」、第11章「新運営者が決定」、第12章「再び迷走」、第13章「着地」という各章の表題からわかるとおり、2003年冬から2006年秋まで4年近くにわたるその経緯は、紆余曲折の連続である。

　それゆえ本書全体の詳細な紹介は不可能だし、エスノグラフィである本書の魅力を伝えるものでもない。そこで、本書のねらいと方法を中心に紹介していくこととしたい。

　本書の課題と方法は、「はじめに」で整理されている。「[建築物]の生産過程を人の社会行動としてみれば、現代における建築とは、地域や都市といったさまざまな生活空間において、多様で多数の人々がそれぞれの目的を持ち寄り、自然に対抗しながら、建築物という物理空間を社会的に生産する集団的な行動だといえる」(p.ix、[]は引用者による)として、建築という営為を社会学的に捉えることが宣言される。そのうえで「本書は、そうした『建築』という他者と共同的にならざるを得ない空間の生産活動をとおして、個人が他者とどのような社会的関係を取り結び、人々はいかに個人と全体の目的を達成しようとするのか、その相互作用過程を記述し説明することを目指している」(p.ix)と述べられる。

　これまで、建築物が生みだされる過程での人びとの「一次的な相互作用」の研究は、完成した建築物をめぐる「二次的な相互作用」過程に比べて、きわめて乏しかった。しかし、「建築をめぐる問題の種は、少なからずこのユーザー定義に基づく『一次的な相互作用』によって建築空間に埋め込まれている。それゆえ、建築の生産にかかわる人々の活動の中身を把握することが必要となるのである」(p.x)。こうした着眼によって、建築をめぐる「一次的な相互作用」の解明という新たな研究領域の開拓が本書でめざされる。

　事例の記述と解釈にあたっては、交換理論がフル活用される。交換理論では、交換され

書評

る財は、金銭だけでなく、是認や名声も含まれる。登場人物は、施設設計者である著者自身、市街化調整区域を活用して収益を上げたい地主夫婦、二転三転する施設運営者、現場工事にとどまらず協力する建設会社の社長、資金調達にかかわる金融機関の担当者、許認可にあたる行政担当者、時折顔を出す県・市会議員など、多数にのぼるが、かれらの行動や感情のやりとりが、「交換」という観点から整理され、「利害関心最少の原理」や「関係の〈多面化〉の効果」などによって説明される。

　大部な本書を前にして、評者がひるまなかったといえばうそになる。しかし読みはじめると、見た目ほどの長大さを感じることなく最後までたどりついた。その筆さばきの巧みさは、本書の最大の特色に挙げたい。一山越えるとまた何か起こるという先の見えない展開も(関係者には申し訳ないが)読者を飽きさせない理由になっている。もっとも、これは練られた構成の成果と評すべきことであろう。事例の記述と解釈・分析のバランスや本文と註の書き分けにも工夫がなされている。

　こうしたことと並んで、本書の特色として挙げられるのは、"建築の社会学"とでもいうべき新たな研究領域を開拓したことであろう。これまでも、社会学者による都市や地域社会の研究は、地域開発にせよ住宅問題にせよ、あるいは震災復興にせよ、建築という営為をしばしばその研究対象に含んできた。しかしそのプロセスがここまで克明に明らかにされたことはなかったのではないか。主体と動機と資源がそろえば建築されるとばかりに軽視されてきた建築の「一次的な相互作用」過程に注目する意義を、エスノグラフィの実践を通じて示しえたことは、斯学への本書の重要な貢献であると思われる。

　本書では、くりかえし強調されているように、事例からの一般化に対してきわめて抑制的な態度がとられている。「記述において都合の良いデータを並べることを自戒し、拙速に一般化せずそのまま書き残しておくべきだと思うのである」(p.xiii)という主張は、こうしたエスノグラフィの性質上理解できる。

　しかし、各章や「結び」で整理されている解釈や知見が、本書の事例を超えてどこまでの射程をもつのかを、もう少し大胆に論じてほしかったという思いが残るのもまた事実である。たとえば、建築過程で「オーナー」と「メーカー」の論理が優先されることに伴う「「ユーザー」の捨象」(p.437、pp.444-6)という問題や、経済原理と法制度に圧倒されがちな建築過程における「職業的な倫理観」とそれに基づく「紐帯」形成の重要性(pp.439-41)という知見は、ほかの建築過程にもあてはまるものなのか。「オーナー」個人(地主夫妻)の欲得や感情にふりまわされやすい小規模な建築プロジェクトであることや、福祉の市場化が進んだ2000年代という時期を超えても共通するのか。そうした興味が、本書を読み終えて沸きあがってくる。

　社会学的な感性や関心をもつ建築家はいても、社会学者である建築家、あるいは建築家である社会学者はそう多くあるまい。その意味でも、著者の今後の著作が大いに待たれるし、本書で切り開かれた"建築の社会学"がさらに展開されていくことにも期待したい。

書　評

吉原直樹編
「シリーズ防災を考える1　防災の社会学〔第二版〕」
(東信堂　2012年)
吉原直樹著
「原発さまのまちからの脱却　大熊町から考えるコミュニティの未来」
(岩波書店　2013年)

定池祐季

　東日本大震災の発生から4年が経過した。社会学に限らず、様々な分野の研究者がこの震災に関わる研究に参画するようになり、それらの成果として多数の書籍が刊行されている。今回紹介する2冊は、東日本大震災前の2008年に刊行された書籍の第二版と、東日本大震災後の丹念なフィールドワークの成果による書籍である。

　まず、『防災の社会学』であるが、本書は「シリーズ防災を考える」の第一巻である。本シリーズではこれまで、心理学、法学、防災教育をテーマとする巻が刊行されている。本書の第二版は10の章と3つの補論から構成されている。各章では、防災計画と防災思想(第1章)、消防団(第2章)、防災コミュニティと町内会(第3章)、自主防災組織(第4章)、震災ボランティア(第5章)、生活再建(第6章)、災害弱者(第7章)、情報支援(第8章)、防災ガバナンス(第9章)、地域の防犯活動(第10章)、地域資源と防災力(補論1)、文化芸術(補論2)、関連文献の解題(補論3)と多岐にわたる内容が展開されている。事例として扱われている災害も、阪神・淡路大震災(1995年)、新潟県中越地震(2004年)・中越沖地震(2007年)、岩手・宮城内陸地震(2008年)、東日本大震災(2011年)と、国内における過去20年の主な災害がほぼ網羅されている。

　補論3で〈災害の社会学〉の系譜がまとめられているが、本書では「防災の社会学」の全体像が示されているわけではない。評者は初版を手にしたとき、総論も読みたいと感じた。しかし、その後東日本大震災を受けて「防災の社会学」のあり方が揺らいでいる状況に鑑みると、全体像を論じるのはもう少し待つべきなのであろうと思い直している。

　第二版では従来の災害から指摘されている課題に加え、消防団員の津波対応、インターネットを活用した情報支援、文化芸術のように、東日本大震災時／後に大きく取り上げられた話題が加わった。また、ボランティアを例にすると、阪神・淡路大震災を機に展開した震災ボランティアの知見が東日本大震災時の支援活動に生かされた一方で、「迷惑論」の勃発という新たな事態、そして「孤独死」や支援者に「ありがとう」と言い続けることに伴う被災者のストレスといった、従来から指摘されていた課題が混在していることも見て取れた。

　第二版で加筆された編者による「序　東日本大震災と『防災の社会学』」では、ポスト3.

書評

１１の「防災の社会学」としてあらたな視点を示している。工学主導の防災の専門知／技術知の限界を踏まえたローカル・ナリッジへのまなざし、3．11後の「ネット連携がひきおこした情報フローの複層化と多管化の動き」(p8)から展開して、地域コミュニティが防災ガバナンスの要となるために、「生活の共同」の枠組みをあらたに作り上げる必要性を提起している。第9章では、同じく編者によって今回の震災で浮き彫りになったとされる「あるけど、ない」コミュニティから創発的なコミュニティへの展開が述べられている。これらの内容については、次に紹介する「原発さまの町からの脱却」にも通底するテーマとなっている。

『原発さまの町からの脱却』は、福島県大熊町＝「原発さまの町」をフィールドとした、2部構成の内容である。第一部は２つの章からなり、第1章では、原発事故の発生から自治体が迷走し、人びとが漂流し、分断が連鎖していくプロセスがまとめられている。第2章では、地域史から「福島県のチベット」と呼ばれた大熊町が「原発さまの町」に変貌する過程が描かれている。第二部は５つの章からなり、まず第3章・第4章では、大熊町の被災前のコミュニティが「あるけど、ない」状況にあったこと、それにもかかわらず、仮設住宅では「国策」自治会が形成されているさまが示されている。そして第5章と第6章では、仮設住民の「生活の共同」の可能性を持つ２つの活動が紹介されている。第5章では、「国策」自治会から生まれたにもかかわらず、もうひとつの自治会となっている「サロン」活動、第6章では、自治会の「外」にあり、行政に積極的に働きかけつつそれ自体がメディアとしても機能している「女性の会」が取り上げられている。最後に終章では、「原発さまの町」が生活の私化に伴って進展した一方で、この私化を「サロン」や「女性の会」のような活動によって相対化することにより、「原発さまの町」から脱却をはかる「創発的なもの」となり得る可能性を考察している。

他の著作においても著者が示す「あるけど、ない」コミュニティの姿は、コミュニティ期待論、待望論者にとってはショッキングなものだろう。しかし、外部の支援者によるコミュニティ幻想の押しつけは実際に起こっており、元のコミュニティを考慮した支援のために検討すべき観点である。一方で、『防災の社会学』の他の章では、コミュニティが存在している事例も示されていた。コミュニティが失われていないという結果に安心する一方で、第三版では、本書に描かれているそれぞれの「防災コミュニティ」をつなぐ議論も盛り込んでほしいという願いをもった。

また、原発事故は収束しておらず、少なくともフクシマでは、災害事象そのものが継続している。「原発さまの町」の行く末については、本当に長期間の調査が必要になるだろう。本書からは著者が長期にわたって「原発さまの町」に向き合う覚悟が示されていると同時に、読者に対し、どの程度被災地・被災者に関わる覚悟を持っているのかという問いを投げかけられているようにも思われた。

書　評

五十嵐泰正・「安全・安心の柏産柏消」円卓会議編
『みんなで決めた「安心」のかたち：ポスト3.11の「地産地消」をさがした柏の一年』

（亜紀書房　2012年）

舩戸修一

　本書は、東日本大震災による福島第一原子力発電所事故の際、周辺地域と比べ放射線量が非常に高い「ホットスポット」を生んだ千葉県柏市において地元の「農＝食」への信頼を回復させていく運動を描いた「ドキュメント（記録）」である。筆者自身が運動の当事者としてコミットすることによって、その過程をつぶさに描きつつ、それを社会学的に分析するという「参与観察」が用いられているところに本書の特徴がある。

　本書は、第1章「円卓会議の一年」、第2章「『あの日』から：それぞれの一年」、第3章「私たちが目指すもの」の3つの章によって構成されている。

　第1章では、柏市における「ホットスポット」の出現によって柏産野菜を食べることへの不安が拡大するなか、多様な市民アクターが「安全・安心の柏産柏消」円卓会議という場において「対話」を重ねつつ、柏の「農＝食」への懸念を払拭していく実践が説明される。この会議は、柏市周辺の消費者3名、生産者4名、流通業従事者2名、飲食店従事者2名などが参加して2011年7月に発足した。そもそも、この会議を企画したのは「ストリート・ブレイカーズ」という地元の若者による組織であった。これは1998年に柏の商工会議所青年部によって立ち上げられ、震災前から様々な地域活動に取り組んでいた組織である。その活動の一つに地元産の農産物を販売する直売所の運営があった。もともと地産地消を進めるには地元農業者への「信頼」が求められる。そこで「ホットスポット」の出現によって失われそうになった信頼の回復に努めるために、まずは話し合いの場として円卓会議が開催されたのである。この会議では放射性物質に対する安全基準が議論された結果、誰もが納得できる「自主基準値」が設定される。そのうえで地元農業者だけでなく、消費者も巻き込んで圃場の土壌や野菜の放射能測定を実施し、この測定結果をウェブやイベントで公開していく。このように放射能汚染による「農＝食」の安全性への憂慮を、①農場ごとのきめ細かなやり方で、②消費者を巻き込んで測定し、③より納得できる基準値をクリアした野菜を、④わかりやすく情報発信して販売するという手法によって消費者が信頼できる「My農家」を作り、地産地消を取り戻していったのである。

　第2章では、この柏の取り組みに参加した人たちの語りである。農業者、消費者（非農家）、流通業者、飲食店主、放射線測定者、報道記者など多様な地域の人たちの声が紹介されている。彼ら／彼女たちは自分の立場から地元の農業や農産物についての考えや思いを語る。ここでは互いに同調する声も聞かれるが、対立や亀裂につながりかねない声もないわけではない。このように"ズレる声"があるからこそ、第1章で示されたように「対話」を重ね

ることによって「合意」や「協働」へ辿り着いたことに大きな意味がある。

　第3章では、このような運動を振り返って筆者が社会学的な分析を試みる。その分析のなかで、まず重要なのは円卓会議の意味である。この会議では、農業に従事する当事者だけでなく、非農家である消費者、流通・飲食業者、測定の専門家など多様なアクターが参加した。さらに自分たちの異なる立場に依拠したうえで「対話」や「討議」を重ね、全員が納得できるような安全基準の設定することができた。つまり多様な「ステークホルダー（利害関係者）」による「熟議」によって食の安全性を構築したのである。原発事故後、往々にして食の安全性については専門家による科学的な基準設定がなされるが、柏では市民自らの話し合いに基づいたうえで、その「社会的」な決定が行われた。原発事故後の「農＝食」への信頼や安心の回復プロセスには様々な市民による「対話」や「討議」を踏まえた「合意形成」が欠かせないのである。

　次に重要なのは、土壌や野菜の放射能測定に消費者も参加した「協働」のプロセス構築の意味である。そもそも「農＝食」への不安は、消費者にとって生産や流通・販売の過程は分からないがゆえに生起しやすい。よって、その安心や信頼を担保にするために農業者と消費者が「顔の見える関係」になることが求められる。これは「提携」に基づく有機農業運動においても見られる取り組みである。しかし「ホットスポット」が出現してしまった地域では、「提携」のような農業者から消費者への農産物の直接的な受け取りだけでは不安は払拭できない。そこで柏では消費者も地元の農業者とともに土壌や野菜の放射能測定に参加することによって地元産野菜への信頼を獲得していったのである。以上のように原発事故によって分断されつつあった「農」と「食」を多様な市民アクターによる「熟議」と「協働」を通してつなぎ合わせていったところに、この柏の取り組みの意義がある。

　しかし、本書において詳述されなかったが、検討すべき事実もある。まず円卓会議では測定基準値への合意が図られたが、その基準に納得や合意できなかった参加者への分析である。おそらく「合意」していくプロセスのなかでズレが顕在化し、「不合意」もあったことも想像される。例えば「遺伝子組み換え作物」についてのコンセンサス会議では、科学者と消費者の間で意見対立が最後まで解消されず、「合意形成」ができないことはこれまで指摘されてきた。よって柏の円卓会議でも放射線量の基準値設定という科学的な問題に対して参加した農業者や消費者に対立や異論がなかったのか気になるところである。また円卓会議に参加しなかった柏近辺の農業者や消費者の意識・行動である。確かに多様なアクターによる「熟議」によって安全基準を設定することに成功した。しかし、そもそも円卓会議に参加していない農業者や消費者ならびに流通業者や飲食店主は数多く存在する。よって、このような取り組みに対して円卓会議の外縁にいる他の市民の態度はどうであったのかも知りたいところである。さらに、今回の柏の取り組みが成功した背景には、もともと地元に愛着を感じている若者たちの地域活動がベースにあった。それゆえ、このような地域づくりの下地がなくても「農＝食」への信頼を担保するほどの「合意形成」は可能なのかも見極めたいところである。ともあれ、本書が示した事例分析を十分評価したうえで、この問題提起を地域社会学的な問いとして深めていくには、今後、丹念な分析や比較研究が必要になるだろう。

書評

碓井崧・松宮朝編
『食と農のコミュニティ論：地域活性化の戦略』
（創元社　2013年）

荒樋　豊

　今日の日本では、世界各地からの多様な食材が手に入れられ、家庭の食事さえ洋風化・多国籍化され、望めばどのような料理でも味わえる状況が生まれている。ただ、基本的食料を供給する農村をみれば、その多くが人口減少、高齢化等に悩まされ、農村社会の消滅さえ危惧されている。これは、資本主義経済の高度な展開のなかで工業部門や金融・サービス部門だけでなく、農と食に関係する部門をも含み込む形でグローバリゼーションが進展したその帰結といえよう。この一見豊かな現代生活の陰で、「食」の歪み、「農」の衰退という事態が深まりをみせ、その不安・不確かさを背景に、「食」と「農」のあるべき姿を追求する動きが全国各地で多様な形で顕在化しつつあるのが現在の状況であろう。

　本書は、この「食」と「農」をテーマとして扱い、地域活性化の戦略という副題を掲げている。序説と3部11本の論文、13名の執筆者で構成されている。それぞれの内容を若干紹介してみたい。

　まず、序説において、ファストフードとスローフードという2つの食のあり方をテーマに議論を始めている。「ファストフードがグローバルな工業の〈文明〉であるのに対し、スローフードはローカルで回帰的な食農の〈文化〉の性格を帯びている」(p2)として両者を区分し、前者に対する後者からの批判という観点が本書の特徴である、という。マクドナルディゼイション理論を援用しつつ、両者について理念型的な対比をおこない、食と農の距離を縮めることが地域活性化戦略であると捉えている。

　1部のタイトルは、「有機農業推進の先進地域：生態系の回路」である。1章では、地域おこし活動として、つとに有名な宮崎県綾町の事例が取り上げられる。照葉樹林を核とした生態系保全にかかわる地域づくりの取組が、住民の地域生活の基盤を創造したとして、地域づくりの成功例として位置づけている。2章では、コウノトリの復活で知られた兵庫県豊岡市の取組が紹介される。この町のブランド戦略を「エコシティ」「環境保全型農業」というキーワードで解読している。3章は、有機農業運動の展開プロセスを追究し、認証制度等による一面的な商品化に晒されていることを指摘するとともに、有機農業と地域自給を軸とした地域づくりへの模索が強調される。

　2部「食農によるコミュニティ活性化：生活世界の自己組織化」は、6本の論考で構成される。4章では、福井県小浜市を事例として、「食のまちづくり条例」や地産地消・生涯食育の動きが記されている。5章では、奈良県における農商工連携・六次産業化の取組である「柿」を軸とした地域ブランドづくりの実践過程を扱っている。6章では、福井県池田町

書　評

のまちづくりを研究対象として、農事組合法人を核としたアンテナショップや都市との交流を追跡している。7章では、愛知県の長久手市・日進市を対象として、都市自治体における耕作放棄地の市民への開放、農への接近の実態の一部を明らかにしている。8章では、東京都日野市を対象として、都市近郊地帯での用水路（農業用水と環境用水）管理についての考察をおこない、計画論の観点から興味深い構図を提起し、都市農業の持続可能性を検討している。9章では、愛知県豊田市においてみられる定年退職の都市住民を呼び込む就農システム（市役所と農協が運営）が紹介されている。

3部は、「食農オールタナティブ運動の展開：グローバルに考えローカルに行動する」とのタイトルの下に、10章では、国際スローフード運動の取組内容が記され、11章では、日本におけるスローフード運動の実態をみるため、調査データが分析されている。

本書を読み終え、ここでは次の2点について考えてみたい。第一に、本書で取り扱っている「農」に関係する地域活性化の諸事例をどのように理解すべきであろうかという点である。本書では、「生態系の回路」「自然生態系農業」「食安全プログラムの埋め込み」「エコシティ」「有機農業運動」「食農コミュニティ」「農商工の連携」「農と環境を軸としたまちづくり」「都市における農の活動」「都市農業」などの用語が記されている。それらの地域的な範域も担い手住民層も行政等の関与程度も、それぞれ多様である。諸事例から抽出されたそれらの重要なキーワードが、地域活性化論としてどのように連関しどのように収斂するのかが必ずしも明確でない。生態系農業や有機農業への配慮といってもそれらの指し示す内容は住民・農業者によって必ずしも一致していないし、都市住民の農への関心も無条件に広がるものではない中で、市町村自治体等による地域ブランドのような新たな価値創出への無条件な肯定は、国による補助を基盤とした農商工連携や六次産業化という不安定で不確かな社会実験にみるように、むしろ行政主導の強化に繋がり、住民の持つポテンシャルを縛ることになるのではないだろうか。地域づくりに関する住民の草の根的な合意形成や事業遂行力の側面をどのように扱うべきなのか、考えさせられる。

第二として、スローフード運動（本書では、スローフード運動と地産地消運動を同列に扱っている(pp.6-7)）と地域活性化との間の違和感を指摘しておきたい。確かに、「スローフード宣言」はセンセーショナルに世界に広がり、その思想は多くの人々から関心を持たれた。一種の社会運動として「食」の見直しに大きな貢献を果たしたと思う。ただ、日本での定着状況をみれば、レストラン等による「スローフード」というブランド価値の獲得が優先され、農業・農村サイドからみれば、民間団体による農産物・農産加工の特定地・特定品目への認証（認証基準の具体的指標は必ずしも公開されていない）に過ぎず、さらに知財・商標の存在等によって、多くの自治体は距離を置かざるを得ないのが実情である。農業・農村の活性化としては、外部に依拠するのではなく、第一義的には地域住民による多様な形での地域資源活用の模索と過渡的なそれらの成果の検証が前提として位置づけられるのではないだろうか。

書　評

山崎仁朗編著
『日本コミュニティ政策の検証――自治体内分権と地域自治へ向けて』
（東信堂　2014年）

木田勇輔

　本書は、コミュニティ政策学会の「旧自治省コミュニティ施策検証プロジェクト」として、2004年（平成16年）から続けられてきた研究の成果である。本書の目的は、1970年代から進められてきた自治省コミュニティ施策について、地域レベルでの実証研究を踏まえた上で改めて総括を行うことである。執筆者は合計で9名であり、行政学や日本政治史の研究者も参加しているが、編者である山崎仁朗氏を中心としてその多くは社会学者で占められている。本全体を見渡すと400頁以上あり、多数の事例研究を収録した質・量ともに分厚い書物であることが分かる。評者にその「分厚さ」を限られた紙幅で伝える力量があるかは分からないが、まずは本書の概要について簡単にまとめておきたい。

　本書は序章に加えて、Ⅰ～Ⅲの三部構成を取っており、さらにその三部は9つの章に分かれている。まず、本書に通底する問題意識は、編者である山崎によって「序章」で示されている。自治省コミュニティ施策については、それが「上から」行われてきたこと、いわゆる「官製コミュニティ」であるという点に批判が少なくなかった。山崎はこのような批判に対して、「施策のイデオロギー性を強調するあまり、ともすればコミュニティ施策を全面的に否定する」（p8）という問題点を挙げている。山崎によれば問題の本質は、「広域行政の埋め合わせを適切に行ってこなかったこと、そのつどの合併の際に、狭域自治の制度的な保障をしてこなかったこと、つまり、本来的な意味でのコミュニティ施策が欠けていたことにある」（同上）。山崎はさらに、同書が「町内」を単位とした「自治体」として町内会を捉える「町内会＝自治体論」の立場を継承することを宣言し、これを自治体内分権の議論に接合することを提唱している（p9-12）。このような観点から、「自治省コミュニティ施策は、それまでの地域自治の蓄積を継承し、発展させたのではないか」（p13）という「本書の基本仮説」が提示されているのである。

　Ⅰ部では「視点と方法の再定立」として、自治省コミュニティ施策の全体像を確認する内容になっている。1章ではコミュニティ施策の概要と展開が論じられている。2章ではモデル地区の予備的研究として3つの地域の事例が扱われている。3つの地域とは、新潟県柏崎市中鯖石地区（農村）、滋賀県大津市晴嵐地区（地方都市）、東京都武蔵野市西久保地区（東京）である。3章では自治省調査の再分析によって、地方自治体におけるコミュニティ施策の展開が定量的な視点を踏まえて概観されている。

　Ⅱ部では個別事例の検討とその考察が中心であり、自治省コミュニティ施策の検証が実証的に行われている。4章では宮城県の事例が扱われており、3つの事例が扱われている。

書評

具体的には旧中田町浅水地区、旧泉市鶴が丘地区、旧矢本町赤井地区の3地域である。5章では愛知県の事例が扱われており、旧田原町田原東部地区、刈谷市野田地区、春日井市如意申地区の3地域が取り上げられている。6章は広島県の事例であり、旧五日市町八幡地区、三次市三次地区、旧沼隈町横倉地区の事例が取り上げられている。7章では質問紙調査で得られたデータをもとに、自治省コミュニティ地区の量的分析が行われている。

Ⅲ部では、自治体内分権と地域自治へ向けた展望が描かれている。8章では福祉国家の再編成と地方自治およびコミュニティ政策の展開について、国際比較的な視点を踏まえた上で論じられている。9章では自治省コミュニティ施策の到達点が総括され、今後の課題が展望されている。

このような質・量ともに分厚い分析と考察の結果明らかになった知見を、乱暴ながら簡潔に要約するとすれば、自治省コミュニティ施策が各地域の歴史的蓄積の上に展開されており、それらが各地域の自主的なまちづくり活動を促進する効果を持ったということになろう。このような視点からすれば、今後の課題は過去の政策・施策の単純な否定ではなく、その成果の継承を視野に入れていくことである。山崎によれば、「ふつうの市民が、(中略)地区の課題に日常的、恒常的に取り組むことを可能にする組織を保障」すること、そして「一定の権限や財源をもち、選ばれた委員によって構成される組織をその上層に構想するといった、地域自治の重層的な制度設計」(p326)が求められることになる。

最後に評者なりに二点ほど論点を指摘しておきたい。これらはどちらかと言えば、本書の到達点を踏まえつつ今後の自治体内分権や住民自治をどう考えるか、という論点である。

一つは、8章で山田公平が指摘している「コミュニティ・レベルの参加民主主義と自治体レベルの代表制民主主義とがどのように関連づけられるかという問題」(p344)である。本書では個別地域の活動実態が分析の中心にあったが、自治体内分権と呼ばれる動きが地域コミュニティに対する権限・財源の大幅な委譲を目指すものであれば、今後は既存の統治システムとの関係性はいっそう問われてくることになる。具体的には、地方議会・議員と地域コミュニティの関係性をどう考えていくかという点が挙げられるであろう。

もう一つは、9章で中田実が指摘している「地域においては、自治の担い手の力量(中略)が問われている」(p364)という論点である。中田が言うように、地方自治体が住民参加による「協働」を進めるにしても、「自治の空洞化を阻止し、力量のある自治の担い手を発掘し、育成することが必要」(同上)である。本書の立場から見れば、自治の担い手の力量はある程度政策的に育成することが可能である、ということになろう。しかし、それは人口減少が進む時代においても可能であろうか。この点は今後の研究でより深く検討していかなければならない問題である。

本書は日本のコミュニティ政策に関する研究の一つの到達点を示すものであり、自治省コミュニティ施策に関する体系的かつ網羅的な研究がまとめられたことの意義は極めて大きい。だからこそ、本書は自治体内分権や地域自治といった問題に対して、様々な論点を提起してくれると言えるだろう。

書評

今井照著
「自治体再建」── 原発避難と「移動する村」
（筑摩書房　2014年）

島田昭仁

　玄海原発がある玄海町の町長選が平成26年の夏に行われ、有権者の8割が推進派へ流れ、反原発派は2％も獲得しなかった。12月の衆議院総選挙でも、原発を抱える14小選挙区のうち（必ずしも他の選挙区と同列に語れないが福島第1、第2原発を擁する福島5区を含む）11選挙区で推進・容認派が当選した。

　福島第一原発による放射能汚染は町村の全住民避難という事態をも生み出した。著者は「国策である原発災害によって、住んでいた地域を強制的に奪われるという暴力が行使される歴史的瞬間に立ち会っている。」(p-171)と述べるが、こうした被災市町村の再建問題を語る場合に、世の中には二通りの見方があると考える。

　一つは、国家施策の犠牲者（被害者）として見る見方であり、もう一つは「なるべくしてなった」（すなわち、原発立地を認容してしまった時点でみずからルビコン川を渡った。）という厳しい見方である。実は我が国にも70年代から90年代にかけて原発立地計画を悉くつぶしてきた和歌山県の住民運動や根気強く巻き返した石川県珠洲市の住民運動があった。福島原発に対しても様々な反対運動があったことが知られている。しかし、その闘い方は珠洲や和歌山のように草の根的であったのか、多元な住民や団体を組織化できていたか、という住民運動論から深く反省すべきではないかという見方があっても当然である。

　しかし著者は、反・脱原発の住民運動論は別にして、現に大変な状況におかれてしまっている人たちの生活再建が何にもまして優先されるという認識の下で、避難住民の在り方を通して自治体とは何かといった問題を再認識することにしたのだと私は思う。著者は本書の中で親族が2000年の三宅島噴火の際に避難されたエピソードを紹介し、自らの体験の中で「自治体とはこういう存在だったのかと初めて理解した。」(p-213)と述べていることからも、苦境に立たされた人と共感できる構想力が最も今求められているのだと主張しているように思える。

　すなわち著者の目的は、①：はからずも出現した現代の「移動する村」に学ぶことによって信頼を失いかけている自治体の政治や行政を再構築すること、②：「帰還」でも「移住」でもない第三の道を提起すること、③：それらを通して、最終的に自治体とは何か、住民とは何かを問うていくこと、の3つにある。

　まず①に関しては、楢葉町、富岡町、川内村、浪江町、葛尾村の移転先までの避難経過を事細かに記述することで、国の避難指示に頼らず自治体独自の判断で避難指示を出し、人々が町村単位で避難を開始したこと、元の役場をコアとした地域社会のネットワークに

書　評

支えられて避難生活を送っていることを示し、これらを現代版「移動する村」としている。ここでは、非常時にあっては国や県がいかに頼りにならないか、そして小回りのきく町村のほうが迅速で的確な避難計画と誘導をいかに行うことができるか、といったことが主張されている。この点は自治体合併論の争点でもあり、仏国のコミューヌがなぜ3万7千もあり、その6割が500人以下という小規模であるかを想起させる。合併すればするほど避難時の誘導は難しくなり市民は個人対国家の関係で行動せざるを得ないが、肝心な時に国家はそれほど役に立たないということが今回の分析でも明らかになった。

②に関しては、避難と帰還との間に位置づけられる「仮の町」について論じられている。帰還困難区域などを抱える市町村では仮設住宅や借り上げ住宅を中心とする避難形態の次なる段階として、帰還するまでの一定期間の新たな避難形態を考えなくてはならず、これを「仮の町」と呼んでいる。避難先が他の自治体に存在するために法的な身分が脆弱であり、シティズンシップ（市民性・市民権）を位置付けるような新たな制度的枠組みが必要であると著者は主張している。その一つとして「二つの住民票」なる制度を提案している。移住か帰還か決めかねる時期においては、どちらの地域との関わりも捨てないでいたいものであり、いずれであってもまちづくり参加権は保障されるべきだという考えに因っている。ここでもやはり合併を想定した問題点が明らかにされている。仮に全住民が集団移転した場合に、元の自治体は人口がなくなるわけだから隣接自治体に合併されることが考えられるが、合併先の自治体側からすれば、すでにいなくなった旧住民の意思（主に復興に対する意思）を反映させるのは困難である。一方、もし集団移転の受け入れ先の自治体がそれを担おうとしても、基本的には既存住民に吸収同化する社会的圧力が生まれるので避難住民の意思反映が十分にはできない。したがって旧住民の何らかの行政体を維持せざるを得ない。たとえ移住していても旧自治体の住民票を維持せざるを得ないという帰結になるのだ。この点についても仏国のコミューヌの協同組合が参考になるのではないかと思う。日本でもゴミ焼却場等を協同で運営している広域市町村圏組合があるが、仏国では人口50人未満のコミューヌも少なくなく、そこでは首長夫婦が戸籍を管理しているだけで、殆どの公務は協同組合に委ねている。被災市町村の場合も、これと同様に元の町村と移住先の市町村が協同組合をつくり、財源を合理的に運用すればよいのではないかと私は思う。

③に関しては、著者はシティズンシップを補償する自治体でなくてはならないという観点からすれば自治体は政治的共同体であると主張する。たしかに紀元前まで遡ると西洋には「政治的都市」という、市民権保持者たちの自治的な政治的共同体があり、ギリシャ語のポリス（polis）がそれであり、ラテン語ではcivitasと言った。それは例えば遠方の農村に住んでいてもアテネの市民権を保持する者はアテネに属するという概念であり、著者の言うとおり、移住（待避）している住民にとって今それが最も有効な考え方になるかもしれない。著者は「市町村の中に無数の移動する村を形成していく作業」（p-218）とも述べているが、思えばこれはコミュニティがアソシエーションのように地域的空間を超えて錯綜する新たな形態を提示していることでもあり、社会学的に興味深い概念だとも思った。

書評

林　真人著
『ホームレスと都市空間――収奪と異化、社会運動、資本-国家』
(明石書店　2014年)

山本崇記

　著者は、序論において、「ホームレスの人びとの置かれた状況、かれらの立場に立とうとする都市社会運動、これらを規定する資本－国家の構造とダイナミズムを、全体として明らかにするものである」と本書の目的を提示する。そして、「都市を重視するのは、現代社会においてホームレス状態を経験する人びとに認められる〈収奪〉〈異化〉〈闘い〉が、都市において、都市を介して傾向的に現れるからである」とする。資本主義の力学に規定された労働力商品化、社会組織からの脱埋め込み、国家の社会権のリスケーリング、都市空間(「第二の自然」)との物質代謝において、ホームレスの人びとは、収奪され、異化され、それらに抗する闘いを展開する。本書は、資本-国家の現代的な動態を理論付けたうえで、その中にホームレス問題を位置付けるのと同時に、ホームレスの人びとの生をモノグラフとして描き出し、方法論的な接合を図っている点に大きな特徴がある。

　第1章では、1990年代以降、寄せ場を介さずにホームレス状態に陥る人びとが現れ、特に若年層が目立ってくることに着目する。インタビュー調査を通じて、「自立」(労働力商品化)への圧力が強く加わることで貧困の個人化の知覚がもたらされている一方で、公共空間に居住スペースを見出し、他のホームレスの人びととの人間関係を構築するような個々の〈闘い〉を描き出す。果たして、このような個々人の〈闘い〉の質とは、第Ⅱ部において論じられる都市社会運動とどのような関係性にあり、どのような意味を持つのだろうか。

　第2章と第3章では、地域住民にとってホームレス問題がどのように受け止められ、対処されていくのかが論じられる。そして、ホームレスの人びとの実践(生存戦略)との相互作用を通じて、自治体レベルにおける空間管理が創り出されていくプロセスが具体的に明らかにされている。都市住宅を持つ者／持たない者とのあいだでの場当たり的な対応の繰り返しや暫定的な妥協の成立から微細な空間管理のルールが生まれてくる。これは、地域住民の利害が直接的に絡む資源ごみ回収をめぐる攻防においても同様であり、国家や地方行政のコントロールを離れた地点で、都市や地域に不確実性を経験させている。そこに、都市社会運動が介入する余地があり、ローカルガバナンスの均衡状態を形成し得る可能性がある。

　続いて第Ⅱ部では、横浜・寿地区における都市社会運動を場所的に、歴史的に跡付けている。1970年代の寄せ場労働者のホームレス化の危機の中で、寄せ場労働者自身が重要な担い手となりホームレス運動の場が生産されていく。興味深いのは、著者が寄せ場労働者の労働運動をホームレス運動として読み直すだけでなく、コミュニティ運動としても読

み直している点である(第4章)。簡易宿泊所街における流動性の高い集住を基礎に、〈異なる〉コミュニティが成立し、住民運動が成立する。拠点となったのは寿生活館である。管理運営における唯一の地域団体として横浜市に認知されていた寿地区自治会の民主化を求める日雇労働運動があり、新たに結成された寿地区住民懇談会は、寿生活館の自主管理後(「不法占拠」後)の「正常化」の交渉相手として認知されていく。寄せ場とされる地域における地縁組織はどのような変遷を辿ってきたのか。都市社会運動が創り出す〈異なる〉コミュニティとの関係性とはどのようなものであったのか。改めて興味が沸く。

1980年代以降、寿地区では、強烈な当事者性をそのメンバーシップとしていた段階から、徐々に都市住宅を持つ者をもホームレス運動の担い手としていくような変化が生まれていく(第5章)。変化の動員基盤として、また、都市間連帯のハブとしての役割を果たしていくのが寿地区・生活館であり、主体と空間が拡がっていくプロセスを描き出している点は興味深い。ホームレスの人びとや寄せ場に住む人びとの当事者性と、そうでない者との関係の複雑さや困難さは現在も付きまとうものなのかどうか、気になるところである。

さらに、「ホームレスの自立の支援等に関する特別措置法」(2002年)、「ホームレスの自立の支援等に関する基本方針」(2003年)という事態の中で、都市自治体が主体的に構築するローカルな調整空間をより望ましい方向に向け得るものとして、都市社会運動と行政との協働が積極的に位置付けられている(第6章)。自治体レベルで自立支援法以後にどのような展開があったのかを具体的に描き出している点は重要である。

本書の意義は、ホームレス問題を通して、都市空間における資本-国家の運動のダイナミズムを明らかにしようとした点にある。同時に、ホームレスの人びとの知覚や集合的実践を場所性・歴史性において読み解き、特に、地域社会や都市自治体との相互作用を、空間管理と自律のせめぎ合いとして記述した点にあるだろう。差別・マイノリティ研究のようにミクロ化し過ぎることなくホームレス問題を分析する方法は魅力的である。一方で、資本-国家の運動と都市の貧困を描く際に、植民地主義やポストコロニアリズムの視点が弱く(第Ⅲ部)、都市問題としてのエスニシティやジェンダーの問題が十分に関連付けられていない点が気にかかる。これは、階級と差別という古典的な問いとも関わっている。また、地域社会や都市社会運動におけるアクターがスタティックに設定され、やや単線的に描かれ過ぎているようにも思われる。地域社会や都市社会運動内部の構造や葛藤の詳細を知りたいところである。さらに、著者が、既出の論文では「野宿者」と表記してきたものを、「ホームレスの人びと」と言い換えた意図も気になるところである。とはいえ、これらはすべて著者の問題意識に既に包摂されているものであり、今後も著者の研究に注目したい。

書　評

新原道信編
『"境界領域"のフィールドワーク〜"惑星社会の諸問題"に対応するために〜』
（中央大学出版部　2014年）

広田康生

　本書は、グローバル化によってシステム化、構造化される領域と、そうした領域と衝突し混じりあい重なり合う"境界領域"で、今生まれつつある意識や制度や思想が提起する社会的、人間的な意味を掬い取り、未来に向けて構築するための認識論的/方法論的立場を明らかにした一冊であり、それぞれの執筆者がフィールドで、あるいは互いの対論のなかで真摯に取り組んできた研究を独特の緊張感のなかでまとめた作品である。まさに"惑星社会"における"共成"過程を求める壮大な試みである。本書の中枢をなす認識論的立場と方法論的立場を中心に、あくまでも筆者の立ち位置から紹介したい。

　まず本書の目次構成を簡潔に紹介する。本書は、軸となる認識論的立場について論じた「序章　"境界領域"のフィールドワークから"惑星社会の諸問題"を考える」（新原道信）と、新原が「共同研究者」「師友」と仰ぐA.メルッチとA.メルレルの論文を含めた「第Ⅰ部　"境界領域"のフィールドワークの『エピステモロジー/メソドロジー』」の所論、「第2部　"境界領域"のフィールドワークの現場」（中島康予、鈴木鉄忠、井上寛、阪口毅、新原道信の各フィールドからの諸論考から成る）、最後に古城利明による終章が据えられる。

　本書の認識論的/方法論的立場の背景をなす幾つかの鍵的言葉を紹介しよう。本書の副題でもある"惑星社会"とは、A.メルッチの概念を基礎に新原が整理したもので、一方におけるグローバル化の進行とそのなかでのフロンティアの消滅、他方において「すべてがローカルな運命共同体として、逃げていく場所のない領域として存立する世界」を指す。その中でわれわれは、「システムに組み込まれた自己から"ぶれてはみだし"、自己の形を変えつつ生きる」。新原によれば、システムに組み込まれていることでの確かさは、もう一方でいわば"システム化の痛み"を引き起こす、そうした社会である。

　本書の認識論的/方法論的立場を象徴するもうひとつの鍵的言葉"境界領域"とは、惑星社会のなかで、われわれが直面する「きわめてリフレクシヴな現実……、資本や市場や情報そのものの運動……によって拘束される」と同時に、「衝突・混交・混成・重合によって生み出され」「リフレクシビティと個々人の没思考性、没精神性が相対的に存在しているという状況」を指す。新原によればこうした状況の中でわれわれは、「社会的痛苦」「底知れぬ喪失」「不均衡な均衡」に直面しつつも、「毛細管現象」として現れる"交感/交換/交歓"、"異物の排除"、"未発の社会運動"に目を凝らすことができる。

　本書が特に強調する方法論的立場は、"複合的身体"としての"個人"に「臨場・臨床」すること（メルッチ）、"境界領域"として存在する"惑星社会"を、"島々の連なり"として

書　評

見ること(メルレル)である。ここでは「内部に異質性を持った島々が群島を形成していく」というイメージのなかで、"複合的身体"としての"個人"は、「"移動民"として蓄積してきた体験/記憶」にとまどい、格闘し、「なんらかのかたちで自己をつきあわせるという道程」を経験する。したがって方法論的には、そうした個人が日常的に行っている行為とその意味付けに「臨床」し「臨場」することが出発点になる。そのために本書では、「惑星社会の構造や動態のみならず"深層/深淵"を、"端/果て"から理解していくという試みのもとに、この社会をなす「堅い岩盤」が、「どのように"移行・変転・変化"していくのか、その変転のなかで、いかなる"毛細管現象"や"胎動"が生じていくのか」に関心を持って調査研究をすることが要請される。

　本書で問題提起される認識論的/方法論的立場は、グローバル化のなかで、筆者が都市社会学、地域社会学的立場から直面している現実的、形而上学的、思想的問題に取り組む手掛かりを与えてくれることについても、最後に触れておきたい。

　グローバル化のなかで都市コミュニティ論、都市エスニシティ論の立場から、フィールドの中で呈示された問題として筆者が直面しているのは「差異」「多数性」「複数性」「新しい場所形成」「差異に開かれた主体」「多孔質のコミュニティ」「構造的非決定性」そして「共生」という言葉で表される問題群である。これらの問題群、テーマ群は、筆者にとっては日本のフィールド、あるいは日本人が関係するフィールドのなかから提起されたものだが、国境を問わず多数のフィールドで提起されてきた思想的世界―例えばそれはポストコロニアル理性批判、ポストモダン、脱構造主義等々の言葉で語られてきた―を形成している。筆者は、こうした社会的問題群は、フィールドを問わず、日常的な「場所形成」の過程の中で、本来の意味での「共生」過程とは何か、を問うことによって具体的に追究されると考えている。ここでの「共生」過程とは、「他者をやさしく包み込む」というよりはむしろ自らの主体性を差異の絶えざる出現に向けて「脱構築」するという課題、あるいは他者との絶えざる衝突の中で、現実的にその「場所」から追放される危険性にさらされつつそれぞれの「生」を賭けた「場所のアイデンティティ」を作り出す過程、「差異に開かれた主体」「多孔質なコミュニティ」をどう作り出すかの課題となって現れる。

　本書で語られる「責任ある応答/リスクを引き受ける」「統合され承認されることを甘受しつつ、その実質まで失わないためにコストのかかる複雑なプロセスを確保し続け、応答すること」といった認識論的/方法論的態度は、「差異に開かれた主体」「共生」「多孔質なコミュニティ」を考えるひとつの具体的な認識論、方法論を示していることを疑わない。執筆者諸氏の真摯な試みとご労作に敬意を表したい。

書　評

武田尚子著
『20世紀イギリスの都市労働者と生活──ロウントリーの貧困研究と調査の軌跡』
（ミネルヴァ書房　2014年）

三本松政之

　本書は「第一次貧困」「貧困線」等の概念と貧困調査で知られるベンジャミン・シーボーム・ロウントリー（以下、ロウントリー）の社会調査の展開過程とその実践の意義を論じた著作である。4部構成に序章と終章を加えた23章、総頁数は556頁に及ぶ大著である。本書は彼の探求をその根底にある思想的営為にまで掘り下げ、また思想形成に関わる社会的背景を多面的かつ微細に描写しており、社会史としても興味深く読むことができる。構成は「序章　調査と時代と人」、「第Ⅰ部　ロウントリー家：産業資本家への成長」、「第Ⅱ部　貧困研究から土地制度研究への展開」、「第Ⅲ部　戦間期における社会調査の展開」、「第Ⅳ部　貧困研究の新次元」、「終章　貧困研究の射程と調査体制」である。

　著者は序章でロウントリーが「『調査』を通して、自分が生きた時代の課題にどのように向き合おうとしたのか。本書で考えてみたいのは、このことである」と記している。そしてロウントリーが直面した同時代の課題は貧困と失業だとし、その調査は「混沌を腑分けし、『自分が言うべきことは何か』『できることは何か』を見つけ出そうとしたもがきの痕跡である」とした上で、調査のモチベーションがどこから湧き出て「生涯にわたって調査を繰り返しながら、本質的に追及していったものはいったい何か」（p.1）と問う。それを解き明かす手がかりを著者はクエーカー教徒の集団と自由党に見出す。

　ロウントリー家はクエーカーで、父が19世紀後半にココア・ビジネスを成功させ、ロウントリーがその経営を嗣いだ。イギリスではクエーカーは非国教として弾圧や社会的差別を経験し、そのなかで信者を固め組織を整えた。経済的に成功したクエーカーは国家・社会から排除されていた存在への支援活動を行った。ロウントリーも事業経営と社会改良を不可分のミッションとする心性を受け継ぐ。彼の貧困調査はクエーカー集団の社会改良の蓄積から生み出されたものである。彼が企業という自律的集団の存在を重んじたことにも関わり、それは個人、企業、国家の3者を貧困や失業のリスクを分担する主体として想定する彼の思想的営為や調査行為の特徴に現れ、多様な調査につながった（序章）。

　著者は、ロウントリー家が1862年にココア製造業に参入してからの80年間を、家内工業的生産体制の時期（1862-96年）、資本主義的生産体制の基盤整備期（1897-1918年）、資本主義的大量生産体制の時期（1919-41年）に区分する。ロウントリーは急成長する会社経営に携わり製造方法や組織運営の経験を蓄積していく。その経験が貧困調査での食物の必要量、栄養価等の克明な調査につながる。工場が拡大し女性従業員が増えていくなかで彼女らの相談に応じるしくみとしてソーシャル・ワーカーが創設され、採用や労働者の水準の維持、

書　評

　従業員のなかの貧困者の発見等多面的に人事業務に関わり、福祉的視点で問題点を検討し、改善案を提案する等の論述は社会福祉の観点からも興味深い。ソーシャル・ワーカーは家庭訪問によって従業員の健康・身体の状況、住居状況等について詳細に把握していたが、これは貧困調査に倣ったものであろうと指摘されている。その他にも食堂や夜間学校等福利面での充実への実践が紹介されている(4章)。

　貧困調査もクエーカーの活動と関わる。ロウントリーは労務担当役員として労働者の生活環境や労働環境に責任をもつようになり、C.ブースの貧困調査の影響を受け、労働者の生活調査に着手した。「貧困線」概念もココア製造業と関わる。栄養学に基づく計算、家計分析による最低生活費の算出を経て、数値による貧困の定義が行われた(5章)。

　クエーカー実業家層は自由貿易を推進する自由党を支持した。ロウントリー家も自由党を支持し、ロウントリーは新自由主義派と近い立場にあった。彼は第一次貧困調査から出発し、その思想的営為とともに調査や社会実践活動を行い、自由党関係者のネットワークを介して第二次大戦後の福祉国家形成に影響を及ぼしている。彼はロイド・ジョージの政策ブレーンとなり、また新自由主義派に論説発表の機会を提供した。著者は新自由主義者が自由党関係者に国家介入の理論的根拠を示し、政策立案に影響を与えたことの重要性を指摘する。その意義がこんにち評価され、福祉国家の思想的源流として位置づけられるようになっている(7章)。彼は貧困調査で明らかになった貧困問題の解決に向けて、土地制度の改革による社会構造の変革という視点を持つようになる(8章)。自由党の政治家等との繋がりにより住宅・土地政策の方向にも影響を与えた。ロウントリーはヨークで3回の貧困調査を実施した他に、土地問題・農業・農村調査、失業問題調査、産業心理学調査等多様な調査を実施した。

　第二次貧困調査の意義は食費・被服費・光熱費・生活雑貨・余裕費の5項目の合計を「人間的必要基準」とし、この水準を充足していなければ貧困と判定したことである。著者は社会的・文化的要素を組み込んだこの概念に至った点にロウントリーの人間観、貧困観の深まりを見出している(19章)。この概念はW.H.ベヴァリッジとの連携により戦後の社会保障制度に反映されていった。

　ロウントリーは貧困問題が包括的な社会問題であることを明らかにしていった。著者は貧困が単に経済的困窮の問題ではなく、途方もなく大きく深い全体的な問題であるという思いが、次の調査を実践するモチベーションを生み出していったのではないかと述べている(終章)。クエーカーの精神が自省と自律の精神を深めていく環境として自由主義を必要とし、ロウントリーが新自由主義の思潮のながれのなかにいたことは十分に描きだされているが、その限界等についても提示してほしかったように思う。しかし著者がロウントリーの調査に関わり「パズルを解くようにひとつひとつの調査を進めると、さらにその先の課題が現れる」(p.520)と貧困の全体像を見出す過程について述べているが、それと同様に、著者の膨大な資料を基にした微細な事実ひとつひとつへのこだわり、それらを組み合わせる構想力により、本書はロウントリーの貧困研究の全体像をみごとに解き明かしている。大部の著ではあるが明瞭な論理展開により最後まで読み通すことは苦にならない。

書　評

竹元秀樹著
『祭りと地方都市――都市コミュニティ論の再興』
(新曜社　2014年)

小松秀雄

　久しぶりに都市祭礼の重厚な社会学的研究を拝読し、評者にとっても数多くの有意義な知見を得ることができた。問題提起、研究方法の設定、調査事例の選定、先行研究の再検討、それらを踏まえた著者の研究成果の論述、さらに締めくくりとして地域ガバナンス構築への提言と都市コミュニティ論への示唆、というストーリーにそって論理整合的な構成に仕上げられている。2002年8月から2009年7月末まで7年間、宮崎県都城市の3つの都市祭礼を参与観察した調査研究の成果が本論となっているが、欧米の現代社会論や日本の都市社会学の理論研究も巧みに織り込まれており、調査と理論を接合した力作である。

　さて、非常に内容豊富な本書のすべてを取り上げることはできないため、評者の独断で要点を選びながらコメントしてみたい。まず、都城市の3つの祭礼を調査対象に選定した理由や事情については、著者の竹元氏が生まれ育った地域であり、「故郷への熱い想い」が7年間もの長きにわたる参与観察を後押ししたものと推察している。もちろん、グローバル化時代の日本の社会情勢や地方都市に対する冷静な問題意識と現状分析、および研究の見通しに基づく長期間のフィールドワークであり、問題提起(次のカッコ内)に応じて3つの祭礼が選定されている(序章)。「六月灯」(近隣祭りの持続と変容)、「おかげ祭り」(自発的な地域活動の成長要因)、「祇園様」(伝統的都市祝祭の伝承)。著者によると、都城市は南九州の小盆地宇宙の停滞型地方都市であり、有力大名だった島津氏の発祥の地という歴史を有する伝統消費型都市として位置づけられる(第1章)。

　「六月灯」(第4章)、「おかげ祭り」(第5章)、「祇園様」(第6章)の事例分析が本書の中心となっており、都市コミュニティ論(第2章)と都市祝祭論(第3章)に加えて現代社会論(序章と第7章他)を駆使しながら、それぞれの祭りの特徴と動向が慎重に考察されている。「六月灯」は7月から8月下旬まで、ほぼ都城市全域で実施される伝統的色彩を持つ祭りであり、主に各地域の自治公民館が運営主体となっている「近隣祭り」である。祭りの開催日や会場やプログラムは地域ごとに異なっており、著者は会場と運営主体を基準に「神社」、「地域の小社・小祠」、「自治公民館・地域施設」の3類型に大別している(155頁)。自治公民館は、いわゆる自治会・町内会に相当する都城市の地域住民組織であり、多かれ少なかれ全地域の「六月灯」を支える重要な地域社会的基盤である。

　著者が注目し期待を寄せる「おかげ祭り」は、都城地方の総鎮守の神柱宮を会場とし、この神社の「六月灯」に合わせて、七月八日と九日に行われる現代的祭りである(220頁)。1993年に、地域の伝統文化を掘り起こし伝承するとともに「本物の祭りの創造」を目指し

書　評

て、商店街や地域団体を基盤とする「おかげ祭り振興会」が立ち上げた祭りである(223頁)。バブル崩壊後から始まった「おかげ祭り」は当初の基本理念や方針にそって、伝統文化を踏まえ新しい要素を創造しながら質的向上を遂げ、規模の面でも拡大してきた。都城という停滞型地域の社会と文化を発展させる原動力の一つとして期待される。「おかげ祭り」(地域住民による開放系合衆型)と好対照をなす祭りが「祇園様」(閉鎖系伝統志向型)である。名前が示す通り「祇園様」は市街地にある八坂神社の夏の祭礼であり、昭和30年頃は都城地方を代表する最大の夏祭りであった。京都の祇園祭ほど華やかな山鉾や巡行はないが、都城独自の7台前後の山車や行列がくり出し、「見せる祭り」として近郷近在から多数の見物客が押し寄せたという(264頁)。ところが、高度経済成長期以後はモータリゼーションの進行、郊外の大規模な商業施設の建設にともない中心市街地の空洞化が進み、祭礼地域の商店街から「祇園様」を支える力が失われていった。現在では、「中町」と「上町」の山車や行列が披露されるだけの、衰退する祭りの典型的事例となってしまった。

　本書は、都城市の祭りの調査報告にとどまる研究成果ではなく、現代社会学の理論、あるいは都市コミュニティ論や都市祝祭論の学説を巧みに組み合わせながら、要所要所で鋭利な考察を展開している。例えば、ウルリッヒ・ベックの個人化論やアンソニー・ギデンズの再帰的近代化論などを手がかりにして、「脱埋め込み」と「再埋め込み」、「原義的な社会」と「転義化された社会」などの視点を取り出し、そこに鈴木広たちのコミュニティ意識の類型論における「開放的相互主義」や「開放的利己主義」、松平誠の都市祝祭論における「閉鎖系伝統志向型」や「開放系合衆型」の視点を組み合わせながら、多面的な考察を試みている。著者によると、現代の「転義化された社会」における存在論的不安から「原義的な社会」への希求が生まれ、地域社会において「脱埋め込み」から「再埋め込み」への転換が進むものと予想される(第7章)。それは、「地域的相互主義」や「開放的利己主義」から「開放的相互主義」へのコミュニティ意識の規範的方向性の転換を意味している。日本の社会は少子高齢化の進行にともない、人口が減少する縮小社会に向かって動いているが、関東や関西などの大都市圏から離れた都城市では、定着型社会の拠点として豊かな地域生活を営むことができる可能性がある。そのためにも、地域社会的基盤づくりの一環として、「おかげ祭り」を中心とする地域の祝祭活動への参加が望まれる。

　紙幅の都合もあるので、手短に今後の課題を取り上げ、著者の研究のさらなる発展を期待したい。一点目として、単独で都城全域の「六月灯」を調査することは難しいので共同方式などにより研究を進め、数多くの多様な「六月灯」に関する、もう少し詳しい報告をお願いしたい。二点目として、「祇園様」の歴史的説明が少ないため、例えば昭和30年前後の盛大な祭りの具体的な姿がよく分からない。かつての「祇園様」に関する資料が残っているどうか、資料の有無を含め資料調査をしていただけると幸いである。三点目として、都城市以外に、「遅れてきたことの特権」を活かす地方都市の比較研究も期待したい。

　評者の読解力と表現力の不足のため、誤解を与えた箇所もあるかもしれないが、長期のフィールドワークと理論研究を接合した本書が活用されることを願っている。

第8回(2014年度)地域社会学会賞・地域社会学会奨励賞の受賞結果

1) 受賞著作物

⑴地域社会学会賞
○個人著書部門：該当作なし。
○共同研究部門：該当作なし。
⑵地域社会学会奨励賞
○個人著書部門：林真人『ホームレスと都市空間——収奪と異化、社会運動、資本-国家』明石書店、2014年
　古平浩『ローカル・ガバナンスと社会的企業——新たな地方鉄道経営』追手門学院大学出版会、2014年
○共同研究部門：該当作なし。
○論文部門：　佐藤彰彦「原発避難者を取り巻く問題の構造——タウンミーティング事業の取り組み・支援活動からみえてきたこと」『社会学評論』64巻3号、2013年

2) 選考経過

⑴選考対象刊行物の推薦と資格要件の審査
　2014年度の選考対象となる刊行物は2013年6月1日から2014年5月31日までの1年間に刊行されたものである。第2回委員会(2014年10月4日)において推薦委員の推薦による刊行物についての資格要件を審査し、選考対象を以下のように確定した。学会賞個人著書部門2点(推薦3点)、共同研究部門4点(推薦6点)、奨励賞個人著書部門2点(推薦3点)、論文部門4点(推薦4点)。
⑵第3回委員会(2014年11月29日)、第4回委員会(2015年2月7日)において、上記の確定した選考対象について慎重に審議・選考して授賞候補を確定し、2月7日の理事会において承認を受け決定した。
⑶今期の推薦委員は、小浜ふみ子、大澤善信、山崎仁朗、小内純子、清水洋行、築山秀夫、丹辺宣彦、丸山真央、李妍炎、石沢真貴、大國充彦、飯島伸彦、速水聖子、植木豊、大堀研(順不同)の各委員であった。委員としてのご尽力に対して、記して感謝申し上げる。

3) 授賞刊行物の講評

〇地域社会学会奨励賞(個人著者部門)
林真人『ホームレスと都市空間——収奪と異化、社会運動、資本-国家』明石書店、2014年2月

　本書は、生活世界の基層において滞留しているホームレスの人々の置かれた状況、彼らの立場に立とうとする都市社会運動、これらを規定する資本-国家の構造とダイナミズムを、きわめて身振りの大きいスタンスで明らかにしようとした意欲作である。具体的に第Ⅰ部 収奪と異化は、ホームレスの人々の置かれた状況の検討であり、若年ホームレスと公共空間の領有をめぐる紛争を取り上げる。第Ⅱ部は、都市住宅を持つ者/持たない者の間に見て取れる相互作用＝＜異化された闘い＞が、より明瞭な政治過程として現れる、都市社会運動＝ホームレス運動を考察したものである。

　第Ⅲ部は、現代都市におけるホームレス問題を含めた貧困問題の高まりと、それに対する国や自治体によるコントロールの試みが様々な矛盾を破裂させること、都市における矛盾の破裂が、ホームレス自身や都市社会運動による＜闘い＞を引き起こすこと、これらについて、理論的・歴史的解明を行おうとしたものである。

　もっとも著者のマルクス主義理解、『資本論』の原文テキスト・クリティークには、少なからず難点が見られる。また実証研究としても多くの課題がある。とはいえ、本書はホームレス問題を理論的・実証的に精力的に検討したという点で、構築主義的な理論地平を超えるものであり、一層の研究の進展を期待する地域社会学会奨励賞(個人著書部門)を授与することとした。

〇地域社会学会奨励賞(個人著書部門)
古平浩『ローカル・ガバナンスと社会的企業——新たな地方鉄道経営』追手門学院大学出版会、2014年

　苦境に置かれている全国の地方鉄道は、その存続をめぐり地域社会(市民社会)を巻き込みながらどのような形で取り組みを展開してきたのか。本書はこの課題を、ローカル・ガバナンス論という視点から8つの事例を比較しながら検討を行った意欲作である。

　本書の優れた点は次の3つにまとめられる。第1に、近年注目を集めているローカル・ガバナンス論に着目したうえで、これまで本格的な実証には必ずしもなじんでいたとはいえないこの概念を軸に、一貫した視点からテーマの展開を試みた先進性を高く評価できる。第2に、全国の8事例について著者はそれぞれ豊富な資料収集とインタビューをもとに行き届いた分析を行っており、その手堅い実証性は本書の大きなメリットとなっている。第3に、地方鉄道の存続問題という重要課題に対して、企業体としての経営的視点、公共交通維持をめざす地方自治体による政策的視点、そして地域社会の各アクターの当事者的視

点などに対し幅広く目配りをしながら、本書は政策的なインプリケーションを積極的に引き出す。公共社会学的な研究の試みとしても本書は高い評価に値する。

　扱う事例数が多いため、ローカル・ガバナンスという視点からの掘り下げをもっと期待したい章があったことなど課題はあるものの、地域社会学の視点からの意欲的・体系的な実証研究として本書はきわめて高い水準にある。以上の理由により、本書は、地域社会学会奨励賞(個人著書)を授与されるのにふさわしい作品と考える。

○地域社会学会奨励賞(論文部門)
佐藤彰彦「原発避難者を取り巻く問題の構造——タウンミーティング事業の取り組み・支援活動からみえてきたこと」『社会学評論』64巻3号、2013年

　本論文は、富岡町のタウンミーティングの参与観察から得た知見に基づいて、「原発避難者を取り巻く問題構造」を明らかにした上で、「問題群とその構造」のありようを4つのレベル(個人レベル、家族レベル、集落レベル、自治体レベル)から追い上げている。

　まず「問題の全体構造」を、避難者の間で広汎に立ちあらわれている〈暮らし〉の喪失に照準して明らかにするとともに、その根本原因を「事故の危険性」や「事故収束への疑問」にもとめる。そしてそれらが解決されない現状において、避難生活上生起しているさまざまな問題の解決は見込めないと論定する。著者がその際、障壁として取り上げるのが国、県の早期帰還・復興政策であるが、同時に著者は、避難者の間から、世代や家族のライフスタイルを勘案した生活再建の模索がみられ、町行政を介した政策的回路の創出可能性も見込めるようになっているという。

　「問題の全体構造」の解明から「問題群とその構造」の分析にいたる過程で示されている本論文の手法／展開のストーリーは、周到な参与観察の成果に裏打ちされた非常に手堅いものであり、説得力がある。そして結果として明らかにされている「問題の全体構造」が「一般的な知見」のレベルにとどまっているにせよ、きわめて安定的な論理の上にあることは疑い得ない。ただ、十分な論証を抜きにして、結論部分で「住民側から町行政という回路を通じた政策過程への接合可能性もみえてきた」とするのはやや性急にすぎるといわざるを得ない。

　だがそうした弊にもかかわらず、本論文は論文としてのスタイル、論理的なつながりにおいて非凡なものを内包しており、学会賞奨励賞を授与されるにふさわしいものと判断される。

4) 受賞者の言葉

○地域社会学会奨励賞(個人著書部門)

　　　　　　　　　　　　　　　　　　　　　　　　　林　真人(金城学院大学)

　私は拙著で、博士論文のモノグラフに、より強固な「理論的な筋」を通そうとしました。私の友人の実践家は皆、際立った分析力・発信力・行動力を持っていて、常に敬服しています。私がかれらのためにできることは、解釈枠組を構築し、そこにローカリティを置いて考えることだと思いました。結果的に拙著は、地域社会学会のマルキシズムの伝統に近くなりました。ですが先達の時代と現代は異なります。この違いが拙著をよりラディカルにしたと思います。

　今や、再分配政治と都市プランニングの限界が、より露呈しています。ホームレス問題はこの露出の典型例です。この新しい条件を踏まえ、ホームレス問題／運動を考え直すうえで、ホームレス問題／運動が歴史的に抱えてきたラディカルな側面と、その根源的な葛藤に注目しました。拙著に記したように、ホームレス問題／運動においては、融和を目指すNPOのなかにすら、「急進的な精神」があちこちに見いだせます。

　この変化を考える鍵概念の一つが公共空間でした。現代において公共空間の理念が一定の限界に突き当たること。そこに他者を排除する論理が胚胎すること。資本と国家(恐らく地域社会も)は公共空間を再編するうえで大きな役割を担っていること。公共空間の「ルンペンプロレタリアート」をめぐる土着的な闘いは、軽視され管理され排除されることを通じて、そしてその乗り越えを文化的に表現することを通じて、逆説的に都市そのものを(ほんの少しだけ？)よりデモクラティックにすること。このとき「都市―地域(シティ・リージョン)」が人びとを再結合する領域的なインフラを育むこと。等々。

　旧東京都立大学人文学部と関連の研究科、そしてそこで出会った友人と先生方に、深く感謝します。リベラルアーツを重視する大学の雰囲気は、ネオリベ化した大学では得がたい人文教養への欲求を、長きに渡って涵養してくれました。

○地域社会学会奨励賞(個人著書部門)

　　　　　　　　　　　　　　　　　　　　　　　　　古平　浩(追手門学院大学)

　この度は地域社会学会奨励賞に拙書を選考いただき、誠に有難うございました。

　社会人として数年を経て大学院へ入学し、さらに経済学の道から社会学へ転向した私にとりまして、最初に受賞のお知らせを頂戴した時は驚きと共に社会学者としての歩みが認められたことに、大きな喜びを覚えました。

　拙書のあとがきにつづりましたが、本書は、2011年2月に東北大学文学研究科に提出した博士論文「地方鉄道経営と市民協働のあり方――社会資本のガバナンスと社会的企業の方向」をもとに、加筆・修正したものです。大学院での指導教授として、そしてその後も

研究者としての道を導いてくださった大妻女子大学の吉原直樹先生には、心より感謝を申し上げます。そして、社会学の理論訓練と調査の現場でのアドバイスをいただいた東北大学文学研究科の先生方と社会学研究室の仲間、地域社会学会の会員の皆様方に心から御礼を申し上げます。

拙書につづりましたが、地方鉄道の歴史は「廃線の歴史」と言われます。戦後の高度経済成長下のモータリゼーションの進展の影で、自らの存在感を失っていった地方鉄道。経営基盤が弱く、希薄な沿線人口など経営環境も悪い地方鉄道にとって、1999年の「鉄道事業法の一部を改正する法律」の公布は、地方鉄道の経営情況を一層悪化させます。

しかし一方で、本来であれば「廃線やむなし」の地方鉄道を存続させる役割を担うアクターが登場してきます。拙書で扱った「万葉線」「別所線」「貴志川線」、これらの鉄路の存続は、沿線住民を中心として形成されたボランティア・アソシエーションの地道な活動によるものです。まさにそこには、生きたローカル・ガバナンス論の射程があると考えます。

拙書は、対象実態や組織特性のガバナンスの把握に明瞭さを欠く部分を残します。今回の奨励賞の受賞を機に、さらに研究に精進していきたいと考えております。

○地域社会学会奨励賞（論文部門）

佐藤彰彦（福島大学）

この度は地域社会学会奨励賞に拙稿をお選びくださり、誠に有難うございました。最初にお知らせを頂いたときは、嬉しさよりも驚きでいっぱいでした。本稿で用いた質的統合法（KJ法）や自身が行った質的調査が方法論やデータの扱いなどの面で問題点や未熟さをともなっていることは、私自身が抱いてきた課題でもあったためです。それでも、査読の先生方からは適切なご意見・ご指導をいただき、何とかかたちにすることができました。私にとっても大変勉強になる機会でした。

本稿は、福島県富岡町の住民自助団体が開催してきたタウンミーティングという取り組みに焦点をあてたものです。この試みは全国に避難している富岡町民が集い語る場を設定し、避難生活上の悩みや苦しみを吐き出し＜声＞にする機会を作り出すというものです。そこで参加者に共有されてきたのは、「ここは富岡だね」「（ふだんは周囲に話せないことを）言ってもいいんだね」という時間・空間でした。故郷から離れていてもそこには彼らが3.11以前まで暮らしていた富岡町があったのです。本稿はこうした取り組みを進めてきた住民や参加された人たちのおかげで書き上げることができたものでもあります。

その後もタウンミーティングや町の復興計画にかかわるなかで、そこには地域社会をはじめ、国地方関係における政治権力構造、住民自治などの問題が深くかかわりあっていることを再認識しています。奨励賞の受賞は「より精進せよ」との叱咤激励を頂いたことでもあり、今後はそうした構造的な問題を含め、さらなる研究に取り組んでいこうと考えております。

地域社会学会活動の記録(2014年度)

第39回大会プログラム

2014年5月10日(土)〜11日(日)
会場　早稲田大学戸山キャンパス

5月10日(土)
◇第5回理事会　11:00〜12:30　(31号館2階203-2教室)
◇受付　　　　　12:30〜　(6号館3階382AV教室前)
◇理事選挙投票　12:45〜18:00　(31号館2階207教室)
◇自由報告1　　 13:00〜15:00

◆自由報告部会1-1
　　司会　吉野英岐(岩手県立大学)　36号館3階382AV教室
1. 山本薫子(首都大学東京)・佐藤彰彦(福島大学)・松薗祐子(淑徳大学)・高木竜輔(いわき明星大学)・菅磨志保(関西大学)　「空間なきコミュニティ」概念の検討を通じた原発避難者の生活再編過程分析
2. 高木竜輔(いわき明星大学)　原発避難者の受け入れ地域における地元住民の意識構造——いわき市調査の結果より
3. 宮下聖史(長野大学非常勤講師・復興支援コーディネーター)　長野県栄村における復興過程の現段階と地域再生への課題(2)——産業振興・集落再生から生活再建・定住促進に向けて
4. 辻岳史(名古屋大学大学院)　異質な主体を神社の再建に駆り立てたもの——大津波による東松島市大曲浜・玉造神社の本殿流出から竣功奉告祭まで

◆自由報告部会1-2
　　司会　矢部拓也(徳島大学)　36号館6階681教室
1. 尾形清一(京都大学)　地域自治組織による再生可能エネルギー事業の展開と行政支援——飯田市再生可能エネルギー条例を事例として
2. 下村恭広(玉川大学)　大都市零細工業の変容と都市空間——東京都台東区のファッション雑貨工業を事例として
3. 丹辺宣彦(名古屋大学)　トヨティズムと地域社会
4. 古平浩(追手門学院大学)　地方鉄道経営における課題と方向——関連住民・地方自治体・企業

◇自由報告2　15:15～17:15
◆自由報告部会2-1
　　　司会　横田尚俊(山口大学)36号館3階382AV教室
 1. 徳田剛(聖カタリナ大学)　被災外国人支援におけるカトリック教会の役割と意義——東日本大震災時の組織的対応とフィリピン系被災者への支援活動の事例より
 2. 「身体の声を聴く」という方法とその結果から生まれる実践——3,000人の足湯ボランティアが聴いた、16,000人の被災者の「つぶやき」から
 1. 清水亮(東京大学)　「つぶやき」の分類とその特徴：データの特異性と「こころの問題」への照準
 2. 三井さよ(法政大学)　「こころの問題」と〈苦しみ〉—ケアに向けて—
 3. 似田貝香門(東京大学)　「身体の声」聴くことからから実践へ；触れる・共感・分析・実践の仕組み

◆自由報告部会2-2
　　　司会　中西典子(立命館大学)　36号館6階681教室
 1. 伊藤雅一(千葉大学大学院)　郊外における新たな地域の祭——文化的自律性という観点からの郊外
 2. 谷口功(椙山女学園大学)・長澤壮平(豊田市矢作川研究所)　「強いられる自治」と「内発的自治」の交差——長野県根羽村におけるRMO(地域運営組織)生成の過程に焦点をあてて
 3. 湯上千春(東京工業大学大学院・東京国際大学)　図書館の空間活用による地域のソーシャルサポート構築の可能性——図書館カフェを事例に
 4. 松宮朝(愛知県立大学)　「地域参加」の施策化をめぐって——愛知県長久手市を事例として

◇総会　　　　　17:30～18:30　　36号館3階382AV教室
◇懇親会　　　　18:45～21:00　　レストラン西北の風(26号館大隈タワー)

5月11日(日)
◇受付　　　　　9:15～　　(36号館2階エントランス)
◇理事選挙投票　9:15～11:00　(31号館2階207教室)

◇自由報告部会3　9:30～11:55
◆自由報告部会3-1

司会　渡戸一郎(明星大学)　36号館3階382AV教室
1. 阪口毅(中央大学大学院／日本学術振興会特別研究員)　「コミュニティ」の創発性への活動アプローチ——新宿大久保地区における市民団体を事例として(2)
2. 山本崇記((公財)世界人権問題研究センター)　「同和地区」におけるまちづくりの現状と課題——エリアマネジメント導入過程を事例に
3. 江頭説子(東京女子大学)　公害問題と地域社会——地域社会における公害経験の可視化・共有化の現状と課題
4. 魯ゼウォン(天理大学)　ニューヨーク市におけるアジア系移住者の定着と地域組織との関わり——コリアンタウンのコミュニティボードを事例にして

◆自由報告部会3-2
　　司会　河原晶子(志學館大学)　36号館6階681教室
1. 新藤慶(群馬大学)　市町村合併と公民館組織の変容——新潟県佐渡市の事例を通して
2. 佐藤洋子(名古屋市立大学)　広島県における地域構造の変容と女性の労働
3. 上野淳子(桃山学院大学)　「都心回帰」時代の都市再編と地域コミュニティ(1)——不動産市場と都心マンション住民の都市間比較
4. 丸山真央(滋賀県立大学)・鯵坂学(同志社大学)　「都心回帰」時代の都市再編と地域コミュニティ(2)——大阪市の都心地区におけるコミュニティ参加と住民意識
5. 劉念(神戸大学大学院)　中国都市部の地域社会における在宅高齢者の生活と意識——西安市での調査を事例に

◇新理事会(第1回理事会)　12:00～13:00　31号館2階205教室
◇シンポジウム関係者打ち合わせ　12:20～13:00　31号館2階206号室
◇第1回学会賞選考委員会(推薦委員合同会議)　12:00～13:00　31号館2階203-2教室
◇臨時総会　13:15～13:30　36号館3階382AV教室

◇シンポジウム　13:30～17:00　36号館3階382AV教室

『災害復興のビジョンと現実——ポスト3.11の地域社会学を考える』
　　司会　室井研二(名古屋大学)、黒田由彦(名古屋大学)
1. 山下祐介(首都大学東京)　東日本大震災・福島第一原発時の復興政策と住民
2. 大矢根淳(専修大学)　原発防災体制の構造的欠陥を乗り越えようとする減災サイクル論は成り立つか？
3. 金菱清(東北学院大学)　震災メメントモリ——不可視な隣人である"生ける死

者"と回路を紡ぐために
討論者　玉野和志(首都大学東京)、高橋誠(名古屋大学)

2014年度研究例会

第1回研究例会
2014年6月28日(土)14時～17時　首都大学東京秋葉原サテライトキャンパス
1. 災害復興のビジョンと現実－ポスト3.11の地域社会学を考える　黒田由彦(名古屋大学)
  被災地研究からの飛躍に向けた試論　室井研二(名古屋大学)
2. 「災害カタストロフィー」としての東日本大震災　広原盛明(龍谷大学)

第2回研究例会
2014年10月4日(土)14時～17時　明治学院大学白金キャンパス
1. 国土のグランドデザインと「生活圏としての地域社会」　浅野慎一(神戸大学)
2. 3.11以後のリージョンとローカル―東アジア・日本を中心に　古城利明(中央大学名誉教授)

第3回研究例会
2014年11月29日(土)14時～17時　同志社大学今出川キャンパス
1. 生存の場としての地域社会の探究／探求(Exploring Communities for Sustainable Ways of Being)　新原道信(中央大学)
2. 南アジア系移民企業家の集積と分散　福田友子(千葉大学)

第4回研究例会
2015年2月7日(土)14時～17時　首都大学東京秋葉原サテライトキャンパス
1. 阪神・淡路から東北へ──住まいを再生する　平山洋介(神戸大学)
2. 「歴史的地域」の再構築──北アドリア海圏国境の市民文化活動を事例に　鈴木鉄忠(中央大学)

投稿規定

1. 投稿資格は地域社会学会会員とする．
2. 原稿は地域社会学およびその関連領域に関するものとし，原則として未発表のものとする．
3. 自由投稿論文は匿名のレフリーによる審査を受ける．
4. 自由投稿論文が一度掲載された会員は，その次の号には自由投稿論文を投稿できないものとする．
5. 自由投稿論文はタイトル，執筆者氏名，本文，図表，注，引用文献，英文要旨を含めて，年報掲載時に14ページ以内(1ページは40字、35行で1,400字)とする．したがって，本文，図表，注，引用文献の分量は，年報掲載時に13ページ以内となる18,200字(400字詰め原稿用紙45.5枚)以内とする．なお，大幅に規定の分量を超過した投稿は受理しない場合がある．また編集の都合で規定の分量を越えるときには，執筆者が製作料の一部を負担するものとする．

   【編集委員会から注記：第5条は、2015年6月大会時の総会にて改定が見込まれます。28号への投稿を予定される方は、最新の規定について会報およびwebをご参照下さいますよう、お願いいたします】

6. ビューポイントと名著再発見はタイトル，執筆者氏名，本文を含めて，年報掲載時に4ページ以内とする．したがって，本文の分量は，5,400字(40字×135行，400字詰め原稿用紙13.5枚)以内とする．
7. 編著書は書評が難しいため自著紹介という形での投稿を設ける．長さは編著書タイトル，執筆者氏名，本文を含めて，年報掲載時に2ページ以内とする．したがって，本文の分量は2,600字(40字×65行，400字詰め原稿用紙6.5枚)以内とする．
8. 投稿者は原稿を電子ファイルで作成し，必要な部数のハードコピーを提出する．提出方法や部数については別途執筆要領に定めるとおりとする．
9. 編集委員会からの依頼論文、自由投稿論文、ビューポイント、名著再発見、書評、自著紹介等，年報に投稿された著作物等の著作権については，別途「地域社会学会　著作権規定」に定めるとおりとする．

(2009年5月)

※最新の投稿規定については、地域社会学会ホームページを御覧下さい。

執筆要領

1　投稿者は定められた期日までに投稿原稿をハードコピーで2部提出する。その後、編集委員会の指示にしたがって速やかに原稿の電子ファイルを提出しなければならない。電子ファイルはワードもしくはテキストファイルで作成したものとする。
2　自由投稿論文は本文(図表等を含む)の前に、論文題目・欧文タイトル・著者名・著者名のローマ字表記・所属を明記すること。
3　特集論文(依頼原稿)はタイトル、執筆者氏名、本文、図表、注、引用文献、英文要旨を含めて、年報掲載時に14ページ程度(1ページは40字、35行で1,400字)とする。したがって、本文、図表、注、引用文献の分量は、年報掲載時に13ページとなる18,200字(400字詰め原稿用紙45.5枚)程度とする。また編集の都合で規定の分量を越えるときには、執筆者が製作料の一部を負担するものとする。
4　書評(依頼原稿)はタイトル、執筆者氏名、本文を含めて、年報掲載時に2ページ以内とする。したがって、本文の分量は2,600字(40字×65行、400字詰め原稿用紙6.5枚)以内とする。
5　原稿はA4判の用紙を使って、40字×35行で印字する。年報は1ページ当たり1,400字(40字×35行)である。特集論文、自由投稿論文 は、できるかぎり本文に図表が挿入された形式で印字すること。なお年報のサイズはB5版なので、図表は投稿時にA4版で印字したのがB5版に縮小されて も、十分判読可能な大きさにすること。
6　文献表示の形式は次のとおりとする。
　　1. 注と文献リストを別とする。参考文献を本文、注等で示す際は、編著者名、発行年、頁数のみ(福武編1954:100)のように記す。同年発行の文献を複数挙げるときは、西暦にab……を付して区別する。
　　2. 文献は論文末に付し、編著者のABC順に並べ、編著者名、発行年、題名、出版社の順に、
　　　福武直編, 1954『日本農村社会の構造分析』東京大学出版会
　　のように記す。
　　　論文名は「」、書名雑誌は『』で括る。欧文の書名、雑誌名はイタリックにするか下線を 引くかする。雑誌の巻数と号数は4(2)のように記す。
　　3. また欧文書・雑誌で訳のあるときには、書名、雑誌名をイタリックにするか下線を引いた後、訳は原典のあとに＝でつないで記す。
　　　Dore, R., P., 1958, *City Life in Japan,* Routledge & Kegan Paul. ＝1962,青井和夫・塚本哲人訳『都市の日本人』岩波書店

(2009年5月)

※最新の執筆要領については、地域社会学会ホームページを御覧下さい。とくに第3条については、2015年6月大会時の総会における投稿規定改正をうけて、修正される見込みです。

著作権規定

第1条　本規定は,地域社会学会(以下「本学会」という)の学会誌である『地域社会学会年報』(以下『年報』という)ならびに『地域社会学会会報』(以下『会報』という)に投稿される論文等著作物の著作権について定める.

第2条　本規定における著作権とは,著作権法第21条から第28条に規定される著作財産権(複製権,上演権及び演奏権,上映権,公衆送信権,口述権,展示権,頒布権,譲渡権,貸与権,翻訳権・翻案権等,二次的著作物の利用に関する原著作者の権利)ならびに同第18条から第20条に規定される著作者人格権(公表権,氏名表示権,同一性保持権)のことをいう.

第3条　『年報』ならびに『会報』に投稿される論文等著作物の著作財産権については,本学会に最終原稿が投稿された時点から,本学会に帰属する.

第4条　『年報』ならびに『会報』に投稿される論文等著作物の著作者人格権については,著作者に帰属する.ただし,著作者は,本学会および本学会が論文等著作物の利用を許諾した第三者にたいして,これを行使しない.

第5条　第三者から著作権の利用許諾申請があった場合,本学会は,編集委員会において審議し,適当と認めたものについて,申請に応ずることができる.
　　　　2　前項の措置によって,第三者から本学会に対価が支払われた場合,その対価は本学会の活動のために利用する.

第6条　著作者が,自身の論文等著作物を,自身の用途のために利用する場合は,本学会は,これに異議申し立て,もしくは妨げることをしない.ただし,著作者は,本学会に事前に申し出をおこなったうえ,利用する論文等著作物のなかに,当該の『年報』あるいは『会報』が出典である旨を明記する.

第7条　『年報』ならびに『会報』に投稿された論文等著作物が第三者の著作権を侵害する問題が生じた場合,本学会と著作者が対応について協議し,解決を図る.

第8条　本規定は,2014年5月10日から発効する.

(2014年5月)

※最新の著作権規定については、地域社会学会ホームページを御覧下さい。

編集後記

　地域社会学会年報第27集をお届けいたします。特集「東日本大震災：復興のビジョンと現実」は二年間の研究委員会の活動を締めくくり、次期につなげる意図のもとに4本の論文を配置しております。本年報では、前年大会シンポジウム登壇者の原稿が特集に掲載されることが慣例になっておりましたが、38回大会で報告された非会員の方は「年報に論文掲載しない」という条件で登壇を受諾されたそうです。今後は、このような事情が一般化すると思われますので、あえて記述しておきました。したがって前年シンポの総括という意味では、司会を務めた黒田由彦前研究委員長の解題に続き、山下論文・大矢根論文のあわせて3本が掲載されました。また、新研究委員会は東日本大震災というテーマをより大きな文脈の中に位置づけ、構造的に議論していく意向を持っているようです。このような意図を解説した浅野慎一・新研究委員長の論文を最後に配して、新旧の研究委員会テーマの受け渡しを図ることといたしました。また自由投稿論文は9本の投稿があり、そのうち4本が掲載されました。自著・書評論文についても依頼原稿の全てを掲載することができ、充実したものになりました。ご協力に感謝申し上げます。

　ところで巻末にある投稿規定・執筆要領についてですが、2015年の第40回大会総会時に改正を提案する予定です。都市社会学会年報や村落社会研究会年報など類似学会の媒体と比較したとき、許容される上限枚数が少ないという声に応えるべく、現行400字詰め45.5枚の制限を53.5枚にまで引き上げるという案です（このため、本文文字を現行の10ポイントから9ポイントに下げます）。投稿論文数も近年落ち着いてきていることから、適当なタイミングと考えました。これが総会で承認されれば、これまで窮屈な枚数の中で省略せざるを得なかった対象地域・事例のディテールも、より充実して書き込めることになるのではないでしょうか。この改正が投稿論文の質をさらに高めることを期待しています。本改正案作成過程では西村元編集委員長から貴重なご指摘を頂きました。一方、本号までは旧来の投稿規定が生きていることから、現行規定字数を超過している本号の自由投稿論文1本につきましては、規定にもとづき版下料を別途お支払い頂くことになりました。

　ベテラン編集委員に支えられ、とりわけ横田副委員長には書評関係を全て差配頂いたお陰をもちまして、あまり経験のない編集委員長でも初めての年報発行まで辿りつけました。手弁当で査読を引き受けて頂きましたレフェリーの皆様にも改めて御礼を申し上げます。査読コメントの枚数を指定していないにも関わらず、3-4頁にわたってビッシリと書き連ねたコメントを戻して下さるプロフェッショナリズムに、学会の質は支えられています。東日本大震災は科学のあり方を問い直す機会でもありました。地域社会学会が科学としての方法論と倫理を携え、一方では他分野と積極的に切磋琢磨をはかることによって、現場の総合性に向き合い続ける場を提供し続けられるよう、編集委員会としても引き続き努力して参りたいと存じます。皆様のご協力をよろしくお願い申しあげます。

（中澤秀雄）

編集委員会

伊藤亜都子　市川虎彦　小内純子　下村恭広　新藤慶　田中志敬　◎中澤秀雄
二階堂裕子　丹邉宣彦　藤井和佐　松宮朝　○横田尚俊

（◎編集委員長・○副編集委員長）

執筆者紹介（執筆順）

黒田由彦　　　（名古屋大学大学院環境学研究科）
山下祐介　　　（首都大学東京大学院人文科学研究科）
大矢根淳　　　（専修大学人間科学部）
浅野慎一　　　（神戸大学大学院人間発達環境学研究科）
島田昭仁　　　（東京大学大学院工学系研究科博士後期課程）
小泉秀樹　　　（東京大学大学院工学系研究科）
江頭説子　　　（杏林大学男女共同参画推進室）
野邊政雄　　　（岡山大学大学院教育学研究科）
徳田　剛　　　（聖カタリナ大学人間健康福祉学部）
岩崎信彦　　　（神戸大学名誉教授）
佐藤彰彦　　　（高崎経済大学地域政策学部）
高橋　誠　　　（名古屋大学大学院環境学研究科）
丸山真央　　　（滋賀県立大学人間文化学部）
定池祐季　　　（東京大学大学院情報学環総合防災情報研究センター）
舩戸修一　　　（静岡文化芸術大学文化政策学部）
荒樋　豊　　　（秋田県立大学生物資源科学部）
木田勇輔　　　（椙山女学園大学文化情報学部）
山本崇記　　　（静岡大学人文社会科学部）
広田康生　　　（専修大学人間科学部）
三本松政之　　（立教大学コミュニティ福祉学部）
小松秀雄　　　（神戸女学院大学文学部）

地域社会学会年報第 27 集
東日本大震災：復興のビジョンと現実

定価は表紙に表示

2015 年 5 月 9 日　第 1 刷発行

© 編　者　地域社会学会
　発行所　ハーベスト社
〒 188-0013　東京都西東京市向台町 2-11-5
電話　042-467-6441／Fax　042-467-8661
振替　00170-6-68127

印刷・製本：㈱平河工業社
落丁・乱丁本はお取りかえします。Printed in Japan
ISBN 978-4-86339-064-5 C1036